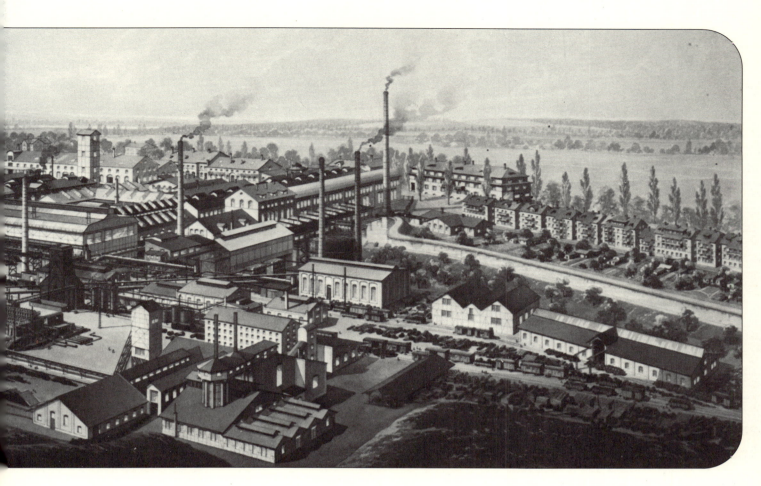

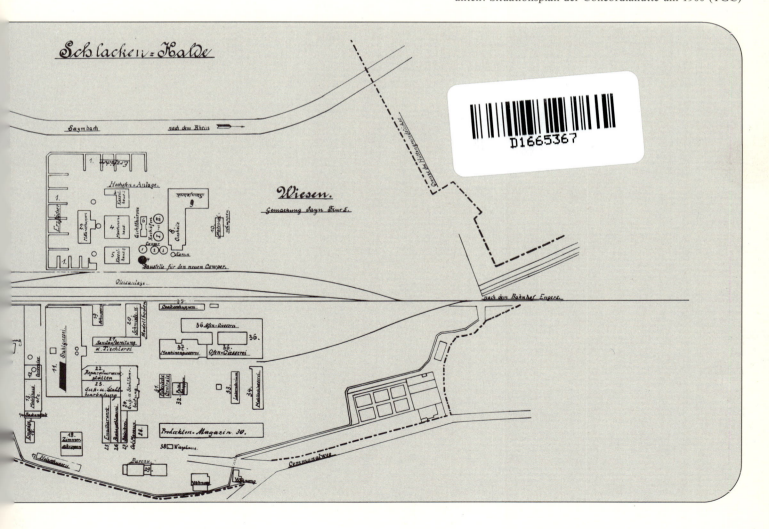

unten: Situationsplan der Concordiahütte um 1900 (TGC)

Carl Maximilian Lossen

Geschichte meines Lebens
und Wirkens

Carl Maximilian Lossen

Geschichte meines Lebens und Wirkens

Herausgegeben, kommentiert
und durch einen Beitrag zur 150jährigen Geschichte
der Concordiahütte in Bendorf am Rhein ergänzt
von Rainer Stahlschmidt

Klassiker der Technik · VDI Verlag

CIP-Titelaufnahme der Deutschen Bibliothek

Lossen, Carl Maximilian:
Geschichte meines Lebens und Wirkens / Carl Maximilan Lossen. Hrsg., kommentiert u. durch e. Beitr. zur Geschichte d. Concordiahütte erg. von Rainer Stahlschmidt. – Düsseldorf : VDI-Verl., 1988
  (Klassiker der Technik)
  ISBN 3-18-400827-4

Erstmalige Veröffentlichung der nachgelassenen Lebenserinnerungen des nassauischen Eisenhüttenmannes und Wirtschaftspolitikers Carl Maximilian Lossen (1793–1861), der 1838 die Concordiahütte bei Bendorf im Landkreis Koblenz gegründet hat.

Der Herausgeber Dr. phil. Rainer Stahlschmidt ist Oberstaatsarchivrat im Nordrhein-Westfälischen Hauptstaatsarchiv Düsseldorf.

Abbildungen stellten zur Verfügung:
Landesvermessungsamt Bonn-Bad Godesberg
Dr. A. Lossen, Dortmund
Nordrhein-Westfälisches Hauptstaatsarchiv Düsseldorf
Archiv der Thyssen AG, Duisburg
Bundesarchiv, Außenstelle Frankfurt
Wolfgang Lossen, Heidelberg
Landeshauptarchiv Koblenz
Kurt Lossen, Rodach
Hessisches Hauptsstaatsarchiv Wiesbaden
Museum Wiesbaden

Schutzumschlagbild:
Carl Maximilian Lossen, um 1845/50 (vgl. Abb. S. 59), Gemälde von Christian Eduard Boettcher (1818–1889). (Besitz der Familie Lossen)

Die Reihe „Klassiker der Technik" wird von C. G. Schmidt-Freytag betreut.

© VDI-Verlag GmbH, Düsseldorf 1988
Gesamtherstellung: Konrad Triltsch, Würzburg
ISBN 3-18-400827-4

Inhalt

Widmung der Familie Lossen
Widmung der Firma Thyssen Guss AG

1	Einleitung
21	Anmerkungen zur Einleitung
25	Überlieferung und Textgestaltung
28	Anmerkungen zu Überlieferung und Textgestaltung

29 Karl Maximilian Lossen: Geschichte meines Lebens und Wirkens

29	Jugend
32	Ausbildung als Berg- und Hüttenmann
37	Tätigkeit in Michelbach
37	Familienleben von 1818 bis Ende 1838
39	Geschäftsereignisse von 1818 bis Ende 1838
43	Öffentliches Leben von 1818 bis Ende 1838
44	Jahre 1839 bis 1860. Familienereignisse
46	Geschäftsleben von 1839 bis 1860
49	Öffentliches Leben von 1839 bis 1860
57	Commissarien für Fremde
58	Öffentliche Anerkennungen
61	Textkritische Anmerkungen zu: Lossen „Geschichte meines Lebens und Wirkens"
62	Anmerkungen zum Text: Lossen „Geschichte meines Lebens und Wirkens"

75 Anlagen zu den Lebenserinnerungen von Carl Maximilian Lossen

75	I Prüfungsarbeit über den Hochofen der Concordiahütte 1845
76	II Brief Carl Maximilian Lossen an Hermann von Braunmühl, 1856
77	Anmerkungen zu den Anlagen I und II

79 150 Jahre Concordiahütte 1838–1988

96	Die Firmenbezeichnung der Concordiahütte
96	Werksleiter und Direktoren der Concordiahütte
101	Abkürzungen
101	Quellen- und Literaturverzeichnis
101	A. Archivalien
101	B. Gedrucktes Schrifttum

Die Familie Lossen ist glücklich, daß einer ihrer profiliertesten Vorfahren mit diesen Lebenserinnerungen vorgestellt wird. Noch heute verehren wir Carl Maximilian Lossen als Unternehmer und als Mensch. Das bemerkenswerte Leben seiner Eltern Anselm und Gertrud Lossen, von denen wir alle abstammen, ist in diesen Erinnerungen enthalten. Die schon früh in der Familie gesammelten Unterlagen blieben ohne Kriegsverluste. Das verschafft uns die Ehre und die Freude, zu dieser Veröffentlichung etwas beizutragen.

Im Namen der Familie Lossen

Aus Anlaß des 150jährigen Bestehens der Concordiahütte im Jahre 1988 haben wir mit Unterstützung des VDI-Verlages dieses Buch vorbereitet. In seinem Mittelpunkt stehen die Lebenserinnerungen des Gründers der Concordiahütte Carl Maximilian Lossen (1793–1861). Mit der Veröffentlichung möchten wir die Verdienste dieses bedeutenden Unternehmers und Wirtschaftspolitikers würdigen und der Öffentlichkeit ein Stück erlebter deutscher Wirtschafts- und Firmengeschichte aus den Jahren der Gründung und des Aufbaus der Concordiahütte zugänglich machen.

Mit diesem Buch wollen wir allen danken, die unsere Concordiahütte in ihrer 150jährigen Geschichte ein Stück des Weges begleitet haben; sicherlich bieten ihnen die Lebenserinnerungen des Carl Maximilian Lossen und die Firmengeschichte der Concordiahütte interessante Hinweise und Beschreibungen.

Wir freuen uns auf weitere gute Zusammenarbeit.

THYSSEN GUSS AG
Concordiahütte

(Hoppe)   (Viebahn)

Einleitung

Die Lebenserinnerungen des nassauischen Eisenhüttenmannes und Wirtschaftspolitikers Carl Maximilian Lossen (1793–1861), 1860 handschriftlich formuliert in der Absicht, in späterer Zeit innerhalb der Familie als „Andenken" zu dienen, werden hier erstmals im Druck veröffentlicht. Seitdem eine maschinenschriftliche Version seit 1929 zur Verfügung steht[1], ist dieser Text von einigen wirtschaftsgeschichtlichen und biographischen Studien als Quelle benutzt und ausgewertet, aber sicherlich nicht annähernd in allen seinen Aussagen ausgeschöpft worden.

Carl Lossen blickt in seinem Lebensbericht mit Stolz auf eine Leistung zurück, die einige bemerkenswerte Höhepunkte aufweist: Er hat 1838 ein Hüttenwerk, die Concordiahütte bei Bendorf im Landkreis Koblenz, gegründet und über zwei Jahrzehnte lang erfolgreich geleitet, das auf der Technologie des Holzkohlen-Hochofens und der Stahlgewinnung im Puddelverfahren beruhte; er hat wesentlich dazu beigetragen, die Schutzzölle für Eisen politisch durchzusetzen (1844); er hat um 1840 die Kanalisierung der Lahn energisch vorangetrieben als eine der Voraussetzungen der Blüte des Eisenerzbergbaus dieses Gebietes, und 1851 hat er das erste deutsche Roheisenkartell gegründet und seitdem fast zehn Jahre lang erfolgreich geleitet.

Wenn wir aus heutiger Sicht diese Leistungen bewerten, fällt auf, daß Carl Lossen scheinbar in allen Punkten rückschrittliche Positionen eingenommen hat. Roheisenverhüttung mit Koks, Stahlgewinnung durch Windfrischen im Bessemerverfahren, Eisenbahnbetrieb anstelle der viel zu klein dimensionierten Lahnschiffahrt und eine von Wettbewerb und Freihandel bestimmte Wirtschaftspolitik scheinen uns die zukunftsweisenden, die besseren Rezepte für die Mitte des 19. Jahrhunderts gewesen zu sein. Aber die Memoiren Carl Lossens zeigen uns, daß diese Sicht höchst einseitig ist und daß sie den Bestrebungen der Menschen nicht gerecht wird, die in ihrer Zeit mit den Kenntnissen und Hilfsmitteln, die ihnen zur Verfügung standen, und in der Verantwortung, die sie für ihre Familien und ihre Umgebung trugen, Leistungen vollbrachten, auf denen die weitere Entwicklung aufbauen konnte.

Carl Lossens Vater, der Firmengründer Anselm Lossen (1758–1821), ein Waisenkind, hatte ein Jurastudium beginnen, aber nicht zu Ende führen können. Eigentlich durch Zufall kam er 1790 in die Verwaltung der 1769/70 gegründeten Sayner Hütte, eines kurtrierischen Hochofenwerkes nördlich von Koblenz, das Roh-, Stab- und Bandeisen sowie gegossene Röhren und Zimmeröfen, möglicherweise auch Geschütze und Werkstücke für kurtrierische Befestigungen lieferte[2]. 1796 konnte er die Leitung dieses Werkes übernehmen, und nach dem Ende des Kurfürstentums Trier 1802/03 gewann er auch das Vertrauen der neuen Landesherrschaft Nassau einschließlich ihres Herrscherhauses. Er blieb in der Führung der Hütte erfolgreich[3] und wurde mit dem Titel Kommerzienrat geehrt.

Sein Sohn Carl Lossen genoß offensichtlich eine gute Schul- und Hochschulbildung, teilweise bei erstrangigen Kapazitäten ihres Faches. Am Ende konnte er allerdings nicht seinem eigenen Berufswunsch folgen und Lehrer naturwissenschaftlicher Fächer werden, sondern erhielt nach dem Willen der Eltern eine Ausbildung im Berg- und Hüttenfach. Den Wechsel vom Universitätsleben in Paris zu dem Praktikum in dem kleinen Berg- und Hüttenort Holzappel in den südlichen Ausläufern des Westerwaldes hat er selbst natürlich sehr kraß empfunden, aber nicht bedauert. Es folgte der militärische Einsatz im Kampf gegen die französischen Truppen, der fast das gesamte Jahr 1814 ausfüllte.

Der Übergang des Gebietes um Bendorf und Neuwied und damit auch der Sayner Hütte an Preußen 1815/16 bedeutete für Anselm Lossen und seine Familie einen tiefen Einschnitt. Carl erhielt

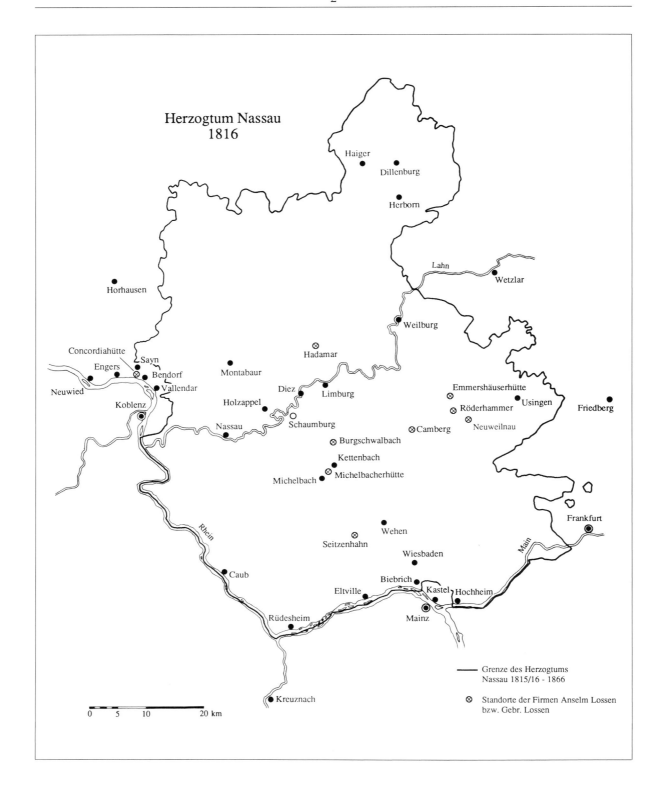

Standorte der Firmen Anselm Lossen (Söhne) bzw. Gebr. Lossen (Entwurf: R. Stahlschmidt)

die Möglichkeit der praktischen hüttenkundlichen Ausbildung in Oberschlesien, dem damals modernsten Eisenrevier Preußens, vielleicht sogar des gesamten europäischen Kontinents. Hier hatten die räumliche Nähe der Erz- und Steinkohlengruben und die Probleme der Holzkohlenversorgung dazu geführt, daß der Staat Preußen nach englischem Vorbild seit den 1780er Jahren moderne Werke verschiedener Art mit Steinkohlenbetrieb aufgebaut hatte, unter denen die Kokshochöfen in Gleiwitz, Königshütte und anderen Orten die herausragenden, aber nicht die einzigen Innovationen ersten Ranges waren. Die Königshütte hatte 1802 die angeblich schönste, beste und modernste Hochofenanlage des Kontinents erhalten, ähnliches gilt für die Gießerei in Gleiwitz[4].

Carl Lossen hat die neuen Techniken hier in der Praxis kennengelernt. Ein Benutzer der VDEh-Fassung seiner Lebenserinnerungen hat gemeint, ihm an einer Stelle einen „Irrtum" nachweisen zu können[5]. Lossen erwähnt hier die „Puddling-Frischerei" im Rybniker Eisenwerk 1817. Beim Puddddeln wird das Roheisen in einem flachen Herd (Flammofen) getrennt vom Brennmaterial eingeschmolzen und verliert durch den Einfluß sowohl der über seine Oberfläche streichenden Brenngase als auch bestimmter Zuschläge einen größeren Teil des Kohlenstoffgehaltes und der Beimengungen, so daß schmiedbares Eisen, im modernen Sinne Stahl, entsteht. Bei diesem Prozeß müssen die Arbeitskräfte („Puddler") mit Eisenstangen in der Eisenschmelze herumrühren (englisch „to puddle"), eine sehr schwere und gefährliche Arbeit. Das Puddeln, 1824 in Deutschland eingeführt, war einige Jahrzehnte die den älteren Frischverfahren eindeutig überlegene Methode der Stahlbereitung und ist in einer Entwicklung, die grob gerechnet ein halbes Jahrhundert dauerte, vom Windfrischen (Bessemer und Thomas), Herdfrischen (Siemens-Martin) und von den Elektroöfen allmählich verdrängt worden[6].

Kann es vor der ersten erfolgreichen Einführung des Puddelverfahrens in Deutschland auf dem Werk Rasselstein bei Neuwied 1824[7] ein Puddelwerk im schlesischen Rybnik gegeben haben? Damals hat nicht nur Carl Lossen, sondern auch Karl Ludwig Althans 1817 die „dasige ganze Anlage zum Puddlingsfrischen – Eisenfrischprozeß im Flammofen bei Steinkohlen – samt zugehörigem Walzwerk"[8] gesehen; auch andere Hinweise zeigen uns, daß dort seit 1815 Versuche durchgeführt wurden, Roheisen mit Steinkohlen zu frischen, und zwar nicht nur in der von Beck angegebenen gemischten Weise des Vorwärmens mit Steinkohlen und des Frischens mit Holzkohlen, sondern tatsächlich im Puddelverfahren[9]. Außerdem ist bekannt, daß die von Lossen genannten Beamten Ekkardt und Krigar bei ihren Englandreisen unter anderem auch Stahlwerke besucht haben, und Krigar hat in dem von ihm zeitweise geleiteten staatlichen Stahlwerk am Finowkanal in Hegermühle bei Berlin 1816 einen Puddelofen angelegt[10].

Carl Lossen hat sich also nicht geirrt! Allerdings handelte es sich in Rybnik nur um Versuche, die bald darauf eingestellt wurden; erst 1827/28 glückte hier die Einführung des Puddelbetriebes[11]. Ähnliche Versuche hat es auch seit 1819 im saarländischen Geislautern gegeben, und F. W. Remy & Cons., Rasselstein, planten ihr Puddelwerk seit 1820[12]. All dies mag zeigen, daß das bekannte Datum 1824 nicht angezweifelt zu werden braucht, daß aber Vorläufer schon seit einigen Jahren erprobt wurden, und Carl Lossen waren solche Arbeiten aus eigener Anschauung bekannt.

Die Ausbildung Carl Lossens endete mit einem ärgerlichen Mißverständnis, denn der Tadel, den ihm das Oberbergamt Bonn aussprach, muß nach Lossens glaubwürdiger Darstellung als ungerechtfertigt erscheinen. Hinzu kam, daß die angebotene Berufsstellung schlecht besoldet war. Er verließ daher 1818 den preußischen Staatsdienst. Seine Verärgerung über die preußische Bürokratie ist verständlich, sie hinderte ihn aber später nicht, sich in Preußen niederzulassen, mit preußischen Behörden zu verhandeln und den preußischen Verdienstorden mit Stolz zu tragen.

Carl Lossen und zunächst einer seiner Brüder wurden Mitarbeiter in der Firma des Vaters, die dieser in der Zwischenzeit gegründet hatte. Denn auch Anselm Lossen hatte den preußischen Staatsdienst verlassen. Der Grund waren die neuen Bestimmungen über die Sayner Hütte. Preußen hatte eine Vergrößerung des Werkes verlangt und neue Beamte eingesetzt; es forcierte hier wie ein paar Jahrzehnte vorher in seinen schlesischen Hüttenwerken die Waffenproduktion, vor allem im Hinblick auf den Ausbau der Festung Ehrenbreitstein. Nach Berlin und Gleiwitz wurde die Sayner Hütte die drittgrößte Hütte in Preußen; auch der künstlerische Eisenguß wurde hier gepflegt[13].

Anselm Lossen war mit den neuen Verhältnissen nicht einverstanden. Einem alten Diener falle es schwer, schreibt er am 4. 12. 1817 an den Herzog von Nassau, sich aus einem langgewohnten Geschäftsgange herauszuheben und in einen neuen weit verwickelteren einstudieren zu müssen[14]. Noch deutlicher wird er in einer zweiten Eingabe vom selben Tage an den nassauischen Kabinettsdirektor:

„Ich sehne mich recht sehr, wieder Nassauer zu werden ...
Die Herren Preussen, welche das Werk unter weit günstigern Verhältnissen erhalten, reiten jetzt schon 2 Jahre auf dem Krebsgange und werden es bey all ihrer Verbesserungssucht, wobey sie nur die Menschen unglücklich machen, nie dahin bringen, wo wir unter Nassau waren."[15]

Mit solchen und anderen Schreiben bewarb sich Anselm Lossen 1817 um die Pachtung von dreien jener Hütten- und Hammerwerke, die das Herzogtum Nassau seit 1816 an Privatleute zu verkaufen oder zu verpachten versuchte[16]; es ging um die Michelbacher Hütte im Aartal südlich von Limburg a.d. Lahn, die Emmershäuser Hütte und den Röderhammer, beide im Weilbachtal südöstlich von Weilburg. Einziger ernsthafter Konkurrent war der hessische Bergrat und Hüttenbesitzer Georg Buderus[17].

Anselm Lossen erhielt die drei Werke für die jährliche Pachtsumme von insgesamt 1855 Gulden, außerdem die Zusage, Eisenerz von bestimmten staatlichen Gruben zum Selbstkostenpreis zu erhalten; um die Holzkohle mußte sich die Firma selbst bemühen und tat dies dann auch später mit einigen fest angestellten Köhlern. Nicht, wie ursprünglich geplant, am 1. Januar, sondern im Mai 1818 wurde die Übernahme der Werke vollzogen[18].

Beide Hütten verfügten 1816 über je einen Hochofen mit Kastengebläse, Erz- und Schlackenpoche, Wohnhaus, Garten, Wasserräder, Magazin und Kohlenschuppen; in der Michelbacher Hütte werden dazu eine Lehm- und eine Sandformerei für den Eisenguß, eine Schleiferei und eine Handschmiede erwähnt, in Emmershausen ein Dreh- und Schleifwerk für Eisen- und Messingmodelle für „Poteriewaren" (gußeiserne Töpfe und ähnliches). Das Werk bei Rod besaß einen Stab- und einen Zainhammer (Reckhammer); ähnlich einfach wie der Röderhammer waren die zwischen 1819 und 1837 erworbenen nahegelegenen Hammerwerke in Neuweilnau, Hadamar, Burgschwalbach und Seitzenhahn ausgestattet[19].

Die Werke waren teilweise recht alt. Während Hämmer in Emmershausen und Burgschwalbach schon im 15. Jahrhundert belegt sind, wurden die Hochöfen in Emmershausen 1590 und in Michelbach 1652 bis 1656 gebaut[20].

Die Leitung der Werke teilten sich der Vater, der allerdings schon 1821 starb, und die Söhne Carl, Joseph, seit 1821 Mathias und seit 1836 Friedrich. Diese Aufgabenteilung geschah offensichtlich reibungslos, ja harmonisch und erfolgreich, wobei Carl neben seinen Aufgaben der technischen Leitung des Hochofens in Michelbach und der Erzgruben eine gewisse übergeordnete Rolle zufiel. An herausgehobenem Hilfspersonal waren in Michelbach ein Magazinverwalter, der Warenversand, Gießerei und Werkstätten beaufsichtigte, sowie ein Buchhalter vorhanden, zeitweise auch noch ein Volontär, B. (oder L.) Frorath, ein Vetter der Brüder Lossen. In Emmershausen stand lediglich seit 1832 ein Hüttenbeamter als technischer Leiter zur Verfügung, diese Stelle wurde bereits 1836 durch den jüngeren Bruder Friedrich eingenommen. Die kleinen Hammerwerke und die Gruben, die die Firma Lossen seit etwa 1825 erwarb, wurden von Michelbach bzw. Röderhammer von Emmershausen aus mitverwaltet, in der Regel wohl dadurch, daß einer der Leiter einmal in der Woche dorthin ritt, nach dem Rechten sah und seine Weisungen erteilte[21].

Die Bauweise der Wasserkraftanlagen und der Werke war konventionell. Der große Teich der Emmershäuser Hütte soll in den 1830er Jahren einen 20 Fuß, also 6 m hohen Damm gehabt haben[21]. Wie viele Hochöfen jener Zeit waren die beiden in Emmershausen und Michelbach am Berghang gebaut, so daß eine schräge Bohlenbrücke vom Hangweg aus zur Gicht führte und kein Aufzug benötigt wurde[23]. Immerhin arbeiteten beide Hochöfen bereits 1816 nicht mehr mit Blasebälgen, sondern mit den etwas leistungsfähigeren Kastengebläsen aus Holz; vor 1848 in Michelbach und in den 1850er Jahren in Emmershausen wurde jeweils ein modernes Zylindergebläse mit Dampfmaschinenantrieb installiert. Auf dem Burgschwalbacher Hammer waren 1868 sowohl hölzerne Blasebälge als auch zwei „Windkästen" und ein Zylindergebläse vorhanden[24].

Die beiden Hochöfen lagen mit einer Tagesproduktion von je etwa 2½ t[25] in einer für den traditionellen Holzkohlenbetrieb durchschnittlichen Größenordnung. Aus den in der Michelbacher Hütte seit 1840 durchgeführten Versuchen zur Nutzung der Hochofengase, auf die wir noch zurückkommen, entsprang keine dauerhafte technische Verbesserung. Allerdings wissen wir nicht, ob hier nicht doch ein Winderhitzer installiert wurde. Immerhin war 1868 in der Emmershäuser Hütte eine kleine Dampfmaschine (maximal 8 PS) vorhanden, deren Kessel meist mit Hochofengas beheizt wurde[26].

Um 1840 wurde in der Michelbacher Hütte der Puddelofen eingerichtet, und möglicherweise hat es auch in der Emmershäuser Hütte einen solchen gegeben[27]. Daneben verfügte man 1847 in den vier Werken in Emmershausen, Rod, Hadamar und Seitzenhahn über 7 Frischfeuer[28], also konventionelle Schmelzherde zur Erzeugung von Stahl oder Schmiedeeisen aus Roheisen.

Offensichtlich besaß die Firma Lossen zu ihrem Puddelofen in Michelbach kein Walzwerk, sondern statt dessen zwei Stabeisenwalzen in Burgschwalbach[29], eine eigentlich unrationelle und ungewöhnliche Konstellation, da die Vorteile des Puddelverfahrens sich normalerweise erst durch

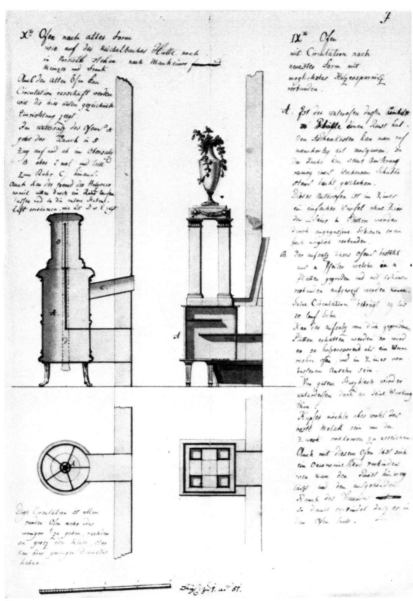

Öfen der Michelbacher Hütte Anfang des 19. Jahrhunderts
Kolorierte Federzeichnungen (Musterblatt)
(HSAWi 250/1 Nr. 130)

das Hand-in-Hand-Arbeiten von Puddelofen und Walze voll auswirken konnten. Der Magazinverwalter Ferdinand Keller erwähnt nur einen Grobhammer als dem Puddelofen zugeordnet, und der habe die „Butzen" erzeugt, die in den Hammerwerken in Seitzenhahn, Burgschwalbach und Hadamar weiterbearbeitet wurden [30].

Neben einer gewissen Schmiedeeisenproduktion – mit dem Meisterstück der Kettenbrücke in Nassau an der Lahn 1828 bis 1830 – überwogen im Lossenschen Warensortiment jedoch eindeutig die Gußwaren: Öfen und Herde, Töpfe, Pferdekrippen, Dachfensterrahmen, Monumentkreuze, Röhren, Maschinen- und Bauteile bis hin zu Artilleriemunition [31]. Auch den Gießereibetrieb wird man sich konventionell vorstellen müssen. Üblicherweise wurde unmittelbar aus dem Hochofen gegossen bzw. das flüssige Eisen aus dem Vor-

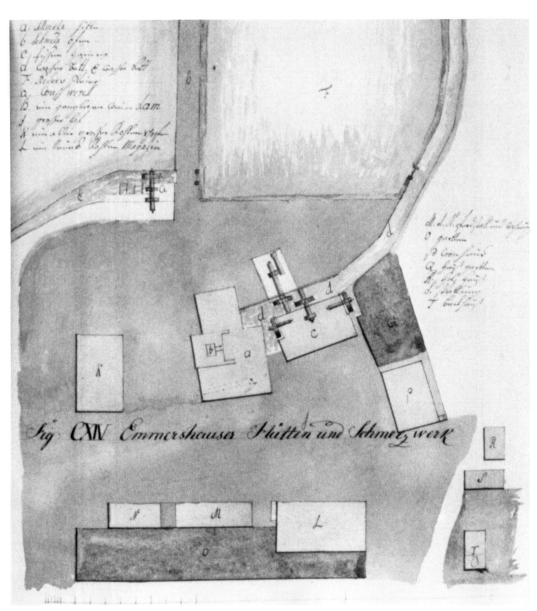

Lageplan der Emmershäuser Hütte 1805
Kolorierte Federzeichnung von Baumeister F. J. Maier
(HSAWi 3011 Nr. 3662)

herd geschöpft. Die Gußwarenherstellung zweiter Schmelzung, also der Eisenguß nach einem zweiten Einschmelzen des Roheisens in einem gesonderten Ofen, war ein technischer und betriebswirtschaftlicher Fortschritt, der in einem längeren Zeitraum im 19. Jahrhundert, vor allem um 1850 stattfand [32]. Man baute „Kupolöfen", Schachtöfen, die in der Form dem Hochofen ähnelten, allerdings ein wenig kleiner waren. In der Michelbacher Hütte ist ein solcher Kupolofen 1847 bezeugt [29]; wann er aufgestellt wurde, ist unbekannt. Die Modelle wurden aus Holz oder Metall, die Gußformen wohl zum größeren Teil aus Sand, für bestimmte Gußwaren aus Lehm hergestellt. Irgendwelche Formmaschinen oder Vorformen davon gab es noch nicht.

Während die Lehmformerei – unter Verwendung von Stroh, Pferdemist und Steinen – Elemente der Maurerarbeit aufwies, dürfte die Sandformerei im Prinzip der auch heute noch im Handformguß notwendigen Arbeit geglichen haben, wenn man von den chemischen und apparativen Hilfsmitteln des 20. Jahrhunderts absieht.

„Mit der Sandaufbereitung sah es früher recht dürftig aus. Eine Mahltrommel für den Modellsand und den Kohlenstaub stellte mitunter die ganze Einrichtung in einem dunklen Winkel dar; im übrigen waren Handsiebe und Schubkarren in Tätigkeit. Die Hygiene ließ alles zu wünschen übrig. Man beschäftigte Invaliden, an deren Lungen nichts mehr zu verderben war."[33]

Die gesamte Hüttenarbeit war damals noch sehr handwerklich ausgerichtet. Der Michelbacher Magazinverwalter Keller urteilt über die Zeit um 1840/50:

„Die alten Hochofen-Schmelzer behandelten den Hochofen-Betrieb nach Erfahrung und nicht nach Rezepten, und ich kann mich nicht erinnern, daß während meiner 50jährigen Dienstzeit durch Schuld der Schmelzer ein Hochofen krepiert wäre.... Der Hochofen-Betrieb ist ja an und für sich ein sehr einfacher chemischer Prozeß, der gar keine großen und langwierigen Studien erfordert."[34]

Und ein Fachmann wie Bernhard Osann urteilt aus eigener Erinnerung oder nach Erzählungen über die gemütliche Zeit des Holzkohlenhochofens:

„In den geräumigen Gewölben, die im Rauhgemäuer für Düsenstöcke und Formen ausgespart waren, trocknete man Pflaumen und Äpfel oder was sonst der Haushalt erforderte, ohne den Be-

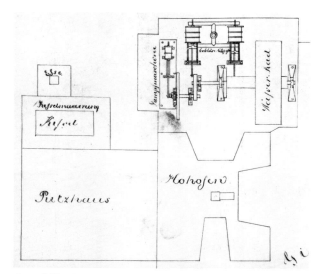

Grundriß der Emmershäuser Hütte 1858 mit Dampfmaschine und Zylindergebläse

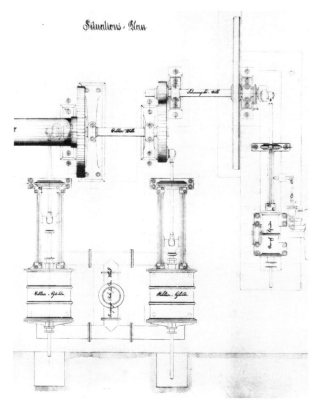

Zeichnung der Maschinenfabrik bei Michelbach (HSAWi 3011 Nr. 3305, Ausschnitt)

trieb zu stören, und hier in der behaglichen Wärme der dunklen Räume hielt mancher Arbeiter, der durch die Feldarbeit ermüdet war, seinen Mittagsschlaf."[35]

Die beiden Hütten bei Michelbach und Emmershausen hatten für ihre Zeit durchaus beachtliche Arbeiterzahlen. Die Gewerbetabelle von 1847 gibt für diese beiden Werke 105 und 74 Arbeiter an, für die vier Hämmer der Firma Lossen jeweils 3 bis 5 oder insgesamt 17, so daß alle Werke zusammen 196 Beschäftigte aufwiesen[28]. In Emmershausen sollen in den 1860er Jahren 150 bis 200 Arbeiter tätig gewesen sein, während es 1817 bloß 30 Hütten- und Hammerarbeiter neben 25 Köhlern waren[36]. Zum Vergleich: Die Sayner Hütte beschäftigte 1853 126 und 1861 325, das Werk Rasselstein bei Neuwied 1855 186 Arbeiter, die Nieverner Hütte bei Bad Ems in den 1860er Jahren etwa 500[37].

Für die Einwohner des Dorfes Michelbach und Umgebung war die Hütte lebenswichtig. In den 1860er Jahren wurden hier jährlich etwa 50.000 Gulden an Arbeitslöhnen ausgezahlt[38], was in preußischer Währung etwa 28.500 Taler ausgemacht hätte. 1868 drohte die bevorstehende Schließung des Werkes zu einer Katastrophe für diese arme Taunus-Gegend zu werden.

Eine Petition aus dem Amt Wehen vom 17. 12. 1848 zugunsten der Schutzzollbewegung weist unter anderen 63 Unterschriften auf, die mit hoher Wahrscheinlichkeit den Mitarbeitern der Michelbacher Hütte zugeordnet werden können. Es handelt sich um 32 Former, 11 Putzer, 8 Puddler, 6 Schlosser, 2 Schmiede und je 1 Mechaniker, Kohlenzieher, Schmelzer und Buchhalter[39].

Die Bestbezahlten unter den Arbeitskräften waren die Modellschlosser. Für die Arbeiter gab es in der Emmershäuser Hütte in den 1830er Jahren eine „Schlafkaserne", und in der Michelbacher Hütte wurde 1862 eine „Menagewirtschaft", also modern gesprochen eine Kantine, gebaut[40].

Der Wunsch der Brüder Lossen, aus den Risiken der Vertragsverlängerungen ihrer Werkspachten herauszukommen, führte zur Gründung der Concordiahütte 1838 und zur Aufgabe der alten Domänenwerke. Zu Lebzeiten Carl Lossens wurde allerdings nur der Hammer in Hadamar 1854 aufgegeben[41]. Nach seinem Tode wurden zunächst der Seitzenhahner Hammer 1862 in eine Mühle umgewandelt und 1864 ein Teil der Hämmer in Burgschwalbach abgebrochen. Besonders unwirtschaftlich waren die verbliebenen Hämmer in Rod und Neuweilnau geworden, die Puddeleisenbarren der Concordiahütte im Schweißfeuer zu Stabeisen ausschmiedeten; auch die Gußwaren der Emmershäuser Hütte standen in einem scharfen Preis-Konkurrenzkampf[42].

1867 verzichtete die Firma Lossen daher auf eine Verlängerung der Pachtverträge ihrer Hütten und Hämmer im Taunus. Soweit die Werkseinrichtungen Firmeneigentum waren, wurden sie herausgenommen. Die Facharbeiter standen vor der Arbeitslosigkeit, das Geldgeschenk der Firma, eine Art Abfindung, sowie die zugesagte staatliche Unterstützung für Invaliden waren eine nur geringe Erleichterung dieses harten Loses. Aus Emmershausen wurden etwa 30 Arbeiter nach Bendorf mitgenommen, überwiegend Former; sie halfen mit, den Gießereibetrieb in der Concordiahüttte 1868 wesentlich zu vergrößern. Die Versuche der nunmehr preußischen Verwaltung, die Werke erneut zu verpachten oder zu verkaufen, hatten unterschiedlichen Erfolg, die meisten dieser Anlagen wurden aufgegeben und die Grundstücke an Privatleute verkauft[43]. Lediglich die Michelbacher Hütte erlebte 1872/75 bis 82 noch einmal Hochofenarbeit und wurde danach als Gießerei und Maschinenfabrik benutzt[44].

Der Entschluß der Lossens, sich gegebenenfalls aus den Bedingungen der Pachtverträge zu lösen und ein eigenes Hüttenwerk aufzubauen, hatte natürlich den wirtschaftlichen Erfolg der Firma zur Voraussetzung. Als Carl Lossen 1835 erneut heiratete, ermittelte man sein Vermögen mit 36.482 Gulden[45]; das wären in preußischer Währung 20.847 Taler gewesen. Zumindest einige der neun Geschwister waren sicherlich in derselben Größenordnung einzuschätzen.

Für ihr neues Hüttenwerk wählten die Brüder Lossen 1832 einen Standort, den sie selbst von Kindheit an kannten: das freie Wiesengelände zwischen den Orten Bendorf, Sayn und Mülhofen. Ungefähr an derselben Stelle, am Hengelbach, wie die Saynbach zwischen Sayn und Mülhofen im Volksmund genannt wurde, hatte bereits um 1750 die kurtrierische Verwaltung den Bau einer Eisenhütte erwogen, dann aber unterlassen.

Gerade für das Eisenhüttengewerbe hatte Bendorf bereits eine längere Tradition, die sehr viel weiter zurückreicht als bis zur Gründung der Hütte in Sayn 1769/70. Eisenerz, Wasserkraft, Waldreichtum und der Rhein als Transportweg waren die Voraussetzungen für ein Gewerbe, das schon

Unterzeichner.

Namen.	Stand.	Wohnort.	Familienglieder.
Kisel Rattenberg	Sandformer	Rattenberg	3
Heinrich Loving	do	Daisbach	1
Philipp Krüger	Dito	Rattenbach	6
Johannes Burger	Dito	Rattenbach	1
Johann Döß	Puddler	Friedshein	3
Conrad Otto	Puddler	Friedshein	3
Johannes Schäfer	Puddler	Hartenbach	4
Peter Otto	Puddler	Born an der Wahl	1
Michael Heinz	Former	Rattenberg	4
Wilhelm Heinz	Former	Rattenberg	1
Philipp Ludwig	Former	Michelbach	1
Conrad Heinz	Former	Rattenberg	1
Christian Müller	Former	Burgberg	5
Heinrich Schmidt	Putzer	Rattenberg	1
Ludwig Schütt	Former	Daisbach	1
Karl Roß	Dito	Rattenbach	1
Philipp Müller	dito	Hamburg	1
Heinrich Alt	Puddler	Daisbach	2
Andreas Schweitzer	Puddler	Rattenbach	5

Unterschriftenliste einer Zollschutz-Petition des Amtes Wehen 1848. Ausschnitt mit den Namen von Formern und Puddlern der Michelbacher Hütte (BAF DB 58/92 Nr. 5786)

Bekanntmachung.

In Gemäßheit der Verordnung Königl. Hochlöblicher Regierung vom 26. Juni 1821 wird hiermit bekannt gemacht, daß die Gebrüder Loffen zu Michelbacher Hütte, im Herzogthum Nassau, die Erlaubniß zur Anlage:
1) eines Eisenhochofens;
2) einer Puddlings-Frischhütte mit 8 Puddlings-Oefen, drei Schweiß-Oefen, zwei Blech-Oefen nebst den dazu gehörigen Walzen und Hämmern, zur Fabrikation von Stabeisen und Blech,
3) der dazu gehörigen Gebläse, Poch- und Drehwerke, Materialien-Schuppen und Wohngebäude, auf ihrem Grundeigenthum zwischen der Rothenmühle und dem rothen Hammer, ohnweit Sayn und Mühlhofen in der Bürgermeisterei Bendorf diesseitigen Kreises, nachgesucht haben, wozu dieselben die ihnen zugehörigen Wassergefälle der rothen Mühle, des rothen Hammers und der Champagner-Mühle an dem Saynbach benutzen wollen, auch beabsichtigen, an dem Zusammenflusse des Sayn- und Brerbaches, ohnweit der Brückenmühle, ein Wehr in dem Brerbache anzulegen und das Wasser unter der letztgedachten Mühle in ihren Obergraben einzuleiten. Diesemnach werden dem § 4 der Eingangs erwähnten Regierungs-Verordnung zufolge alle diejenigen, welche durch das vorgemeldete Etablissement und durch die mit demselben beabsichtigte Ein- und Vorrichtungen einen Eingriff in Rechte und Gerechtsame zu besorgen, oder sonstige Einwendungen dagegen vorzubringen haben, hierdurch aufgefordert, deren Anmeldung binnen 8 Wochen präklusivischer Frist, vom Tage der gegenwärtigen Bekanntmachung an gerechnet, sowohl bei dem hierzu als Commissar bestellten Kreis-Deputirten Herrn Jacob Reiff dahier, als den Concessions-Impetranten, Gebrüder Loffen, wahrzunehmen und gehörig zu begründen, indem auf alle und jede nach diesem Termine eingehende Einsprüche keine Rücksicht genommen werden kann.

Coblenz, am 22. Februar 1839.

Der K. Landrath, Graf **Boos**.

Amtliche Bekanntmachung zum Bau der Concordiahütte
Coblenzer Anzeiger Nr. 24 vom 24. 2. 1839
(LHAK 655,64 Nr. 766)

seit zweieinhalb Jahrtausenden in diesem Gebiet bezeugt ist[46] und mit der Tätigkeit der Familie Remy bzw. des Handelshauses Remy, Hoffmann und Cie. seit 1722/23 einen besonderen Aufschwung nahm. Die Bergwerke Zu den Vier Winden, am Loo (auf der Lohe) und in der Steinebrück, der Steinebrücker Hammer im Brexbachtal, das 1724 konzessionierte Hochofenwerk (Untere) Bendorfer Hütte unterhalb von Bendorf am Rhein, der 1754 bis 1774 betriebene und seitdem meist stilliegende Steitzer oder Rote Hammer unterhalb von Sayn, 1804 bis 1844 auch eine Obere Bendorfer Hütte und vor allem die Sayner Hütte waren im frühen 19. Jahrhundert die vorhandenen Arbeitsstätten dieser Branche. Weitere Werke fanden sich zahlreich in der näheren Umgebung, dem Wieder Becken, den südwestlichen Randgebieten des Westerwaldes und an der unteren Lahn[47].

Das neue Werk erhielt 1839 bei der Grundsteinlegung den Namen „Concordiahütte". Über die eigentliche Gründung der Concordiahütte sind wir deshalb so genau informiert, weil als Antriebsenergie für ein derartiges Werk in den 1830er Jahren nur die Wasserkraft in Frage kam[48]. Eine entsprechende Nutzung der Wasserläufe mußte obrigkeitlich genehmigt werden.

Während entsprechende Unterlagen der staatlichen Berg- und Hüttenverwaltung, vor allem des Bergamtes Siegen, nicht erhalten sind, liegen uns die drei Konzessionsakten der Regierung Koblenz, des Landratsamtes Koblenz und der Gemeinde Bendorf vor[49]. Der Konzessionsantrag vom 12. 7. 1838 ist allerdings in keiner dieser Akten enthalten. Immerhin beschreiben einige behördliche Schriftstücke den Umfang der geplanten Anlage: 2 Hochöfen, eine „englische Puddlingshütte" („Puddlings-Frischhütte") mit 8 Puddelöfen, 3 Schweiß- und 2 Blechöfen, ein Walzwerk und mehrere Hämmer[50].

Offensichtlich wurde der Antrag von den örtlichen Behörden begrüßt und in jeder Hinsicht unterstützt. Bezeichnend ist die Einschätzung des Landrats in einem Schreiben vom 26. 10. 1838: „Die Wichtigkeit des Unternehmens, welches wegen des Einflusses auf gewerblichen Verkehr und der damit in Verbindung stehenden mannigfachen Nahrungsquellen und Beförderung des Wohlstandes allen Vorschub verdient, erheischt es ja ohnehin schon, diese von vorne herein muthwillige Anfechtungen sicher zu stellen."[51]

Eine erste Bekanntmachung in den Zeitungen, die jedoch so kurz und unvollständig war, daß sie im Februar und März 1839 in verbesserter Form wiederholt werden mußte, hatte nicht weniger als 14 Reklamationen von Grundstücksanliegern zur Folge, denen es im wesentlichen um die Wiesenbewässerung und um andere Fragen der Wassernutzung ging. Durch den Ankauf angrenzender Wiesen und durch die Vermittlung der Behörden konnten diese Einsprüche gegenstandslos gemacht werden, so daß am 27. 12. 1841 das preußische Finanzministerium die Konzession ausstellte[52], bemerkenswerterweise zweieinhalb Jahre nach dem Baubeginn!

Besondere Bedeutung hatte die Wasserkraft. Der vorhandene in Sayn von der Saynbach abgeführte Mühlengraben wurde begradigt („Hütten-

Schwerlich hat der Kranke diesen Rath befolgt und ist auch schwerlich wieder völlig hergestellt; — denn ein Schwelger läßt von seiner üblen Gewohnheit nur durch — Zwang.

Ungarische Beredsamkeit.

Am Tage vor einer großen Parade redet ein ungarischer Hauptmann seine Compagnie also an:

„Bursche! Morgen ist Parade; Ihr müßt so geputzt und spiegelblank seyn, daß die Sonne beschämt zurück tritt, und der Mond sich nicht zu zeigen wagt; Eure Zöpfe müssen so fest angebunden seyn, daß die L.... weinend durchkriechen die Schuhe aber so rabenschwarz und glänzend, daß ein Mohr mit neidischen Blicken auf sie niedersieht, und von ihnen lernt was schwarze Farbe ist."

Auflösung des Sylben-Räthsels in Nr. 30.

Hochzeit.

Viersylbige Charade.

Die ersten Sylben.

Wenn sich im Ost der gold'ne Morgen röthet,
Erschein' ich an des Himmels fernstem Saum,
Es wird durch mich die Finsterniß getödtet
Und ich beherrsche dann der Erde Raum.

Die letzten Sylben.

Kühn griff ich in der Leyer gold'ne Saiten
Und sang der Liebe Schmerz, der Liebe Glück,
Des Helden muth'ge That; — doch jene Zeiten
Bringt keine Macht der Erde je zurück.

Das Ganze.

Mit Riesenkraft ward ich im Kampf geschwungen,
In jener Zeit, die längst dahin geschwebt,
Jetzt ist mein Name wie die Zeit verklungen,
Und er nur selten noch in Büchern lebt.

Bekanntmachungen.

Die Herren Gebrüder Lossen haben höhern Orts um die Erlaubniß zur Anlegung eines Eisenhochofens und einer englischen Puddlingshütte mit Walzwerk nachgesucht; und da dieselben gleichzeitig beabsichtigen, mit dem bestehenden Wasserlaufe eine Veränderung vorzunehmen, so bringe ich dieses in Folge Verordnung Königl. Hochlöblicher Regierung vom 26 Juni 1821, Amtsblatt desselben Jahres, mit der Aufforderung zur öffentlichen Kenntniß: daß Jeder, welcher durch die beabsichtigte Wasserlaufs-Veränderung eine Gefährdung seiner Rechte befürchtet, die Einrede binnen acht Wochen präclusivischer Frist, vom Tage gegenwärtiger Bekanntmachung an, bei dem Unterzeichneten vorzubringen hat.

Bendorf, den 29. Juli 1838.

Der Bürgermeister,
Berwer.

Preuß. Rhein. Dampfschifffahrt.

(Kölnische Gesellschaft.)

Einer anderweitigen Bestimmung eines der Dampfschiffe wegen ist der Dienst der Nachts-Schiffe auf einige Tage ausgesetzt worden.

Ein wohlerzogener munterer junger Mensch wird für eine Conditorey in Bonn in die Lehre gesucht. Näheres erfährt man bei der Expedition dieses Blattes.

Feine lackirte Blechwaaren, mit Metall-Druck, sind angekommen und billig zu haben bei
F. W. Strasburger.

Gute Häringe per Stück 1 Sgr., süße Kitzinger Zwetschen per Pfund 2 Sgr., Buchwaizen-Mehl, frische Rosinen, mehrere Sorten Vorschuß-Mehl, so wie Schuh-Hanf und Hanf-Garn verkauft billig
Ludwig Dittmann.

---

200 Thaler liegen zum Ausleihen bereit. Ausgeber sagt bei wem.

Große Schwimmfahrt

auf dem Rheine, nächsten Samstag den 18. August, Nachmittags um 5½ Uhr, von der Schwimmschule bis unterhalb Irlich.

Die Direktion.

Amtliche Bekanntmachung zum Bau der Concordiahütte. Wöchentliche Neuwiedische Nachrichten Nr. 33 vom 17. 8. 1838 (LHAK 655,64 Nr. 765) graben"), das Kanalbett mit Ton abgedichtet und im Werksbereich der Concordiahütte weitgehend überwölbt. Wichtiger war, daß man die Gefällshöhen zweier älterer Mühlen jetzt an einer Stelle zusammenfassen und auch das Wasser des Brexbaches nutzen konnte, indem am Zusammenfluß von Sayn- und Brexbach das Wehr der dort liegenden, später von der Concordiahütte übernommenen Wolfsmühle (Schloßmühle) mitbenutzt wurde und von dort ein Kanal, teilweise als Tunnel gebaut, zum Hüttengraben führte [53].

Die Gebläsemaschine der Hochöfen wurde von einem großen Wasserrad mit etwa 15 m Durchmesser angetrieben, die Walzenstraße von einer Wasserturbine. Zunächst erschien diese Energieversorgung ausreichend, sie wurde erst seit 1853 schrittweise durch Dampfkraft ergänzt, zunächst für zwei Hämmer und eine Walzenschere und 1863 für ein Gebläse mit Winderhitzer [54].

Im Gegensatz zur Sayner Hütte und den anderen Hochofenwerken des Wieder Beckens benutzte die Concordiahütte zunächst nicht oder nur in geringem Umfange die Erze des südwestlichen Westerwaldes, also der Gruben bei Horhausen und bei Bendorf, sondern den Eisenstein aus den eigenen nassauischen Gruben, der mit dem Schiff, wie auch der Kalkstein, von der Lahn her antransportiert wurde. Ein Ufergrundstück am Rhein für eine Schiffsanlegestelle hatte die Firma 1841 erworben, ebenfalls das Recht, die Sayner Straße zwischen Rhein und Hütte zu benutzen. Holzkohlen wurden mit dem Fuhrwerk aus dem Westerwald und der Eifel herangebracht. Dagegen bezog man die zum Puddeln benötigten Steinkohlen wie später auch den Koks per Schiff, zunächst von der Saar, später aus dem Ruhrgebiet, zeitweise auch Kalk aus Budenheim bei Mainz. Ihren Eisenbahnanschluß erhielt die Concordiahütte 1869 und damit zugleich die Voraussetzung für die Betriebserweiterungen der 1870er Jahre [55].

Der Bau der Concordiahütte wurde teilweise, vor allem im ersten Jahr, von dem jüngeren Bruder Friedrich (1805–1848) geleitet, der nach dem Schulbesuch zunächst ein philologisches Studium begonnen hatte, seit 1827 jedoch im Berg- und Hüttenfach ausgebildet worden war und seit 1835 in Michelbach und seit 1836 in Emmershausen mitgearbeitet hatte [56].

Leitender Kopf des Neubaus war jedoch von Anfang an Carl Lossen gewesen. Als seinen Berater erwähnt er den preußischen Oberbergrat Karl Ludwig Althans, eine Kapazität des Hüttenwerksbaues jener Zeit. Er leitete fast zur gleichen Zeit den Bau des Holzkohlenhochofens im westfälischen Holte [57], dem der Doppelhochofen der Concordiahütte in den Grundzügen geglichen haben dürfte.

Technisch war das neue Hüttenwerk sicherlich nicht besonders fortschrittlich, sondern eher konventionell zu nennen. Die Hochofenanlage als der Kern des Werkes ist uns in einer Quelle beschrieben, deren Autor der Neffe Carl Lossens ist, Anselm von Huene, der sich wie sein Onkel dem Berg- und Hüttenfach zugewendet hatte [58]. In einem in seiner Ausbildungszeit als preußischer „Bergwerksbeflissener" (später: Bergbaubeflissener) an das Oberbergamt Bonn erstatteten Bericht schreibt er, daß er während seines Praktikums in der Sayner Hütte 1839–1841 auch dem Bau der Lossenschen Eisenhütte beiwohnte [59]; Einzelheiten dazu teilte er jedoch nicht mit.

Die erste seiner sieben schriftlichen Prüfungsarbeiten befaßte sich mit dem Hochofen der Concordiahütte, sie ist erhalten und wird hier im Anhang abgedruckt. Leider sind die dazugehörenden Zeichnungen verlorengegangen. Die Beurteilung dieser Prüfungsarbeit durch das Hüttenamt Saynerhütte stellt fest, daß die Zeichnungen in allen Teilen richtig, sauber und genau, die Erklärungen dazu zwar kurz, aber das Wesentliche enthaltend ausgeführt seien. Die Zustellung des Hochofens sei zwar nicht behandelt worden, doch sei dies in der Aufgabenstellung auch nicht verlangt gewesen, zumal die Zustellung für jede Kampagne veränderlich sei [60].

Zur Ergänzung können einige Bemerkungen dienen, die der langjährige Hochofenchef Gustav Braubach (1854–1946), Sohn des seit 1861 in der Concordiahütte tätigen Schmelzmeisters Jonas Braubach, 1921 formulierte [61].

In herkömmlicher Weise war der Hochofenschacht in ein Rauhgemäuer von viereckigem Grundriß hineingesetzt. Die englische Methode, statt dessen einen runden eisernen Mantel zu bauen, fand in Deutschland, wegen des durch die Wärmeverluste verursachten höheren Kohlenverbrauchs, keinen Anklang, auch wenn bereits 1824 die Sayner Hütte eine solche Bauweise erprobt hatte [62].

Die Concordiahütte erhielt zwei Hochöfen direkt nebeneinander. Die Vorteile eines solchen Doppelhochofens lagen weniger in einer gewissen baulichen Vereinfachung als darin, daß man so eine größere Menge flüssigen Roheisens zum gleichzeitigen Vergießen für große Gußstücke zur Verfügung hatte[63]. Später erreichte man dasselbe Ziel durch die größeren Dimensionen des einzelnen Hochofens. Die beiden Schächte der Concordiahütte hatten mit 9 bis 10½ m Höhe[64] eine für ihre Zeit übliche Größe.

Konventionell waren auch viele Einzelheiten. Im Untergrund mußte man Kanäle anlegen, um das von der tiefliegenden Kraftanlage her eindringende Wasser abführen zu können; gleichzeitig erreichte man dadurch eine gewisse Wärmedämmung unterhalb des Schmelzraums des Hochofens[65]. Wie die meisten Öfen dieser Zeit besaßen auch die der Firma Lossen je zwei einander gegenüber angebrachte Windformen (Düsen), 1863 oder kurz danach wurde jeweils eine dritte hinzugefügt[66]. Fortschrittlich war jedenfalls die Anwendung der Winderhitzung nach Wasseralfinger Vorbild; damit war auch ein modernes Zylindergebläse zwingend notwendig[67].

Für die Gicht mußte ein Aufzug eingerichtet werden. Er bestand aus einer Förderschale; Eisenstein wurde darauf in Schubkarren, Holzkohle und später Koks in Weidenkörben durch einen Wasserkübel als Gegengewicht gehoben. Die Schlacke ließ man in Gruben ablaufen, aus denen man sie mit eisernen Haken heraushob, auf Karren ins Freie fuhr, dort nach dem Erkalten von Hand zerschlug und auf Loren zur Schlackenhalde transportierte. Gustav Braubach, dem wir diese wenigen Angaben über den Arbeitsablauf der Concordiahütte verdanken, vermerkt auch, daß die Gicht beim Holzkohlenbetrieb offen blieb[66].

In seiner siebten Prüfungsarbeit über die Theorie des chemischen Prozesses bei der Puddel-Arbeit streift von Huene[58] kurz die Versuchsmessungen, die Carl Lossen in den ersten Betriebsjahren der Concordiahütte durchführte, um Einsatz und Ausbringen des Hochofens unter verschiedenen Bedingungen zu ermitteln[68]. Welche konkreten Schlußfolgerungen aus diesen Versuchen für den Hüttenbetrieb gezogen wurden, ist nicht bekannt.

Während die alten Holzkohle-Hochöfen allgemein eine Tagesleistung zwischen 1 und 3 t hatten, läßt sich für die beiden Hochöfen der Concordiahütte um 1860 eine Produktion in der Größenordnung von je 5 bis 6 t errechnen[69]; allerdings ist ungewiß, ob diese Leistung zum Teil kleineren Verbesserungen zu verdanken ist, so daß sie in den ersten Jahren seit 1842 vielleicht etwas niedriger lag. Zum Vergleich sei erwähnt, daß ein moderner Hochofen um 1920 mehr als 500 t[70], ein solcher der Gegenwart bis zu 4000 t täglich erzeugen kann.

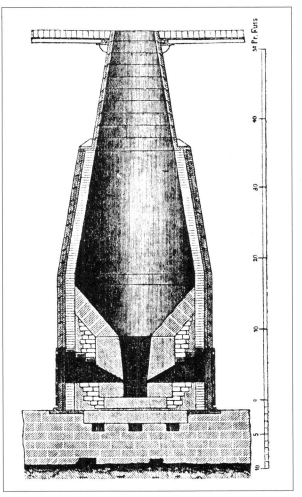

Hochofen der Sayner Hütte 1824 mit rundem eisernen Mantel (L. Beck, Geschichte des Eisens IV, S. 239)

Die Angliederung des für die Concordiahütte von Anfang an geplanten Puddel- und Walzwerks mit der Blechproduktion gelang erst 1853/54. Mit diesem Schritt und zugleich mit der Einführung der Dampfkraft erfuhr die Concordiahütte eine Vergrößerung, die Carl Lossen nach einem fähigen Mitarbeiter für die Leitung des Werkes Ausschau halten ließ. In diesem Zusammenhang entstand im Mai 1856 jener Brief, der im Anhang (II) abgedruckt ist. Darin wird die Einstellung Hermann von Braunmühls[71] als „Betriebs-Beamter" so gut wie abgemacht, der bald darauf Schwiegersohn Carl Lossens und technischer Werksleiter werden sollte. Zugleich werden bemerkenswerte Einzelheiten des Ausbaus, vor allem der Dampfkraft, angesprochen.

Um 1860 war die Hochofenproduktion überwiegend auf die Weiterverarbeitung im Puddelofen ausgerichtet. Das meist erzeugte „weiße" Roheisen ließ sich gut puddeln und anschließend walzen und schweißen; nach den Walzwerkserzeugnissen soll ihrer hohen Qualität wegen eine rege Nachfrage bestanden haben. Neben der Produktion von Blechen war die von Gußwaren – fast – unbedeutend, was sich erst um 1868/69 grundlegend änderte[72].

Genaue Arbeiterzahlen der Concordiahütte sind uns aus den ersten beiden Jahrzehnten nicht bekannt. 1861 werden für die Concordiahütte 135 Beschäftigte angegeben, davon 52 in der Roheisen- und 83 in der Blechproduktion; die Sayner Hütte hatte zur gleichen Zeit 325 Mitarbeiter. Allerdings war die Concordiahütte in den Jahren 1860 und 61 sehr schlecht ausgelastet und wies in den beiden folgenden Jahren eine Arbeiterzahl um 200 auf, 1864 sogar 250, ohne daß sich Größe und Ausstattung des Werkes wesentlich geändert hätten[73]. Vielleicht kann man daraus den Schluß ziehen, daß die Concordiahütte zunächst einen Arbeiterstamm in der Größenordnung von 50 bis 60 und seit 1855 zwischen 130 und 200 gehabt haben muß.

Offensichtlich plante Carl Lossen, den neuen Hochofen der Concordiahütte mit einer in den Jahren um 1840 in Fachkreisen viel beachteten Neuerung auszustatten, nämlich der Ausnutzung der Hochofengase entweder für die Weiterverarbeitung des Roheisens oder für die Erhitzung der Gebläseluft des Hochofens[67], vielleicht auch beides. Entsprechende Kontakte zu dem bekannten württembergischen Bergrat Faber du Faur in Wasseralfingen bei Aalen wurden 1840 hergestellt und führten zum Abschluß eines Lizenzvertrages. Die vereinbarte Erwerbung eines Patentes gelang allerdings nur in Nassau, nicht in Preußen.

Die enge Beziehung zum Hüttenwerk in Wasseralfingen zeigt sich auch darin, daß Wilhelm Lossen, der Neffe Carl Lossens, der seit 1848 in der Concordiahütte tätig war und 1861 einer der beiden Werksleiter wurde, seine praktische Ausbildung dort absolvierte.

Die Experimente, die Lossen selbst auf der Michelbacher Hütte mit verschieden gebauten Gasfängen im Hochofenschacht und Zuleitungen zum Puddelofen durchgeführt hat, erwähnt er in seinen Erinnerungen nur kurz. Etwas genauer sind die Angaben, die sein Neffe Anselm von Huene[58] in seinen schriftlichen Prüfungsarbeiten Nr. 5 und 7 als Bergwerksbeflissener gegenüber dem Oberbergamt Bonn macht[74]; zwar sind die dazugehörenden großen Zeichnungen verloren, die Randskizzen jedoch erhalten, sie werden, soweit sie der Michelbacher Hütte zugeordnet sind, hier als Abbildung unten wiedergegeben.

Bei den seit 1836 durchgeführten Versuchen in Wasseralfingen und dann auch in der Michelbacher Hütte ging es im wesentlichen darum, die Hochofengase aus dem Inneren des Hochofens etwa 10

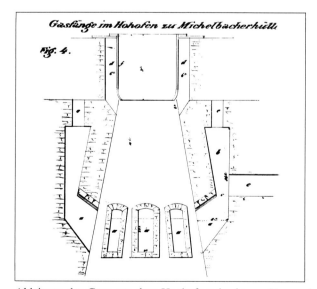
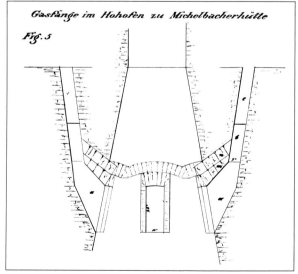

Ableitung der Gase aus dem Hochofenschacht zur Verwendung im Puddelofen, Versuchsanordnungen der Michelbacher Hütte zwischen 1840 und 1845
Federzeichnungen von Bergreferendar Anselm von Huene 1845 (HSAD OBB 999c ad Nr. 5)

bis 13 Fuß (3 bis 4 m) unterhalb der Gicht abzuleiten, dort, wo Kohlenoxydgehalt, Druck und Temperatur für die weitere Verwendung im Puddelofen besonders günstig zu sein schienen und wo gleichzeitig der eigentliche Hochofenprozeß durch das Abführen der Gase nicht mehr wesentlich beeinträchtigt wurde. Die entsprechenden Bauvarianten in Wasseralfingen sind in der Literatur bekannt [75], die in der Michelbacher Hütte – gemauerte Gasfänge rings um den Schacht verteilt – werden in der Arbeit von Huenes detailliert beschrieben.

Zugleich spricht von Huene aber auch die wenig ermutigenden Ergebnisse offen an:

„Der erste Betrieb der Puddelöfen fand nur mit Hohofengasen statt, – in deren Verwendung man große Ersparnisse zu finden glaubte. Bald wurden aber die Ansichten über den Werth dieser Gasverwendung sehr getheilt, indem theilweise die Abhängigkeit der mit Gasen gespeisten Öfen von dem Betriebe des Hohofens nachtheilig und störend erscheinen mußte, theilweise aber auch an manchen Punkten der Betrieb des Hohofens selbst eine nachtheilige Einwirkung durch den Abzug der Gase empfand. Der erste Nachtheil ist unleugbar allenthalben vorhanden, und wird mit der Ausdehnung des Betriebes nur gesteigert werden können.

In der letztern Beziehung hat man namentlich auf der Michelbacherhütte die Erfahrung gemacht, daß der Ofen leicht an erhöhtem Schmelzpunkt und damit verbundenen Rohgang leidet. Ein bloser Rohgang könnte die Meinung begründen, daß die Erze durch die Entziehung der Gase 8–9 [Fuß] unter der Gicht, nicht vorbereitet zur Reduktion und Schmelzung in die untern Theile des Ofens gekommen wären, was bei niedrigen Oefen von 30 [Fuß] wie der zu Michelbach grade nicht unwahrscheinlich ist; allein die Erscheinungen bei dem Hohofenbetrieb waren alle der Art, daß man bestim[m]t erkannte, der Ofen leide an erhöhtem Schmelzpunkt, welche durch Einbrechen der in dem obern Theil des Gestelles bei der Rost gebildeten Versetzungen den partiellen Rohgang zur Folge hatte.

Diese Erscheinung trat jedesmal ein, wenn der Gasofen nur einen Tag gegangen war, und machte dadurch die Fortsetzung der Versuche in dieser Weise unräthlich.

Die Resultate beim Gasofen waren übrigens günstig.

Als Erklärung zu diesem mangelhaften Hohofenbetrieb, muß das schnelle Aufsteigen des Windes betrachtet werden, welches eine Folge der heftigen Gasverbrennung in dem Puddel- oder Weißofen war, indem dies denselben Einfluß hatte, als wäre der Wind mit zu starker Pressung in den Ofen geblasen worden"[76].

Von Huene empfiehlt daher im Ergebnis, die abgeleiteten Hochofengase nicht direkt im Puddelofen oder auch in einem Weißofen einzusetzen, sondern sie einem Gasgenerator zuzuführen und von dort die Puddelöfen zu beheizen. Für die Concordiahütte jedenfalls gab Carl Lossen rasch den Plan auf, die Hochofengase direkt für den Puddelprozeß oder andere Zwecke zu verwenden. Auch in anderen Werken konnte sich diese Technik nicht halten, zumal nach dem Bau der Eisenbahnen die Steinkohlen billiger wurden, so daß die Energieeinsparung gegenüber den Betriebsstörungen nicht mehr ins Gewicht fiel. Generatorgas anstelle von Gichtgas wurde bald auch in den württembergischen Werken – gegen die innere Überzeugung Faber du Faurs[77] – verwendet.

In der Concordiahütte wurde jedenfalls oben im Hochofengebäude neben der Gicht ein Winderhitzungsapparat installiert, der die Gichtgase in der Art eines Wärmeaustauschers zur Vorwärmung der Gebläseluft des Hochofens ausnutzen konnte.

Ein noch wichtigeres technisches Problem war die Alternative Holzkohlen- oder Koksfeuerung des Hochofens. Die relativ späte Einführung des Kokshochofens in Deutschland war weniger eine Frage der technischen Rückständigkeit als vielmehr in erster Linie eine solche des Kohlenpreises; in zweiter Linie dürfte auch der Kapitalmangel der Eisenfabrikanten eine Rolle gespielt haben. Der Preis der Steinkohlen war in den deutschen Eisenrevieren relativ hoch, er wurde dann zunächst entlang des Rheins durch die Schiffahrt, dann aber vor allem durch den Eisenbahnbau so niedrig, daß der Durchsetzung des Koksbetriebes nichts mehr im Wege stand. Bis es so weit war, ist die Holzkohlen-Technik in breitem Umfang angewendet worden und hat in ihren letzten Jahrzehnten durchaus beachtliche Leistungssteigerungen erzielt[78].

Der Einsatz von Koks im Hochofen ist im weiteren Mittelrheingebiet zuerst in der Sayner Hütte seit 1832 versucht worden. Es folgten Versuche in der Rheinböllerhütte im Hunsrück und in Lohe im nördlichen Siegerland um 1840, aber noch um 1850 besaß die Sayner Hütte den einzigen Kokshochofen des preußischen Bergamtsbezirks Siegen[79]. Im Ruhrgebiet wurde der erste Kokshochofen 1849/53 in Betrieb genommen[80]. Von der gesamten Roheisenerzeugung Preußens entfielen 1850 erst 16,6%, 1860 jedoch 70,1% auf den Koksbetrieb[81].

Im Herzogtum Nassau war die Nieverner Hütte bei Bad Ems 1849 das erste Werk, das einen Kokshochofen anblies. Die anfänglichen Probleme, derentwegen man zunächst, allerdings vergeblich, die Sayner Hütte um Hilfe gebeten hatte, wurden durch die Schmelzmeister Peter und Jonas Braubach überwunden[82]. In Bendorf begann die neu gegründete Mülhofener Hütte 1856/57 sofort im Koksbetrieb[83].

Ob Carl Lossen bei der Planung der Concordiahütte die Möglichkeit eines Einsatzes von Koks im Hochofen berücksichtigt hat, ist unbekannt und läßt sich auch nicht eindeutig erschließen, ebensowenig, ob er selbst noch vor seinem Tode die Umstellung auf Koks geplant und eingeleitet hat. 1849 hat er jedenfalls noch die Koksfeuerung als spekulativ abgelehnt und die von Aktiengesellschaften an der unteren Ruhr geplanten Anlagen kritisiert: „.... wogegen Sachkundige mit Recht an dem Gelingen zweifeln, und, mit Ausnahme einzelner sehr begünstigter Lagen, keiner sich zu gleichen Anlagen hat verleiten lassen"[34].

Immerhin wird amtlich angegeben, daß die Hochöfen der Concordiahütte im Jahre 1860 mit Holzkohlen und Koks gemischt gearbeitet haben[85]. Die endgültige Umstellung auf Koks führte das Werk dann nach Carl Lossens Tod 1861/62 durch mit Hilfe des 1861 eingestellten Schmelzmeisters Jonas Braubach[86].

In dem Gebiet des Wieder Beckens hatte die Eisenhüttenindustrie um 1850 eine wirtschaftliche Blüte erlebt, die ihm innerhalb der preußischen Rheinprovinz eine führende Stellung in der Roheisenerzeugung zuwies. In den folgenden Jahren bis 1860 war diese Position allerdings deutlich an das Rhein-Ruhr-Revier verlorengegangen[87], obwohl in dieser Zeit auch am Mittelrhein neue Werke gegründet worden waren: 1850 die Albionhütte, später Germaniahütte, und 1857 die Hermannshütte, beide bei Neuwied, und 1856 fast in der Nachbarschaft der Concordiahütte die Mülhofener Hütte, ein staatliches Hochofenwerk.

Das Gebiet an Lahn, Dill und Mittelrhein als Standort der Eisenhüttenindustrie profitierte sicherlich vom Aufschwung des Eisenerzbergbaus um 1850, noch verstärkt seit dem Eisenbahnbau um 1860. In den 1850er Jahren galt das Lahngebiet als das Erzgebiet der Zukunft, und die Erzförderung des Herzogtums Nassau hat sich von 1850 bis 1857 vervierfacht, der Gesamtwert der Förderung von 1828 bis 1865 verneunfacht. In den 1830er Jahren war man in größerem Umfang zum Tiefbau unterhalb der Stollensohle übergegangen, womit langfristig gesehen die Entwicklung hin zu den technisch schwierigen Abbauverhältnissen begann, die angesichts der zunehmenden Konkurrenz der schwedischen und spanischen Erze nach 1870 zum allmählichen Niedergang dieses Bergbaus führen sollten[88]. Entsprechend verlor auch die Hüttenindustrie rasch wieder an Bedeutung. An der unteren Lahn erlosch 1882 der letzte Hochofen in der Nieverner Hütte, nur an den Standorten Wetzlar und Wieder Becken hielten sich einige Werke, Hochöfen im Wieder Becken allerdings auch nur bis 1926/30. Lediglich die Eisengießerei blieb eine dauerhafte Branche dieses Standortes.

Die günstige Konjunktur der 1850er Jahre dürfte auch die Voraussetzung dafür gewesen sein, daß der 1851 von Carl Lossen gegründete „Verein zum Verkaufe nassauischen Roheisens", gelegentlich auch als „Limburger Verein" bezeichnet[89], erfolgreich wirken konnte. Mit diesem ersten deutschen Roheisenkartell wehrten sich die Holzkohlenbetriebe des Lahn-Dill-Gebietes jahrzehntelang angesichts der zunehmenden Konkurrenz der moderneren großen in- und ausländischen Hüttenwerke gegen den Preisdruck, der durch einen scharfen Wettbewerb der kleinen Firmen in Nassau und Hessen untereinander verhängnisvoll geworden wäre.

Ältere Versuche, zu Preisabsprachen zu gelangen, waren bisher fehlgeschlagen oder hatten doch zumindest nie eine feste Organisation geschaffen. So hatten beispielsweise die Leiter der Asbacherhütte und der Rheinböllerhütte im Hunsrück zu einer Versammlung der Hüttenbesitzer am 15. 12. 1845 in Mainz eingeladen mit einem Rundschreiben, das unter anderem auch der Firma Lossen in Michelbacherhütte zuging[90]. Von einem Erfolg dieser Initiative ist nichts bekannt. Ein späteres Beispiel ist die „Preisvereinigung über Gußwaren" der 1860er Jahre in Rheinland und Westfalen, aus der 1868 der Verein Deutscher Eisengießereien entstand[91].

Von den Gründungsmitgliedern des von Carl Lossen gegründeten Vereins existiert eine Fotografie, die bereits mehrfach im Druck veröffentlicht worden ist[92]; sie zeigt die Personen in einer Gruppenaufnahme angeblich in den 1850er Jahren, darunter angeblich Carl Lossen als zweiter von rechts in der vordersten Reihe sitzend. Tatsächlich handelt es sich um ein konstruiertes Bild, in das die Figuren bzw. Köpfe nachträglich eingefügt worden sind. Immerhin zeigt ein Vergleich mit einer späte-

Mitglieder des Vereins zum Verkaufe nassauischen Roheisens zwischen 1861 und 1866
Nachträgliche (?) Fotomontage (Familie Lossen)

ren Aufnahme, auf der die fünf letzten Mitglieder des Vereins um 1890 zu sehen sind [93], daß zumindest vier dieser fünf Personen auf der früheren Aufnahme zwei bis drei Jahrzehnte jünger abgebildet sind, und nach den Lebensdaten der Konterfeiten gehört das frühere Foto in die Zeit zwischen 1855 und 1870 oder, wenn Hinweise aus der Familie Lossen stimmen, zwischen 1861 und 1866. Nach diesen Hinweisen soll Carl Lossen selbst nicht auf diesem Bild zu sehen sein, wohl aber neben drei weiteren Trägern des Namens Lossen in der vorderen Reihe als zweiter von links sein Bruder Mathias (1797–1885), der die Michelbacher Hütte leitete und 1861 Nachfolger Carls als Vereinsvorsitzender geworden war.

Der Verein zum Verkaufe nassauischen Roheisens bekam einen Geschäftsführer mit Sitz in Oberlahnstein, seit 1873 in Düsseldorf.

Er unterhielt fünf Lagerplätze in Höchst am Main, Dillenburg sowie am Rhein in Walluff, Oberlahnstein und in Mülhofen bei der Concordiahütte. Seit 1863 wurde auch Koks-Roheisen vom Verein verkauft. Vereinsvorsitzender war seit der Gründung 1851 Carl Lossen, dem 1861 und noch einmal 1873 sein Bruder Mathias folgte, dazwischen 1865 bis 1873 Georg (II.) Buderus, 1876 Georg (III.) Buderus und in den 1880er Jahren Gustav Jung von der Amalienhütte. 1881 trat die Firma Gebr. Lossen aus dem Verein aus. Bei der letzten Generalversammlung 1889, nach der er sich auflöste, gehörten ihm noch neun Holzkohlenhütten an; die letzten beiden, die Eibelshäuser Hütte und das Burger Eisenwerk bei Dillenberg, stellten 1897 und 1898 den Betrieb ihrer Holzkohlenhochöfen ein [94].

Die ehrenamtliche Tätigkeit Carl Lossens in diesem Verein steht an der Grenze zwischen Berufsleben und öffentlicher Tätigkeit. Das gleiche gilt für seine Teilnahme an Konferenzen von Interessenverbänden, seine Missionen und schriftlichen Ausarbeitungen in deren Auftrag, über die die Lebenserinnerungen im einzelnen berichten.

Dagegen hat er weitere zahlreiche herausgehobene Positionen eingenommen, in denen er eindeutig nur öffentliche Aufgaben wahrgenommen hat. Dabei fällt zunächst auf, daß er solche Ämter immer nur in Nassau und nie in Preußen übernommen oder auch nur angetragen bekommen hat. Noch nach seinem endgültigen Umzug vom nassauischen Michelbach nach Bendorf in der preußischen Rheinprovinz hat er den nassauischen Titel Oberbergrat erhalten und wurde von nassauischen Wahlmännern, wahrscheinlich ohne sein eigenes Zutun, 1850 zum Abgeordneten des Erfurter Parlamentes und 1852 zum Abgeordneten der Ersten Kammer des nassauischen Landtages gewählt. Die Kontakte zur Regierung des Herzogtums Nassau hat er nie abreißen lassen.

Carl Lossen wurde häufig von der nassauischen Regierung in technischen Fragen des Berg- und Hüttenwesens als Ratgeber herangezogen, was ihm die Titel Bergrat und Oberbergrat eintrug[95], ihn aber nicht zum Beamten des Herzogtums machte. Als Sachverständiger für Bergbau und Hüttenwesen wurde er 1848 übrigens auch vom Frankfurter Reichshandelsministerium geführt[96]. Wie er selbst in seinen Lebenserinnerungen schreibt, hat er für solche Aufgaben teilweise recht ausgedehnte Reisen unternommen und eine erhebliche Zeit aufgebracht.

Seine Bemühungen um die Verbesserung der Lahn als Schiffahrtsweg entsprangen sicherlich, wie viele seiner politischen Aktivitäten, sowohl dem eigenen wirtschaftlichen Interesse als auch einem uneigennützigen wirtschaftspolitischen Anliegen. Offensichtlich hat er sich um seine Mithilfe nicht lange bitten lassen, sondern diese selbst angeboten. Ein amtlicher Bericht stellt fest:

„Der Herr Bergrath Lossen interessiert sich fortwährend sehr für die Vervollkommnung der Lahnschiffahrt ... und zeigt, daß er technische Kenntnisse von der Sache besitzt."[97]

In seiner Tätigkeit als nassauischer Landtagsabgeordneter ist Carl Lossen nur schwer einzuordnen. Zweifellos gehörte er in den insgesamt elf Sitzungsperioden, an denen er teilnahm, zu den besonders aktiven Abgeordneten, er meldete sich häufig zu Wort, brachte aus eigener Initiative Anträge ein und arbeitete in einer ganzen Reihe von Kommissionen mit, auch zu verfassungsrechtlichen und verwaltungstechnischen Fragen. In seinem Lebensbericht verweist er mit Stolz auf seine guten Kontakte zu vielen Regierungsmitgliedern und Landespolitikern, die er namentlich aufführt. Vielleicht kann man aus der Liste derer, die er nicht erwähnt, Rückschlüsse ziehen. Es fällt auf, daß er den nassauischen Märzminister August Hergenhahn ebenso wie die führenden demokratischen und „linken" Landtagsabgeordneten nicht nennt, andererseits aber auch den reaktionären Ministerialrat Werren oder den katholischen Bischof Blum nicht. Die 1839 gewählte Landesdeputiertenversammlung, der Lossen die volle Wahlperiode über angehörte, ist als ein der Regierung gefügiges Werkzeug, die „Jaherren", bezeichnet worden[98]; andererseits trat Lossen 1853 unter anderem aus Protest gegen das oktroyierte Wahlgesetz von 1851 zurück. Einer politischen Gruppierung hat er sich nie offen angeschlossen. Die Vorgänge des Jahres 1848 stießen bei ihm auf Sympathie und die Bereitschaft zur konstruktiven Mitarbeit; der Wahl zum Erfurter Parlament 1850 konnte er aus persönlichen Gründen allerdings nicht folgen.

Nicht ganz deutlich wird Carl Lossens Haltung zum Zollverein. Das Herzogtum Nassau hatte bis 1834 eine starre antipreußische Politik verfolgt, die peinlich genau auf die Erhaltung der eigenen staatlichen Souveränität achtete. Da die Wirtschaft des Landes wegen der Bedeutung des preußischen Marktes den Beitritt zum Zollverein forderte, unter anderem in einer Petitionskampagne im Frühjahr 1834, ist seit dieser Zeit eine Annäherung festzustellen. Teile der Staatsführung waren bereits Anfang 1834 fest zum Beitritt entschlossen, während die offiziellen Verhandlungen darüber erst im Februar 1835 in Berlin begannen und durch den Vertrag vom 10. 12. 1835 erfolgreich abgeschlossen wurden[97]. Welche Rolle ein Gutachten Carl Lossens und seine Unterredung mit dem Herzog im Sommer 1834 in dieser Entwicklung gespielt hat, ist schwer abzuschätzen, da die Veröffentlichungen zu diesem Thema eine solche Beteiligung Lossens nicht nennen.

In den Konferenzen von 1850 bis 1853, als die deutschen Staaten über die Verlängerung oder Auflösung des Zollvereins und eine deutsch-österreichische Zolleinigung verhandelten[100], nahm Nassau eine Haltung des vorsichtigen Taktierens ein. Während sich Wirtschaft und öffentliche Meinung des Herzogtums eindeutig zugunsten des Zollvereins aussprachen, soll Carl Lossen eine Ablösung von Preußen und die Teilnahme an einem süddeutsch-österreichischen Zollverein angestrebt haben, zumal Österreich Vorschläge zum Eisenzoll anbot, die aus nassauischer Sicht sehr günstig sein mußten. In seinem Antrag vor der Ersten Kammer in Wiesbaden 1852 habe er zwar nicht offen für eine Trennung von Preußen gesprochen, die eventuellen Folgen eines solchen Schrittes jedoch heruntergespielt und eine zollpolitische Einigung zwischen Zollverein und Österreich gefordert beziehungsweise eine Erweiterung des Zollvereins[101]. Diese Interpretation dürfte jedoch nicht gerechtfertigt sein, denn Lossens Freund Ferdinand Vollpracht, der Bevollmächtigte Nassaus bei der handelspolitischen Konferenz in Wien Anfang 1852, hielt eine Sprengung des Zollvereins für eine Katastrophe[102], vor allem aber betont Lossens Antrag selbst durchaus die Notwendigkeit, den Zollverein zu erhalten, so daß man ihm insgesamt wohl eher eine ausgleichende mittlere Haltung angesichts einer gewissen proösterreichischen Gesinnung des Herzogs Adolf zuschreiben muß[103].

Initiativen zugunsten des Schutzzolles für das deutsche Eisengewerbe hatte es in der preußischen Rheinprovinz schon seit 1830 gegeben[104]. Hintergrund waren einerseits der Preisvorteil des englischen Roheisens, andererseits der rapide Rückgang des Anteils der deutschen Eisenproduktion am Inlandsverbrauch oder, anders ausgedrückt, die Stagnation der einheimischen Roheisenerzeugung trotz einer rasch steigenden Nachfrage nach Roheisen in den Jahren um 1840, während dann bis 1849/50 die Position der deutschen Eisenproduktion wieder etwas verbessert werden konnte, nicht zuletzt durch den 1844 erreichten Zollschutz, aber nach wie vor sehr gefährdet erschien[105]. Nassau im engeren Sinne erlebte einerseits einen aufblühenden Erzbergbau, andererseits eine Stagnation der Roheisenerzeugung im eigenen Lande und einen rasch zunehmenden Export des Eisenerzes. Auch das nassauische Eisengewerbe litt unter der ausländischen Konkurrenz: In Lahnstein war um 1840 Roheisen aus England 7,7%, Stabeisen 22% billiger als das entsprechende nassauische Erzeugnis[106].

Das engagierte Eintreten Carl Lossens gegen den Freihandel und für den Zollschutz der deutschen Roheisenproduktion entsprang natürlich nicht einem bewußten Plan, eine überholte Technik künstlich auf Kosten der Verbraucher am Leben zu erhalten. Vielmehr benutzt seine Forderung, das materielle Wohl der Menschen durch lohnende Arbeit zu sichern, das in unserer Gegenwart oft strapazierte Arbeitsplätze-Argument: Die vorhandenen qualifizierten Arbeitskräfte solle man schützen und unterstützen, damit die Volkswirtschaft stärken und so diesem Gewerbe zugleich die Möglichkeit der Weiterentwicklung zur Konkurrenzfähigkeit geben[107]. Der dabei 1848 bemerkbare patriotische Unterton ist im übrigen Carl Lossen sonst fremd:

„Ich schließe dieses Promemoria in dem Vertrauen, nachgewiesen zu haben, wie würdig die Eisenindustrie des Inlandes ist, einen zureichenden Schutz ansprechen zu dürfen, wie nothwendig sie dieses Schutzes bedarf, auf welche Weise derselbe gewährt werden kann und wie wenig erheblich die Nachtheile gegenüber den Vortheilen sind, welche dem nationalöconomischen Interesse, namentlich der Arbeitskraft daraus erwachsen.

Andere Nationen, deren industrielles Uebergewicht wir mit Recht beklagen, sind uns auf dem bezeichneten Wege, in der Entwickelung längst vorausgegangen. Die Lehren des Freihandels, welche, niemals von ihnen befolgt, durch Schrift und Wort nun angepriesen werden, sind als die Folge der Macht jenes Uebergewichts zu betrachten, und liegen in dem Interesse der Supprimatie, zu welcher es einer jeden Macht gelüstet.

Der Zweck bedingt die Mittel! Säumen wir nicht, diese jetzt anzuwenden, wo der vor uns liegende Zeitabschnitt, die Entwicklung eines großen einigen Deutschlands die Aufgabe hat, alle kleinen Interessen zu Grabe zu tragen, wenn es gilt, für die Entfaltung der innern Kräfte eine neue Bahn zu brechen."[108]

Inwieweit und auf welchen Wegen die zahlreichen Initiativen Carl Lossens in den Regierungsstellen und diplomatischen Kreisen jeweils Erfolge errangen, Meinungen von Persönlichkeiten und Staatsführungen beeinflußten, wird sich im einzelnen nicht mehr nachvollziehen lassen. Seine intensiven und langandauernden Bemühungen sind in seinem Lebensbericht umfassend dargestellt. Da er kein Einzelgänger war, sondern offensichtlich weithin Unterstützung und Zustimmung fand, wird man bei aller Vorsicht doch feststellen können, daß er an der Einführung des Roheisenzolles 1843/44 und am Auslaufen des Handelsvertrages mit Belgien 1853, wodurch die Zollbegünstigung für belgisches Roheisen beendet wurde, einen erheblichen Anteil gehabt hat.

Spätestens im Zusammenhang mit den Vorgängen des Jahres 1848 gewann die Schutzzollbewegung eine allgemeine politische Bedeutung. Die Bejahung einer aktiven Rolle des Staates im Bereich der Wirtschaft und die Einbeziehung dieses Standpunktes in die nationalen Einheitsbestrebungen ließen so ein nationalwirtschaftliches Programm einer aktiven Handelspolitik entstehen.

Der 1848 gegründete und von prominenten Wirtschaftsführern unterstützte „Allgemeine Deutsche Verein zum Schutze der vaterländischen Arbeit"[109] erreichte mit seinen Unterschriftenkampagnen 1848/49 eine erstaunliche Wirkung, auch wenn diese regional sehr unterschiedlich war. An dem guten Ergebnis in Nassau, das hinter dem Königreich Sachsen den zweithöchsten Mobilisierungsgrad der deutschen Staaten bzw. preußischen Provinzen erreichte[110], dürfte Carl Lossen einigen Anteil gehabt haben. Seine Mitarbeit in diesem Verein 1848/49 schildert er in seinen Lebenserinnerungen zutreffend und realistisch. Ab Ende 1849 wurde es um den Verein stiller, der Meinungsstreit um die Erhaltung des Zollvereins und eine deutsch-österreichische Zolleinigung trug wesentlich zu seinem Zerfall 1852/53 bei.

Von den allgemeinen sozialpolitischen Initiativen Carl Lossens verdient sein Antrag im nassauischen Landtag auf Erhöhung der Branntweinsteuer Beachtung. Lossen trat hier nicht als Blaukreuzler auf, sondern wollte eher die schlechte Qualität des billigen Branntweins ihrer verheerenden gesundheitsschädlichen Wirkung wegen bekämpfen und statt dessen die Bierbrauereien fördern. Der Michelbacher Magazinverwalter Keller überliefert uns eine Anekdote, die in dem gedruckten Landtagsprotokoll keine Stütze findet, die aber, auch wenn sie erfunden wäre, zeigt, daß die Landtagsverhandlungen von der öffentlichen Meinung des Landes beachtet wurden und die Abgeordneten in gewisser Weise auch populär waren:

„Den Mitgliedern des Bauernstandes mißfiel dieser Antrag, weil sie selbst Branntwein-Brennereien besaßen. Und da nahm der Bürgermeister Höchst von Rennerod das Wort und sagte: ‚Meine Herren! Alles, was der Herr Vorredner dem Branntwein Übeles nachgesagt hat, ist wahr; insbesondere aber die Behauptung, daß er ein langsam wirkendes Gift sei, denn ich kann es bezeugen, weil ich in meiner Bürgermeisterei Branntwein-Säufer habe von 90 und 95 Jahren alt.' Hierauf erfolgte ein laut schallendes Gelächter aller Mitglieder der Stände-Kammer, und der Antrag fiel unter die Bank."[112]

Tatsächlich wurde der Antrag jedoch in einer Kommission weiterberaten und später in anderer Form verwirklicht. Carl Lossen soll sich jedenfalls über diesen Vorfall noch lange Zeit geärgert haben; der Hochachtung, die ihm von seiner Umgebung entgegengebracht wurde, tat diese Geschichte keinen Abbruch.

Auf Carl Lossens Privatleben braucht hier nicht näher eingegangen zu werden. Die Lebenserinnerungen nennen die wesentlichen Ereignisse und zeigen kurz und prägnant die Empfindungen auf, die die rasche Aufeinanderfolge von Geburten und Todesfällen in der Familie hervorrufen mußte. Von den sechzehn Kindern überstanden zwölf das erste Lebensjahr, elf wurden erwachsen, und beim Tode Carl Lossens lebten noch sieben. Als häufigste Todesursache muß die Tuberkulose angesehen werden, und das Beispiel dieser Familie zeigt, daß auch ein gewisser Wohlstand Mitte des 19. Jahrhunderts nur begrenzte Abwehrmöglichkeiten gegen diese Krankheit bieten konnte.

Bemerkenswert erscheint, daß die religiösen und kirchlich-konfessionellen Seiten des Lebens in Carl Lossens Bericht praktisch nicht erwähnt werden. Carl Lossen war, wie die gesamte elterliche Familie, katholisch, seine zweite Ehefrau jedoch evangelisch, und sie dürfte als Tochter eines evangelischen Pfarrers ein gewisses Selbstbewußtsein in kirchlichen Fragen besessen haben. Jedenfalls zeigt die Erwähnung zum Jahr 1843, daß bereits die beiden jüngsten Kinder aus erster Ehe konfirmiert, also evangelisch erzogen wurden, was dann auch für die Kinder der zweiten Ehe gilt. Dies ist um so verständlicher, als sich Carl Lossen wegen seiner zahlreichen Verpflichtungen kaum um die Erziehung der Kinder und den häuslichen Alltag der Familie kümmern konnte. Merkwürdig ist allerdings, daß die evangelisch erzogenen Töchter in einem katholischen Internat strenger Observanz untergebracht wurden; eine von ihnen, Maria, soll dort sogar konfirmiert worden sein[112a].

Die wenigen Quellen, die etwas über den Alltag der Lossens berichten, stellen einhellig das vorbildliche Familienleben heraus. In den Lebenserinnerungen der jüngsten Schwester Carl Lossens wird das harmonische Verhältnis der Eltern zueinander und zu ihren Kindern betont, Güte, Verständnis und Liebe der Eltern waren Leitbilder für die Kinder:

„Sie selbst waren für uns Ideale, daher liebten wir sie unbeschreiblich. Nie erinnere ich mich, daß zwischen den Geschwistern ... ein Unfriede gewesen."[113]

Auch der als Verwalter von 1832 bis 1847 in der Emmershäuser und der Michelbacher Hütte tätige Ferdinand Keller lobt bei allen Haushalten der Lossens, die er kennengelernt hatte, das gute und freundliche Familienleben, die Gastfreundschaft,

die einfache Lebenshaltung und den Zusammenhalt der Verwandten:
„Diese 10 Geschwister waren alle feine Leute, und sie hatten eine Zuneigung und Liebe zueinander, wie solche noch selten vorkommt; kein Mißton trübte dieselbe."[114]

Der besondere Zusammenhalt mag auch darin zu sehen sein, daß als Paten der 16 Kinder Carl Lossens ganz überwiegend Mitglieder der engeren Familie gewählt wurden: Von 31 erwähnten Paten waren 26 nahe Verwandte, zum Täufling nicht weiter entfernt als – allenfalls – Großonkel oder Cousine. Daß Carl Lossen seine erste Ehe am Hochzeitstag der Eltern schloß, mag vielleicht als weiterer Hinweis auf seinen Familiensinn gewertet werden.

Der große Bekannten- und Freundeskreis, den die Lebenserinnerungen immer wieder aufzeigen, macht deutlich, daß Carl Lossen sicherlich der Oberschicht seines nassauisch-mittelrheinischen Lebensraumes zuzurechnen ist. Aus den Bemerkungen seines Magazinverwalters Ferdinand Keller können wir Respekt und Hochachtung für ihn herauslesen; obwohl er freundlich, gerecht und unkompliziert mit Menschen umging, die im Rang niedriger standen als er, ist eine gewisse soziale Distanz unverkennbar. Der Titel Oberbergrat, mit dem er offensichtlich angesprochen wurde, ist ein äußeres Kennzeichen dafür.

Über die persönlichen Neigungen ist wenig bekannt. Aus den Lebenserinnerungen können wir herauslesen, daß Carl Lossen offensichtlich eine Vorliebe für Reisen hatte, dabei auch gerne wanderte und für die Schönheit der Landschaft empfänglich war; andererseits war er, auch außerhalb seines Berufsfeldes, im weitesten Sinne an technischen Dingen interessiert.

Carl Lossen starb unerwartet am 28. 4. 1861 an einem Herzschlag. Leiter der Concordiahütte wurden gemeinsam sein Neffe Wilhelm Lossen[115] und sein Schwiegersohn Hermann von Braunmühl[71], Nachfolger als Vorsitzender des Vereins zum Verkauf von nassauischem Roheisen sein Bruder Mathias, der bis 1867 die Michelbacher Hütte leitete[116]. Von den eigenen Söhnen trat nur Ferdinand[117] kurzzeitig 1875 in die Leitung der Concordiahütte ein, und Karl[118] leitete nach 1878 bis zu seinem Tode 1881, also auch nur kurze Zeit, den Lossenschen Grubenbesitz von Weilburg aus.

Nach der Umwandlung der Firma in eine Aktiengesellschaft 1900 verblieb der Familie zunächst noch ein Sitz im Aufsichtsrat; im Jahre 1917 wurde der Name Lossen aus der Firmenbezeichnung getilgt. Mit der Übernahme des Werkes durch den Rombach-Konzern 1921 und einem entsprechenden Aktienumtausch endete die wirtschaftliche Verbindung der Familie Lossen mit der Concordiahütte. Das Werk selbst erwies sich jedoch in nunmehr 150 Jahren als lebensfähig und ist das bleibende Denkmal seines Gründers Carl Maximilian Lossen.

Anmerkungen

[1] VDEh-Fassung, s. S. 10
[2] Eversmann S. 93–97; Röder S. 310 (u. passim); Custodis S. 113; ders. in: Sayn S. 132 u. 137; Spiegel S. 125f; Köhne-Lindenlaub; Kraft, Fritz Gerhard: Zur Geschichte der ehemaligen Kruppschen Hüttenwerke am Mittelrhein, in: Beitr. z. Gesch. d. Technik u. Industrie 30 (1941), S. 63–72, hier S. 63–65
[3] in 10 Jahren wurden ca. 98.000 Gulden Gewinn erzielt, von denen etwa 60.000 Gulden an die Staatskasse abgeführt wurden – Köhne-Lindenlaub S. 3; der offene Streit mit den nassauischen Militärbehörden 1810 wegen der Rekrutierung zweier Mitarbeiter der Sayner Hütte, der sich Anselm Lossen widersetzt hatte – HSAWi 210 Nr. 4538 –, war eine seltene Ausnahme
[4] vgl. die unter Anm. 6 angegebene Lit. sowie Beck 1899 IV S. 76, 94–96 u. 176–180; Lange-Kohte 1965, S. 1055f; Wagenblass S. 49–52; Pfannenschmidt S. 135f; HSAD OBB 1350a Bl. 49 V
[5] s. unten S. 34 mit Anmerkung h
[6] allg.: G. Keller; Fremdling 1983; ders.: Der Puddler – Zur Sozialgeschichte eines Industriehandwerkers, in: Handwerker in der Industrialisierung, hrsg. v. U. Engelhardt, Stuttgart 1984, S. 637–665
[7] Beck 1899 IV S. 347; Beck 1911; HSAD OBB 82
[8] HSAD OBB 798 Bl. 15 V
[9] Beck 1899 IV S. 112 u. 356f; dagegen Althans S. 170; etwas unbestimmt Piontek S. 101; Fechner 1902 S. 762–766
[10] Berdrow I S. 70f; Schumacher S. 227f; Mieck S. 87–89; Weber S. 187 u. 189
[11] Piontek S. 101; Fuchs 1970 S. 122; Tanzer, Karl: Oberschlesiens Eisenindustrie, in: StuE 72 (1952), S. 569–574, hier S. 570
[12] Beck 1899 IV S. 347; Beck 1911 S. 88; Weber S. 191; Lange-Kohte, Irmgard: Ein Gutachten Alexanders von Humboldts über das Berg- und Hüttenwesen im Bereich des Oberbergamtes Bonn 1818, in: Tradition 2 (1961) S. 84–93, hier S. 89
[13] Röder S. 314f; Custodis S. 114f; Spiegel S. 122; AT CTE S. 19
[14] HSAWi 212 Nr. 4035 Bl. 50f
[15] ebd. Bl. 52 V u. R; allerdings hatte Anselm Lossen 1815 kritisiert, daß Nassau überhaupt keine Geldmittel für Inve-

stitionen bereitgestellt habe – Köhne-Lindenlaub S. 3

[16] Geisthardt, bes. S. 170–173; Gerlach S. 42–47; ob sich Anselm Lossen noch um andere Werke bemüht hat, ist nicht bekannt, bei der Versteigerung der Nieverner Hütte 1817 war er nicht beteiligt, wohl aber die Firma Remy (Bendorf) und die Sayner Hütte – Ortseifen S. 10

[17] Georg (I) Friedrich Andreas B., 1777–1840, seit 1815 alleiniger Inhaber der Firma J. W. Buderus Söhne in Friedrichshütte bei Laubach (östl. von Gießen) – Vom Ursprung I S. 178 u. 251

[18] HSAWi 212 Nr. 4035; Geisthardt S. 173; Passavant S. 354; F. Keller I (21) S. 24; Einecke S. 345

[19] Nies-Haspe S. 10 u. 17f; Einecke S. 344–347; Stahl, Karl Joseph: Hadamar, Stadt und Schloß, Hadamar 1974, S. 254; zur Ausstattung der Werke 1868 vgl. HSAD OBB II 17

[20] Schubert, Hans: Geschichte der nassauischen Eisenindustrie von den Anfängen bis zur Zeit des Dreißigjährigen Krieges, Marburg 1937, S. 114, 128 u. 497; Vom Ursprung I S. 58; Geisthardt S. 157–162; Kaethner; Passavant

[21] F. Keller, bes. I (21) S. 22–30 u. II (22) S. 3 u. 9–14; Frorath, Sohn des Lehrers Prof. Wilhelm Frorath (siehe Textanmerkung 18), dessen Frau eine Tante der Brüder Lossen war, arbeitete seit ca. 1844 als Verwalter der Firma Gebr. Grisar auf der Nieverner Hütte

[22] F. Keller I (21) S. 23

[23] für Michelbach: HSAWi 212 Nr. 4035 Bl. 132ff (1818); Foto in Aarbergen S. 10, angeblich von 1884; für Emmershausen nicht bezeugt, aber zu vermuten, da ein mechanisch betriebener Gichtenaufzug in den Akten oder der Literatur erwähnt wäre

[24] 1816: HSAWi 212 Nr. 4035 Bl. 132ff; Nies-Haspe S. 17f; in Michelbach 1833 noch Blasebälge und 1 Kastengebläse, 1848 1 neues Zylindergebläse – HSAWi 250/1 Nr. 130; HSAD OBB II 17; in Emmershausen – HSAWi 3011 I Nr. 3305 H; Kaethner; 1868 in Emmershausen jedoch nicht mehr zum Hochofenbetrieb tauglich – HSAD OBB II 17; in Burgschwalbach – ebd.; im Röderhammer 1833 Blasebälge – HSAWi 250/1 Nr. 130

[25] geschätzt nach F. Keller I (21), S. 23

[26] HSAD OBB II 17 (19. 10. 1868); nach einer etwas zweifelhaften Erwähnung sollen die Frischfeuer in Michelbach 1834 mit einem Winderhitzer nach Wasseralfinger Vorbild ausgestattet worden sein – E. Herzog 1914 S. 21; zur Winderhitzung allg. s. Anm. 67

[27] F. Keller II (22) S. 2 erwähnt ihn so, als sei er schon bei seinem Eintritt in Michelbach 1836 vorhanden gewesen, doch nach Odernheimer I S. 45 wurde erst 1840 der erste Puddelofen in Nassau in Betrieb genommen; 1844/45 und 1847 ist er bezeugt – Prüfungsarbeit von Huene, s. Anm. 74; HSAWi 211 Nr. 14859 I; für Emmershausen 1840er Jahre erwähnt bei Beck 1899 IV S. 725, aber zweifelhaft

[28] HSAWi 211 Ne. 14859 I

[29] ebd.

[30] F. Keller II (22) S. 2

[31] Geisthardt S. 163; Passavant S. 353; F. Keller I (21) S. 23 u. II (22) S. 11f; Kaethner

[32] Pfannenschmidt S. 152–177; Plumpe S. 131–145

[33] B. Osann in Brandt S. 210f

[34] F. Keller II (22) S. 7

[35] B. Osann in Brandt S. 193

[36] Einecke S. 345; Wenckenbach S. 131

[37] Broecker S. 106; A. Schmidt S. 209; Ortseifen S. 13

[38] HSAD OBB II 17 (25. 7. 1868); vgl. Geisthardt S. 174

[39] BAF DB 58 Nr. 92 Petition 5786 Bl. 198–200

[40] F. Keller I (21) S. 22 u. II (22) S. 10; HSAWi 210 Nr. 526; die von F. Keller verwendete Bezeichnung Modellschlosser ist für die 1830er Jahre bemerkenswert, da die meisten Modelle aus Holz bestanden, ihre Erbauer also Modellschreiner waren

[41] AT Familiengesch. Lossen, Versteigerung 1853

[42] Odernheimer I S. 398 u. 409

[43] HSAD OBB II 17; Geisthardt S. 173; Kaethner

[44] Geisthardt S. 174; Passavant S. 354f; Aarbergen S. 7; Lerner S. 198

[45] AT Familiengesch. Lossen, Inventar Michelbacher Hütte 6. 5. 1835

[46] Gensicke, Hellmuth: Landesgeschichte des Westerwaldes, Wiesbaden 1958, S. 5f

[47] Eversmann S. 93–99 u. 170–174; Baumann; Kleber; Beck 1905; Diesterweg S. 84–91; Broecker, Schröder; Custodis S. 111f; Wick; HSAD OBB 76

[48] zur geringen Verbreitung der Dampfmaschine in der Eisenindustrie 1838: Lange-Kohte, Irmgard: Die Einführung der Dampfmaschine in die Eisenindustrie des rheinisch-westfälischen Industriegebietes, in: StuE 82 (1962), S. 1669–1676, hier S. 1674

[49] LHAK 441 Nr. 17.863 (Regierung K.); LHAK 655,64 Nr. 766 (Landratsamt K., überliefert im Archivbestand der Gemeinde Bendorf) und ebd. Nr. 765 (Gemeinde B.)

[50] Verfügung der Regierung Koblenz vom 20. 7. 1838 in LHAK 441 Nr. 17863 Bl. 1; LHAK 655,64 Nr. 765 Bl. 22 V

[51] LHAK 441 Nr. 17863 Bl. 14

[52] Abschrift der Urkunde in LHAK 655,64 Nr. 765 Bl. 26 R; allerdings waren schon am 7. 7. 1840, 12. 5. und 6. 8. 1841 einzelne Gräben der Wasserkraftanlage genehmigt worden, Abschriften in AT VSt/3698

[53] LHAK 702 Nr. 12723; AT Braubach S. 2

[54] ebd. S. 4f; Wefelscheid; Custodis S. 114–116

[55] Odernheimer I S. 263; AT Braubach S. 3–5; Wefelscheid; Broecker S. 138; Diesterweg S. 88; Wuest S. 4; Baumann S. 10

[56] AT CTE S. 41–43 u. 49

[57] Tenge S. 905f

[58] Anselm August Ida Freiherr von Hoiningen gen. Huene, 1817–82, preußischer Bergrat; zu den Eltern s. unten Textanmerkungen 136 und 139

[59] HSAD OBB 999a Bl. 51 V

[60] ebd. Bl. 329 R

[61] AT Braubach

[62] Beck 1899 IV S. 238f; Schwereisenindustrie S. 44

[63] Johannsen S. 230; Pfannenschmidt S. 85–87

[64] Odernheimer I S. 263

[65] Pfannenschmidt S. 82

[66] AT Braubach S. 4

[67] allg.: Beck 1899 IV S. 412–429; Herzog 1914; ders. 1917; Plumpe; Paulinyi; Pfannenschmidt S. 144–152; Schäffer: Erfahrungen über den Betrieb des Hohenofens zu Saynerhütte bei Coblenz mit erhitzter Luft, in: Archiv f. Mineralogie, Geogn., Bergb. u. Hüttenkde. 8 (1835), S. 429–478

[68] HSAD OBB 546 S. 18–21; einige Ergebnisse soll Carl Lossen selbst veröffentlicht haben, allerdings ist die Quellenangabe bei Beck 1899 IV S. 509 falsch: an der genannten Stelle – Annalen der Chemie und Pharmacie, hrsg. v. Fr. Wöhler u. J. v. Liebig, beginnt 47 (1843) S. 150 ein Aufsatz von Redtenbacher, den Beck an anderer Stelle ohne Beleg resumiert, während in den Bänden von 1840 bis 1850 dieser

Zschr. keinerlei Beitrag von Lossen abgedruckt ist
[69] nach LHAK 655,64 Nr. 764; Vergleichszahlen, die niedriger liegen, z. B. bei Plumpe S. 120f für württembergische Hochöfen dieser Zeit; vgl. Baumann S. 4; in ähnlicher Höhe: Beck 1899 IV S. 824; Osann in Brandt S. 194; etwas höher (um 1850: 8 t): Pfannenschmidt S. 138
[70] Osann in Brandt S. 194
[71] Hermann Johann Baptist Edler v. B., 1826–1902; Hütteningenieur, heiratet 1858 Elisabeth (Elise) Lossen, 1838–1928; technischer Leiter der Concordiahütte bis 1898
[72] AT Braubach S. 4f; LHAK 655,64 Nr. 764
[73] A. Schmidt S. 209 nach einem Bericht des Landrats; LHAK 655,64 Nr. 764
[74] HSAD OBB 546 u. 999c ad Nr. 5; in der Beurteilung ebd. 999a Bl. 331 V u. R werden diese Arbeiten als korrekt und gut zensiert, lediglich die Reinschrift durch einen Kopisten wird kritisiert
[75] Herzog 1914 u. 1917; Baur, bes. S. 564f; Plumpe S. 149–152 u. 203–222; Paulinyi S. 136–139; Beck IV S. 437–449, 455f u. 567–569
[76] HSAD OBB 999c ad Nr. 5 S. 54–58
[77] E. Herzog 1917 S. 130; vgl. Baur u. die Anm. 67 genannte Lit.
[78] Fremdling S. 199–206
[79] Lange-Kohte 1965 S. 1058–1060; Beck 1899 IV S. 708; Broecker S. 104f; Wagenblass S. 49–52; Kruse S. 143; HSAD OBB 927; Oechelhäuser, Wilhelm: Vergleichende Statistik der Eisen-Industrie, Berlin 1852, S. 241; Schmitt, Robert: Geschichte der Rheinböllerhütte, Köln 1961, S. 62; Stengel: Über das bei Koaks erblasene Rohstahleisen und den daraus dargestellten Rohstahl, in: Archiv f. Mineralogie, Geogn., Bergb. u. Hüttenkde. 18 (1844), S. 260ff
[80] Behrens, Hedwig: Der erste Kokshochofen im rheinisch-westfälischen Industriegebiet auf der Friedrich Wilhelms-Hütte in Mülheim an der Ruhr, in: Rheinische Vierteljahrsbll. 25 (1960), S. 121–125; Lange-Kohte, Irmgard: Johann Dinnendahl, in: Tradition 7 (1962), S. 32–47 u. 175–196, hier S. 183–187; Lange-Kohte 1965 S. 1060
[81] Wagenblass S. 118f, 240 u. 256; vgl. Fremdling S. 207
[82] F. Keller II (22) S. 19f; Ortseifen S. 11; Schüler S. 139; Vom Ursprung I S. 213; Lange-Kohte 1965 S. 1059
[83] Broecker S. 102
[84] BAF DB 58 Nr. 61, rote Nr. 438 Bl. 189
[85] LHAK 655,64 Nr. 764; Vergleichsangaben für die Vorjahre fehlen, so daß eventuell auch schon vor 1860 Koks zusätzlich zur Holzkohle verwendet wurde
[86] AT Braubach S. 3
[87] Baumann S. 3f
[88] zur Statistik: Odernheimer I S. 8f u. 48 mit Nachträgen S. 162 u. später; Schwereisenindustrie S. 45; Herzogtum Nassau S. 150; Wulff bes. S. 60 u. 109; Einecke S. 34f; Fuchs, Konrad: Zur Bedeutung des Herzogtums Nassau als Wirtschaftsfaktor 1815–1866, in: NA 78 (1967), S. 167–176, hier S. 168f; ders.: Die Bergwerks- und Hüttenproduktion im Herzogtum Nassau, in: NA 79 (1968), S. 368–377; ders.: Die wirtschaftlichen Strukturwandlungen im Lahn-, Dill- und Sieg-Revier seit dem ausgehenden 19. Jahrhundert, in: NA 81 (1970), S. 203–215, hier S. 203f u. 207
[89] AT Firmenschriften Lossen, Bauermann 1965 S. 2
[90] Klotzbach S. 5–9
[91] Brandt
[92] Klotzbach S. 10/11; Vom Ursprung I S. 241; Eiler S. 114; s. Abb. S. 17
[93] Klotzbach S. 16/17
[94] Klotzbach S. 3–17; Vom Ursprung I S. 225 u. 233–246; Eiler S. 97; Einecke S. 363; Gerlach S. 91f; Milkereit, Gertrud: Carl Spaeter, in: Rheinisch-Westfälische Wirtschaftsbiographien 10 (1974), S. 78–115, hier S. 109; Holzkohlenroheisen wurde noch um 1900/1920 für besonders hochwertige Gußstücke verlangt – Pfannenschmidt S. 82f; B. Osann in Brandt S. 194
[95] F. Keller II (22) S. 3; vgl. unten S. 58
[96] BAF DB 51 Nr. 81 Bl. 26 V u. 32 V
[97] Regierung Wiesbaden vom 10. 6. 1840 – HSAWi 211 Nr. 8022b Bl. 213
[98] Müller, Walter: Die Geschichte des Domänenstreites im Herzogtum Nassau 1806–1866, Diss. Frankfurt a. M., Langendreer 1929, S. 161
[99] Hahn 1981; ders. 1982 S. 127–137 u. 1984 S. 84–87; Fuchs, Konrad: Die Bedeutung des Deutschen Zollvereins als Institution zur Austragung des preußisch-österreichischen Gegensatzes 1834–1866, in: NA 78 (1967), S. 208–215
[100] Hahn 1984 S. 141–151; Zimmermann, Alfred: Die Handelspolitik des Deutschen Reiches vom Frankfurter Frieden bis zur Gegenwart, ²Berlin 1901, S. 6–16; Böhme, Helmut: Deutschlands Weg zur Großmacht, ²Köln 1972, S. 29–45
[101] so Hahn 1981 S. 113–118 u. 1982 S. 187 u. 264f
[102] Hahn 1982 S. 261
[103] Toelle S. 70–75; Eiler S. 32; zur proösterreichischen Einstellung Herzog Adolfs vgl. Lerner S. 52f, Vix S. 81 u. Herzogtum Nassau S. 56
[104] Kruse S. 144–148
[105] allg. Sering; Kruse S. 145f; Best S. 50 u. 342; Marchand, Hans: Säkularstatistik der deutschen Eisenindustrie, Essen 1939; Fremdling, Rainer: Britische Exporte und die Modernisierung der deutschen Eisenindustrie während der Frühindustrialisierung, in: Vierteljahrsschr. z. Sozial- u. Wirtsch. gesch. 68 (1981), S. 305–324
[106] Lerner S. 82; Herzogtum Nassau S. 153; Odernheimer I S. 48
[107] besonders deutlich z. B. in der Eingabe vom 1. 3. 1849 an das Reichshandelsministerium – BAF DB 58 Nr. 61, rote Nr. 438 Bl. 197f
[108] Lossen, Schutz S. 34f
[109] Best; Finger; vgl. Hahn 1984 S. 141–144
[110] nach der Berechnung von Best S. 195
[111] Verhandlungen der Landes-Deputirten-Versammlung des Herzogtums Nassau 1838 S. 67–86; Eichler S. 286–290; der genannte Abg. Höchst ist 1838 nicht als Redner zu diesem Antrag aufgeführt
[112] F. Keller II (22) S. 8f
[112a] s. unten S. 45; vgl. Textanmerkung 202 (S. 68)
[113] AT CTE S. 13
[114] F. Keller I (21) S. 29
[115] Wilhelm Karl L., 1826–75, Sohn von Joseph Gotthard L., 1795–1866; in der Leitung der Concordiahütte folgte ihm 1875 Dr. Ferdinand L. (s. Anm. 117) und diesem 1876 Karl Max Georg L., 1839–1899, Sohn von Mathias L. (s. Anm. 116)
[116] Mathias Aloisius L., 1797–1885, ab 1867 in Würzburg, ab 1874 in (Bad) Kreuznach im Ruhestand
[117] geb. 1840, Dr. phil., Chemiker, Berufstätigkeit in Staßfurt, Halle und Wiesbaden
[118] 1836–1881, Dr. phil. Berg- und Hüttenmann, Berufstätigkeit in Rußland, Blankenburg und Weilburg

Überlieferung und Textgestaltung

Der Text der Lebenserinnerungen ist in einer im Besitz der Familie Lossen aufbewahrten Handschrift überliefert. Es handelt sich um ein in braun-violettes Leinen gebundenes Buch von 22,3 cm Breite und 27,8 cm Höhe, das aus 98 Blättern besteht; 73 davon sind beschrieben, während das erste Blatt lediglich eine in späterer Zeit eingetragene Widmung trägt und die letzten 24 Blätter völlig leer sind. Eine Überschrift steht weder auf dem Buchdeckel noch auf dem Titelblatt oder über dem Beginn des Textes. Für diese Veröffentlichung wurde eine Formulierung des ersten Satzes als Titel gewählt.

Die Urschrift von der Hand Carl Lossens ist offensichtlich verloren. Vielmehr liegt uns die Reinschrift eines Kopisten vor, der den gesamten Text einschließlich der Unterschrift ausgefertigt hat. Daß es sich um eine Abschrift von einer handschriftlichen Vorlage Carl Lossens und nicht etwa um eine Niederschrift nach Diktat handelt, zeigen neben anderen Indizien die bei den Namen, Fremdwörtern und Fachbegriffen vorkommenden Schreibfehler wie zum Beispiel Biebnick statt Riebnick (oder Rybnik), Juckow statt Suckow, Fögel statt Tögel, Juripseutenz statt Jurisprudenz oder das Auslassen des dem Abschreiber wohl unbekannten Wortes „Generator". Deutlich unterscheidet sich die klar zu lesende Handschrift des Kopisten von der Carl Lossens (s. Abbildungen S. 26 und S. 27).

Unbekannt ist das Datum, an dem der Kopist den Text Lossens abgeschrieben hat, jedoch kann nach der Schrift angenommen werden, daß diese Abschrift unmittelbar oder allenfalls kurze Zeit nach der Niederschrift Carl Lossens (1860) angefertigt worden ist. Verwendet wurde, auch bei den beiden Texten des Anhangs, die deutsche, für alle Namen einschließlich der Monatsnamen die lateinische Schrift.

Von der handschriftlichen Vorlage gibt es eine maschinenschriftliche Abschrift, die unter dem Titel „Erinnerungen von Oberbergrat Carl Lossen (1793–1861)" in der Bücherei des Vereins deutscher Eisenhüttenleute (VDEh) in Düsseldorf eingestellt ist (Signatur Rh 251). Sie trägt den Akzessionsvermerk vom 19. 12. 1929 und gibt den Text in einer normalisierten Schreibweise wieder. Angefertigt wurde sie wahrscheinlich 1928 oder 1929 von einem Mitglied der Familie oder einem Mitarbeiter des VDEh, nachdem dieser Verein durch „Zufall" Einblick in „dieses kleine Buch" – womit wohl das Original gemeint war – erhielt [1].

Die hier vorgelegte Druckfassung gibt den Text der Handschrift buchstaben- und zeichengetreu wieder. Sie stützt sich auf eine zeilengetreue Transkription, für deren Anfertigung dem Archiv der Thyssen AG, insbesondere Fräulein Andrea Pooth, sehr zu danken ist.

Bei der Wiedergabe mußten allerdings einige Besonderheiten der Textgestaltung verändert werden. Dies gilt zunächst für die Randeintragungen des Originals, die nicht nur durch ihre Placierung am jeweils linken Seitenrand, sondern auch durch die Verwendung von blauer statt der sonst üblichen schwarzen Tinte auffallen. Sie werden hier in der Druckfassung, ihrer Funktion entsprechend, entweder als Kapitelüberschrift verwendet oder – in der Mehrzahl der Fälle – als Fußnote wiedergegeben, da es sich dann um zusätzliche Hinweise, Berechnungen oder Quellenbelege handelt. Auf ihren ursprünglichen Standort am linken Seitenrand verweist jedoch jeweils die Fußnote. Um eine durchgehende Gliederung des Textes zu erreichen, ist dort, wo eine Kapitelüberschrift fehlte, eine solche neu gebildet worden. Die Einteilung in Absätze folgt der Vorlage.

Manchmal hatte der Schreiber Aufzählungen im Text kolumnenartig angeordnet und mit Wiederholungszeichen (") vereinfacht. Diese Gestaltungsweise wird hier nur in wenigen Ausnahmefällen beibehalten (z. B. Seite 34 und 49). Ebenso fallen die in

Lebenserinnerungen von Carl Maximilian Lossen, Blatt 21 R (Familie Lossen)

der Handschrift recht uneinheitlich vorgenommenen Unterstreichungen – häufig etwa bei Jahreszahlen – weg.

Alle Abkürzungen sind in eckigen Klammern aufgelöst. Ebenso ist jeweils der Seitenbeginn der Handschrift in eckigen Klammern im Text angegeben. Einige von unbekannter Hand vorgenommene Bleistiftkorrekturen sind in den Fußnoten vermerkt, während bloße Bleistiftanstreichungen, die an ein paar Stellen der Vorlage wohl als Hinweis auf Schreibfehler angebracht worden waren, nicht berücksichtigt werden. Ein paar ganz eindeutige Schreibfehler sind im Text richtiggestellt mit einem entsprechenden Hinweis in der Fußnote. Der in der lateinischen Schrift aus einem deutschen h und einem lateinischen s gebildete Buchstabe ist stets als ß wiedergegeben, das immer mit zwei Punkten geschriebene ÿ als y, das Zeichen /: bzw. :/ als runde Klammer ( ).

Für die beiden im Anhang wiedergegebenen Texte gelten sinngemäß die gleichen Grundsätze. Die erste dieser beiden Schriften, die erste von sieben schriftlichen Prüfungsarbeiten des Bergwerksbeflissenen (Bergreferendars) Anselm Freiherr von Hoyningen gen. von Huene, ist in den Prüfungs- und Personalakten des Oberbergamtes Bonn überliefert. Leider sind die beiden Zeichnungen, die dieser Text erläutert, verloren gegangen. Geschrieben war der Text von einem Kopisten, lediglich die Unterschrift hatte der Prüfling eigenhändig geleistet.

Das Original der zweiten Anlage, der Brief Carl Lossens an den späteren technischen Direktor der Concordiahütte und zugleich seinen zukünftigen Schwiegersohn Hermann von Braunmühl, ist im Besitz der Familie Lossen überliefert. Ob der spätere Dienstvertrag mit dem hier enthaltenen Entwurf übereinstimmt oder ihm ähnelt, ist nicht bekannt. Die andere in diesem Brief erwähnte Anlage, eine Zeichnung oder Beschreibung der geplanten Kesselanlage, ist nicht erhalten.

Unser Versuch, die in den Erinnerungen vorkommenden Namen, Begriffe und Sachverhalte zu klären und zu überprüfen, mußte sich weitgehend auf die gedruckte Literatur stützen, in einigen Fällen konnten aber auch behördliche Akten in den staatlichen Archiven herangezogen werden; dabei

Eigenhändiger Brief Carl Maximilian Lossens an Hermann von Braunmühl 1856, Schlußseite, Blatt 4R (TGC)

wird deutlich, und dies kann an Hand der Angaben in den Fußnoten zu den Lebenserinnerungen leicht nachgeprüft werden, daß Carl Lossens Angaben in aller Regel sehr genau und zuverlässig sind. Weitere Archivstudien könnten sicherlich in einzelnen Punkten zusätzliche Belege aufdecken.

In den Anmerkungen zur inhaltlichen Erläuterung einzelner Angaben des Textes wurde aus Raumgründen dort, wo die Erklärung einem Standardwerk entnommen ist, auf den Quellenbeleg verzichtet. Dies bezieht sich, vor allem bei den Personenangaben, auf Konversationslexika, Allgemeine sowie Neue Deutsche Biographie, Hof- und Staatshandbücher und -kalender, die Gothaischen Genealogischen Handbücher, die landschaftlichen „Lebensbilder"-Reihen [2]; für die Familie Lossen die gedruckten „Stamm-Tafeln" [3]; für den engeren Bereich Nassaus die Zusammenstellungen von Renkhoff, Herrmann, Schnell und Bonnet [4]; für Naturwissenschaftler und Techniker die Werke von Poggendorff, Serlo und Matschoß [5]; für das Berg- und Hüttenwesen Schlesiens die Literatur zur schlesischen Industriegeschichte [6].

Für einzelne Hinweise danke ich Herrn Dr. C.-F. Baumann, Archiv der Thyssen AG Duisburg, Herrn W. Beutter, Hohenlohe-Zentralarchiv Neuenstein, Herrn H. Freiherr von Hoyningen gen. Huene, Landesarchiv Schleswig-Holstein in Schleswig, Frau Dr. Jung, Stadtarchiv Wetzlar, Herrn Dr. med. A. Lossen, Dortmund, Frau Rösner-Hausmann, Hessisches Hauptstaatsarchiv Wiesbaden, und Herrn Dr. H.-B. Spies, Stadt- und Stiftsarchiv Aschaffenburg.

Zur Schreibweise der Namen in der Einleitung und in den Anmerkungen sei darauf verwiesen, daß für den Vornamen Karl stets das von den Zeitgenossen, auch von Carl Lossen selbst, meistens (nicht immer!) benutzte C verwendet wurde. Bei den Orts- und Firmenbezeichnungen, die mit dem Wort „Hütte" gebildet sind, wurde immer bei Firmennamen getrennt (Sayner Hütte, Michelbacher Hütte), bei Ortsbezeichnungen jedoch zusammengeschrieben (Saynerhütte, Michelbacherhütte). Für die Orte in Schlesien wurden die damals gültigen deutschen Namen verwendet.

Anmerkungen

[1] Dickmann 1929 S. 1871; eine weitere maschinenschriftliche Abschrift befindet sich in AT, sie unterscheidet sich in Einzelheiten von der VDEh-Fassung

[2] vgl. Friedrichs, Elisabeth (Bearb.): „Lebensbilder"-Register, Neustadt/Aisch 1971

[3] Stamm-Tafeln der Familie Anselm Lossen, Privatdruck nach 1920. (im Besitz der Familie Lossen)

[4] Renkhoff, Otto: Nassauische Biographie, Wiesbaden 1985; Herrmann, Albert: Gräber berühmter und im öffentlichen Leben bekanntgewordener Personen auf den Wiesbadener Friedhöfen, Wiesbaden 1928; Schnell, August (Bearb.): Matrikel des Gymnasium Philippinum zu Weilburg 1540–1940, Frankfurt u. Weilburg 1950; Bonnet, Rudolf: Männer aus und in Nassau nebst einigen Frauen, Nassovia Hefte 6 und 14, Frankfurt a. M.-Eckenheim 1940 und 1969

[5] Poggendorff, Johann Christian: Biographisch-literarisches Handwörterbuch zur Geschichte der exakten Wissenschaften, 7 Bände, Leipzig 1863 ff; Serlo, Walter: Bergmannsfamilien in Rheinland und Westfalen, Rheinisch-Westfälische Wirtschaftsbiographien Band 3, Münster 1936; ders.: Männer des Bergbaus, Berlin 1937; ders.: Westdeutsche Berg- und Hüttenleute und ihre Familien, Essen 1938; Matschoß, Konrad: Männer der Technik, Berlin 1925 Reprintausgabe in der Reihe ‚Klassiker der Technik', VDI-Verlag, Düsseldorf 1985; ders.: Große Ingenieure, 4. Aufl. München 1954

[6] Perlick, Alfons: Oberschlesische Berg- und Hüttenleute, Kitzingen 1953; Fuchs, Konrad: Vom Dirigismus zum Liberalismus, Die Entwicklung Oberschlesiens als preußisches Berg- und Hüttenrevier, Wiesbaden 1970; Fechner, Hermann: Die Königlichen Eisenhüttenwerke Malapane und Kreuzburgerhütte bis zu ihrer Übernahme durch das schlesische Oberbergamt 1753–1780, in: Zsch. f. d. preuß. Berg-, Hütten- u. Salinenwesen 43 (1895), S. 75–102; ders.: Geschichte des Schlesischen Berg- und Hüttenwesens . . . 1741 bis 1806, 9 längere Beiträge in ders. Zschr. 48 (1900), S. 279, bis 50 (1902), S. 796; ders.: Die Fabrikengründungen in Schlesien nach dem Siebenjährigen Kriege unter Friedrich dem Großen, in: Zschr. f. d. ges. Staatswiss. 57 (1901), S. 618–652; Wutke, Konrad: Aus der Vergangenheit des Schlesischen Berg- und Hüttenlebens, Breslau 1913; Piontek, Walter: Die Eisenhüttenindustrie und ihr Brennmaterial beim Übergange vom Holzkohle- zum Koksverfahren mit besonderer Berücksichtigung Oberschlesiens, masch.-schr. Diss. Frankfurt a.M. 1925; Seidl, Kurt, Peter-Heinz Seraphim und Karl Tanzer: Deutschlands verlorene Montanwirtschaft, Die Eisen- und Stahlindustrie Oberschlesiens, Stuttgart u. Köln 1955

Carl Maximilian Lossen

Geschichte meines Lebens und Wirkens

[1V]Andenken[a] v[on] Leopold Lossen[1]
an Carl v[on] Braunmühl[b][2]

[2V] Meinen lieben Kindern zum Andenken schreibe ich die Geschichte meines Lebens und Wirken's in kurzen Zügen nieder, mit dem Wunsche, daß zunächst meine Söhne mit einer gleichen Befriedigung ihre Laufbahn niederschreiben mögten.
Am 6. Juny 1793 war ich auf dem damals Chur-Trierischen Eisenwerk Saynerhütte[3] bei Bendorf geboren, wo mein Vater, Anselm Lossen, seit 1790 als Buchhalter angestellt war, und am 10. May 1791 sich mit Gertrude Hoffmann[4] aus Ehrenbreitstein vermählt hatte.

Anmerkung[c]

Mein Vater Ans[elm] Lossen, geb[oren] in Bonn am 16. April 1758, war der jüngste Sohn des Caspars Philipp Lossen, Kaiserlicher Legations Secretair, später Amtmann und Rath bei Gr[af] Hatzfeld[5], angeblich auf dem Lossen Gute zu Knevelinghausen bei Miste, ohnweit Ruhlen, Kreis Lippradt, geboren[6], und 18. März 1760 gestorben, und der Ch[ristina] Elisabetha Stoeppler[7] aus Francfurt, gestorben zu Hoffheimer hammer am 9 April 1769.
[2R unten] Der frühe Verlust der Eltern (des Vaters im zweiten, der Mutter im eilften Lebens-Alter meines Vaters) hatte die verweiste Familie, bestehend aus der älterer Schwester Charlotte Auguste geb[oren] 20. July 1749[8], später vermählt mit Rentmeister Michels zu Ettville[9] gest[orben] 18. December 1834.[10] und zwei älteren Brüder, Clemens Maria[11] geb[oren] 24. July 1754 gest[orben] Paris 1816, Math[ias] Aloisius geb[oren] 22. Juny 1756[8] gest[orben] in Mainz als Pfarrer zu St. Ignatz am 10 März 1806 bei sehr spärlichen Ver-[3V unten]mögens Verhältnissen in eine sehr drückende Lage versetzt. Der ältrer Sohn Clemens trat bei einem Hofmechanikus in Mainz in die Lehre, gieng darauf nach Wien, später nach Paris, wo er sich günstig etablirte. Die älteste Schwester Charlotte kam in das Haus des Grafen Els[12], wärend die zwei jüngeren Brüder Mathias und Anselmus durch Begünstigung erst im Waisenhause zu Mainz Unterkommen und Unterricht fanden[13], und dann studirten, der erstere Theologie, [3R unten] der zweite, mein Vater, Jurisprudenz[d]. Ohne sofortige Anstellung, nach vollendeter Studienzeit nahm derselbe eine Stelle als Hauslehrer an, kam als solcher in das Haus des Churfürstlich Trierrischen Geheimerath Linz[14] zu Coblenz, und erhielt durch dessen Empfelung die vacante Buchhalter-Stelle zu Saynerhütte[e].

[Jugend]

[2R] Die erste Zeit der Jugend fiel in die sorgenvollen Kriegs-Jahre 1793[a]–1797, wo die dortige Gegend durch den steten Wechsel der Kriegs-Operationen von Oestreichischen und Französischen Truppen hart bedrängt wurde, da der Rhein-Uebergang der Letzteren bei Neuwied, durch die Blokade der Festung Ehrenbreitstein gehemmt, alle Truppen Märsche über Bendorf nach der Straße zu Montabauer führte. Mehrfache Plünderungen, wobei der Vater, [3V] mehrmal mit dem Todte bedroht ward, nöthigten die Mutter mit meinem älteren Bruder Clemens und mir eine Zufluchtstätte, in dem nahen Flecken Bendorf zu suchen, welches zu Anspach gehörig, als neutrales Gebieth geschützt war[15], wärend mein Vater, der nach dem 1796 erfolgten Ableben des Oberinspectors Jacobi[16] dessen Stelle übernommen hatte, seinen Posten, oft mit Gefahr des Lebens vertheitigen mußte.
Einzelne Kriegs-Ereignisse, z. B. ein Oestereichisches-[3R]Lager in Zelten bei Bendorf, die

Anselm Lossen (1758–1821), der Vater Carl Maximilian Lossens, Ölgemälde (Familie Lossen)

Gertrud Lossen, geb. Hoffmann (1767–1823), die Mutter Carl Maximilian Lossens, Ölgemälde (Familie Lossen)

Plünderung der Mutter durch einen Trupp-Morateur[b], auf dem Wege zum Besuche des Vaters zu Saynerhütte, sind dunkeln Erinnerungen der Kinder Jahre, welche durch das Ausergewöhnliche der Erscheinung einen tiefen Eindruk hinterlassen mußten.

Mit dem Eintritt des Friedens, womit die diesseitigen Chur-Trierischen-Landes-Theile, und mit ihnen auch die Saynerhütte als Landes-Domaine in 1803 an Nassau übergegangen waren[17], trat eine ruhigere Zeit-Periode ein, in welche die erste Schulbildung fiel. Diese begann bei [4V] der entfernten Lage des Werks, durch Hauslehrer. Mehrer derselben waren sehr mittelmäsig, bis der würdige Lehrer Wilhelm Frorath[18] eintrat, und diese Stelle vier Jahre begleitete. Erst mit Errichtung eines Gymnasiums in Montabauer 1806, wobei Frorath eine Professur[c] erhielt, verließ derselbe das Haus, und erhielt nach Auflösung jener Anstalt im Jahr 1817. die Rectorstelle an dem in Hadamar neu errichteten Pädagogium[19].

Die Schul-Jahre im Eltern-Hause gewan[n]en durch den Sommer-Aufenthalt des Fürsten Friedrich Wilhelm von Naßau Weilburg[20], in dem nahe gelegenen Schloß zu Engers ein besonderes Interesse dadurch, daß der würdige Fürst mit der Fürstin, die Eltern, mit besonderem Wohlwollen behandelten, von dem nahen, durch sie neu angelegten Friedrichsberg[21] kommend, oft auf der Saynerhütte einkehrten, und daß der Erzieher des Erbprinzen, nachherigen Herzog Wilh[elm][22] Freiherr von Dungern[23], der den Hauslehrer [4R] Frorath lieb gewonnen hatte, mit dem Erbprinzen und seinem Sohne, die Saynerhütte noch öfterer besuchte, wobei die Bekanntschaft der beiden Erzieher sich bei gemeinschaftlichen Spaziergängen und Jugend-Spielen, auch auf die Schüler übertrug, deren Erinnerungen in späteren Jahren, sich durch Wohlwollen des Herzogs bemerkbar machte.

Dem Ueberzuge des Lehrers W[ilhel]m Frorath nach dem Gymnasium zu Montabauer, folgten mein älterer Bruder Clemens[131] und ich, und unter dessen Aufsicht stehend und zusammen wohnend, traten wir in die neue Schule ein. dies war im Alter von 12½ Jahren[d].

Mit September 1807 wurde die Schule von mir, in Gemeinschaft mit meinem älteren Bruder verlassen[e], um mit dem Winter-Semester auf dem

Licaium zu Aschaffenburg[24] einzutreten, wo [5V] mein Vater den Hofgerichtsrath und Professor Engel[25] zum Freund hatte, in dessen Hause wir unterkamen.

Engel als Lehrer der Philosophie, Hofrath Nau[26] Lehrer für Mineralogie und Botanik, Windischmann[27] für Geschichte, Latrone[28] für Aestetik, und Professor Hoffmann[29] als Lehrer der Mathematik und Phisik (später Director der Anstalt, und als guter Schriftsteller bekannt) waren die Lehrkräfte, welche frequentirt wurden[f]. Das Leben in Aschaffenburg, belebt durch die Residenz des Fürsten Primas (Dahlberg)[30] und durch die Schönheit der Gegend, hatte viel angenehmes.

Der Geist der Studierenden nahte sich dem Burschen Ton der Unniversitäten, war jedoch ohne die dort übliche Anmasung, da man diese niederzuhalten wußte.

Im November 1808[g] trat mein ältester Bruder mit mir zur Universität Heidelberg[31] [5R] über[h]. Das Winter Semester 1808/1809 wurde durch die Vorlesungen: Experimental Chemie[i] bei Professor Kastner[32], über Mechanik und politische Arithmatik[j] bei Professor Langsdorf[33], über Mineraloge in Verbindung mit Bergbau und Hüttenkunde[k] bei Professor Hofrath Juchow[34], ausgefüllt.

In dem darauf folgenden Sommersemester wurden die Vorlesungen: praktische Forst-Wissenschaft mit Excursionen verbunden[l], bei Forstrath Graf Sponeck[35], über Experimental Phisik und Experimental Chemie[m] beim Geheimen Hofrath und Professor Juckow[34], Trigonometrie[n] bei Dr. Zimmermann[36] mit Eifer besucht, woneben der Unterricht im Landschaftzeichnen bei Rottmann[37], dem Vater der berühmten Landschaftmaler Rottmann in München, angenehme Zwischenstunden ausfüllte.

Gleichzeitig weilte der oben schon benannte Erbprinz Wilhelm von Naßau[22] [6V] behufs seiner Studien in Heidelberg. An die Stelle des unbefangenen Umgangs der Knaben-Jahre auf der Saynerhütte trat jetzt die Förmlichkeit monatlicher Aufwartungen, zu denen die meisten dort studierenden Nassauer erschienen.

Ende September 1809 verließ ich Heidelberg, wärend mein Bruder Clemens die Jahre 1810 und 1811 noch dort verblieb. Diese zwei Jahre wurden von mir im Eltern Hause zugebracht, um den Vater auf dem Bureau zu unterstützen, nebenbei aber bei dem Geometer Rolshausen[38] in Valendar (später

Die Landschaft von Engers, Sayn (links) und Bendorf (hinten rechts) vom Rhein aus gesehen, 1820
Kolorierte Lithographie von Th. Sutherland
(Reproduktion nach Sayn, Ort und Fürstenhaus, S. 15)

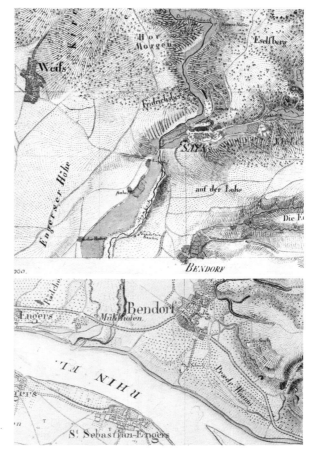

Kartenausschnitte aus der ersten topographischen Karte des Rheinlandes (Tranchot-Müffling), oben: 1819, unten: 1816/17
(Landesvermessungsamt NRW, Faksimilie-Ausgabe 1968, oben: Blatt 70 rrh Sayn, unten: Blatt 136 Koblenz/79 rrh Vallendar)

Director der Cataster Vermessung von Rheinland-Westphalen, dermalen Oberregierungs-Rath in Cöln) Unterricht im Feldmessen und im Planzeichnen zu nehmen. Der Umgang mit einem jungen, aufgeklärten Geistlichen der aufgehobenen Abtei Sayn Namens Schmalenbach[39], [6R] der in dem Gräflich von Boosischen Hause[40] Schloßkaplanstelle versah, und die Jagd-Partien, die in dessen Gesellschaft abgehalten wurden, sind noch heute angenehme Erinnerungen jener Zeit.

Im Spätherbst 1811 gieng mein ältester Bruder mit mir nach Paris, wo wir in dem Hause des Vater Bruder's Onkel Clemens[11] eine freundliche Aufnahme fanden.

Dieser Aufenthalt währte von Herbst 1811 bis zum Spätherbst 1812, wo der Wille des Vaters durch die politischen Verhältnisse bestimmt, zur Rückkehr in die Heimath nöthigte. Die großartige Conzentration so vieler wissenschaftlicher Kräfte, die ohnentgeldliche Benutzung derselben, wie sie Paris damals einem jeden darboth, spannte alle Kräfte an, und ließ die anfänglichen Hindernisse der Sprache bald überwinden. Wärend [7V] mein Bruder die Vorlesungen über französisches Recht hörte, dessen Kenntniß von deutschen Juristen verlangt wurde, frequentirte ich im Verlaufe des Studienjahres bei Abbé Hauy[41] Vorlesungen[o] über Mineralogie, bei Thenard[42] die Vorlesungen[p] über Chemie und chemische Analise im College imperial de France[43] und in der Ecole Normale[44]. bei Vauquelin[45], Chemie des Arts[q] im Jardin des Plante[46], bei Gay Lussac[47] Experimental Phisik[r] in der Ecole normale. Am angenehmsten waren meine Beziehungen zu dem höchst liebenswürdigen Abbé Hauy, und zu Professor Thenard, die ich mehrmal besuchte und bei ihnen stets eine freundliche und lehrreiche Aufnahme fand.

Die Hienreise nach Paris gieng über Aachen und Brüssel mit der Post, die Rükreise dagegen wurde mit dem Tur-[7 R]nisten auf dem Rücken, durch die Champagne bis Trier zu Fuß abgemacht, von dort aus zu Wasser durch's liebliche Moselthal.

[Ausbildung als Berg- und Hüttenmann]

Die Vorliebe zu den Natur-Wissenschaften erzeugten in mir den Wunsch mich zum Lehrfach in dieser Abtheilung auszubilden, allein der Wille der Eltern ließ mich das Berg und Hüttenfach als künftigen Beruf wählen.

Zu dem Ende ging ich, behufs praktischer Ausbildung, im Spätherbst 1812 nach dem Fürstlich Schaumburgischen Blei- und Silber Hüttenwerk Holzappel[48], dessen Director Bergrath Schneider[49], Schüler von Werner[50] in Freiburg, einen Kreis von Bergwerks-Zöglingen um sich sammelte, die in Gruben und Hütten mit arbeiteten und seine Vorträge über Bergbau besuchten, [8V] womit gleichzeitig geognastische[51] Excursionen verbunden wurden.

So groß der Abstand zwischen Paris und Holzappel gewesen, so gehört der Aufenthalt an letzterem Orte doch zu den angenehmsten und lehrreichsten Jahren meiner Ausbildungszeit.

Die Grubenarbeiten, die Aufbereitung, das Markscheeiden, worunter die Aufnahme und Kartirung[a] der dasigen umfpangreichen Grube gehörte, gleichwie die Arbeiten in der Hütte, waren die Aufgaben zu einer angestrengten Thätigkeit.

Der Winter 1813/1814 hatte die politische Lage Deutschland's verändert[52], der Aufruf zu den Waffen hatte Anklang in den Herzen aller junger Männer gefunden, daher auch ich mich mit meinem älteren Bruder, der jedoch nach 3. Wochen zum Postdienst übertrat, [8R] zum Corps der freiwilligen Jäger meldete, welche Nassau in zwei Companien formirte.

Der Eintritt fand im Januar 1814 statt, und nachdem das Corps c[irc]a 4 Wochen in der Umgegend von Usingen eingeübt worden war, rückte dasselbe zur Blakade von Mainz nach Hochheim wo dasselbe dem 5ten deutschen Armee-Corps, unter Commando der damaligen Kais[erlich]-Oestreichischen Generals Ernst Herzog von Sachsen Coburg[53], zugetheilt war. Später übern Rhein nach Finden Ingelheim Algesheim und Sauerschwabenheim[54] verlegt, wurde das Corps in Gemeinschaft mit Cosacken zum Vorposten-Dienst verwendet, bis dahin, daß Mainz Anfang May von den Franzosen geräumt, an die deutschen Truppen übergeben wurde, wozu nach Abhaltung [9V] einer großen Rewüe, der Einmarsch am 15. May statthatte. Nur kurze Zeit blieb das Jäger-Corps in Mainz garnisonirt, um Festungsdienst zu thun, marschirte darauf in die Umgegend von Worms, später im Herbst nach Biebrich, wo mir auf mein Ansuchen am 29. November 1814 der Abschied[b] zu Theil wurde.

Diese kurze militairische Laufbahn als gemeiner Soldat war bei der Strenge des Winters, bei der durch Plünderung und langdauernde Einquartirung hart mitgenommenen Umgegend von Mainz, wie durch Strenge des Dienstes mit vielen Strapatzen und Entbehrungen verbunden.

Das Nerven Fieber, welches im hohen Grade allgemein herschte, hatte auch mich ergriffen, und nur der Sorge eines alten Universitäts Freundes, des Dr. Vogler[55], damals Batallion Arztes der Nassauischen Infanterie, dermal Ober Me-[9R]dizinalrath und Brunnen-Arzt in Bad-Ems, der mich mit dem gleichzeitig erkrankten Jäger Adolph Remy[56] aus Bendorf, statt in's Militair-Lazareth zu senden, zu braven Bauersleuten unterbrachte, habe ich es zu danken, daß ich nach 5 Wochen genaß.

Ohngeachtet der vielen Beschwerlichkeiten herschte in dem Jäger-Corps ein heiterer, kammeradschaftlicher Geist, und manche Bekanntschaft zwischen gleichgesinnten Männern gieng in dauernde Freundschaft über. Dazu gehören Kugelmann[57], später Hofkammerrath und Rentmeister in Nassau, E[rnst] Menzler[58] später Bergmeister in Diez, Franz[59], später Oberforstmeister, W[ilhel]m Stein aus Kirchen, später in Mexico etablirt, Louis, Adolph und Heinrich Remy[60] aus Bendorf, Hess[61], Renteibeamter in Caub etc[etera].

Eine eiserne in Silber gefasste Feld-[10V]medallie an einem Schwarz, grün und orangefarbigem Bande, ließ der Herzog Ernst als Commandant des 5ten Arme-Corps (später Regent von Sachsen-Coburg[53]) an alle Freiwillige vertheilen, und auch mir wurde eine solche zu Theil.

Anfang December 1814 in's Elterliche Haus zurükgekehrt, änderten sich bald die bürgerlichen Verhältnisse in der Weise, daß nach einem in Folge der Wiener-Congreß Acte zwischen Nassau und Preusen abgeschlossenen Staatsvertrage vom 31 May 1815 ein Theil der Amts-Bezirke von Vallendar und Ehrenbreitstein, und damit auch die Saynerhütte an Preußen abgetreten wurden. Die Anmeldung als Berg- und Hütten-Eleve in den preusischen Staatsdienst war die Folge jenes Wechsels der Regierung, wozu die Anwesenheit des König[lich] Preuß[ischen] [10R] Oberhütten-Rathes Herrn Dr. Karsten[62] benutzt wurde, der die neuen Landes-Theile für das betreffende Ressor inspicirte, wärend die Bildung eines Oberbergamtes für die Rheinprovinz in Bonn in Aussicht stand[63]. Der Geheime-Oberbergrath Graf Beust[64] war als Director dieses Collegiums ausersehen, in welcher Eigenschaft er die Gruben und Hütten des Kreises Siegen im Spätherbst 1815 besuchte[65]. Durch den Oberbergrath Herrn Becker[66], der mit zum Oberbergamte Bonn bestimmt war, und bis zu dessen Constituirung in Ehrenbreitstein wohnte aufgefordert, ihn zu der vorgenannten Inspicirung des Grafen Breust[e] nach Siegen zu begleiten, und als Secretair dabei zu fungiren, wurde dieser Vorschlag freudig von mir angenommen, wobei ich dem Grafen gleichzeitig vorgestellt wurde.

[11V] Mit Resolution d[e] d[ato] Bonn 20. Decemb[er] 1815 wurde mir seitens des Geheimen Oberbergrathes v[on] Beust die Mittheilung, daß der Finanz-Minister auf Antrag der Oberberg-Hauptmannschaft[63] beschlossen habe, mich in Gemeinschaft mit dem Eleven Fr[iedrich] Susewind[67] zu Lohhütte behufs weiterer praktischer Ausbildung nach Schlesien zur Besichtigung der dasigen Eisenhütten-Werke zu senden, mit dem Bemerken, die nähere Instruktion dazu sei von dem Oberhütten-Rath Herrn Karsten[62] in Breslau zu erheben. Ueber die Beobachtungen auf der Reise sei ein vollständiges Tagebuch zu führen, welches später der Königl[ich] Rheinischen-Oberbergamts Commission einzureichen wäre, wogegen die Kosten der Reise auf der ordinairen Post, und wärend der Reise-Dauer Thaler Zehn Unterstützung per Monat vergütet werden würden. –

[11R] Die Abhaltung des Eleven Herrn Susewind, der zur Mitreise bestimmt war, verzögerte deren Antritt bis zum 30 May 1816, wo Herr Susewind inzwischen eine andere Bestimmung erhalten hatte[67], die seine Mitreise suspentirte.

In der Zwischen-Zeit vom 20. December 1815 bis zum 30. May 1816 wurde mir seiten's der Oberbergamt's Commission Bonn der Auftrag die Aufnahme und Kartirung der drei Gruben Friedrich Wilhelm, Louise und Georg, im Kirchspiel Horhausen gelegen, und der Saynerhütte zugehörig, vorzunehmen, auserdem aber eine General-Karte des dasigen Reviers anzufertigen, auf welcher alle die Punkte zu bezeichnen seien, die werth seien näher untersucht zu werden[68].

Nach Vollendung dieses Auftrages wurde die Reise nach Schlesien am 30. May 1816 angetreten, über Limburg, Giesen, [12V] Cassel, Heiligenstadt bis Benkenstein[69] mit dem Postwagen. Von da ab gieng die Reise zu Fuß, um den unteren Harz mit seinen Hüttenwerken Sorge[d], Elend, Schircke[70], Rübeland, Rothehütte und Thale, den Bracken[e] und die Rasttrappe[f] zu besuchen, und erst in Halberstadt wieder zur Post zu gehen, von wo ab ich am 17 Juny in Berlin anlangte. –

Nach der Meldung bei dem Oberberghauptmann Gerhard[71] daselbst, der mir mit Resolut v[om] 21. Juny den Zweck der Reise nur allgemein andeutete, mich aber speciell an den Oberhütten-rath Herrn Karsten[62] in Breslau verwieß, verließ ich am 23. Juny Berlin, gieng über Neustadt, Eberswalde, Hegermühle[72] mit Messinghütten und Eisenhammer, nach Freienwalde[73] mit Alaunhütte, von dort zu Fuß nach Francfurt à[n] d[er] Oder, und langte per Post am 9. July in Breslau an.

[12R] Bei meiner Meldung bei dem Oberhütten-Rath Herrn Karsten ertheilte mir derselbe mündlich die Instruction, vorerst nach der Königlichen Hütte zu Geiwitz[74] zu gehen, dort, als dem Concentrations-Punkte des Sehenswerthesten, bezüglich der Coaksbereitung, der Betriebführung für Hohöfen, Flammöfen, Cupolöfen[74a], Förmerei und Maschinen Construktion, am längsten zu verweilen, danach dann die übrigen Hütten Werke Schlesiens, mit Ausnahme der Creuzburger Hütte[75], bezüglich des Frischfeuer-Betriebes, mehr cursorisch zu besuchen.

Dieser Anweisung nach langte ich am 14. July in Gleiwitz an, ließ mir jene mündliche Instruction zur Richtschnur dienen, und machte davon die Anzeige an die Königl[iche] Oberberg-Amts-Commission Bonn[63] mit 8ten October 1816, da mir von derselben eine schriftliche Reise Instruc-[13V]tion mit Erlaß vom 22. July 1816 erst unterm 8ten October zugekommen war. Am 14. July 1816 zu Gleiwitz angelangt, verließ ich die dasige Königliche Hütte u[nd] Schlesien erst am 27. April 1818, wonach mein Aufenthalt in Schlesien 652 Tage betragen hat. –

Davon hatte die Königl[iche] Hütte zu Gleiwitz in drei verschiedenen Zeit Abschnitten.

Vom 14. July 1816 bis 23 Januar 1817. 193 Tage
[Vom] 14. Februar bis 5. April 1817... 50 [Tage]
[Vom] 24. Sept[ember] 1817
    bis 27. April 1818.   215 [Tage]
                             = 458 Tage

in Anspruch genommen, um alle dort vorhandenen Betriebszweige, die Ver-Coakung den Coakshohofen, den Flammofen, und Cupolo-Ofen-Betrieb, die gesammten Förmerei Arten in Lehm, Sand, Masse, und die Feinförmerei, so wie die weitere Bearbeitung der Gußstücke durch Bohren und [13R] Drehen praktisch mit durch zu machen, und in zahlreichen Abhandlungen und Zeichnungen zu beschreiben.

Die große Zahl solcher Abhandlungen und Zeichnungen geben Belege jener Thätigkeit[76]. Daneben wurden kleine Ausflüge in die Umgegend gemacht, wozu denn auch ein größerer Abstecher nach Krakau und Wililzka[77] gehört, der am 17–22 August 1817 statthatte, und die Besichtigung der berühmte Steinsalz[g] Grube, und einer nicht fern von Krakau gelegenen Schwefel-Grube sammt Hütte dazu, zum Zweck hatte. Ebenso wurde Schlawenzitz[78] und Jacobswald[79], dem Fürsten von Hohenlohe Oeringen zugehörigen Hüttenwerke, von Gleiwitz aus besucht. –

Das Leben auf Gleiwitzer-Hütte war damals sehr einfach und dürftig zu nennen, dagegen lebt die freundliche Aufnahme bei den dortigen Beamten: – [14V] Ober-Inspector Herrn Schulte[80], und [Ober-Inspector] Herrn Schulz[81] [und] Hüttenmeister [Herrn] W[ilhel]m Kiß[82] und Maschinen-Inspector Holzhausen[83] in dankbarer Erinnerung fort, und die Bekanntschaft mit den Eleven Naglo[84], dermal Director der Laurahütte, Korb[85] sp[äter] Verwalter zu Schlawenzitz[78], Kalide[86], jetzt Oberhütten-Inspector zu Gleiwitz, Schulze[87] Hüttenmeister zu Gleiwitz, Engels[88], dermal Oberinspector zu Saynerhütte, von Oehnhausen[89], jetzt Berghauptmann zu Dortmund, Wachler[90] dermal Ober-Inspector zu Malapane[91], Garthe[92] später Maschinenmeister nun längst gestorben, haben sich durch brieflichen oder persönlichen Verkehr lange, theilweise noch bis heute erhalten. –

Auf Biebnicker[93] Eisen-Werk[h], wurden vom 23 Januar 1817 bis zum 14. Februar, 22 Tage dazu verwendet, um die dort neu angewendete Puddling Frischerei [14R] kennen zu lernen, und praktisch mitarbeitend den ersten Puddlingversuchen beizuwohnen, welche durch die Oberbergräthe Eckard[94] und Krigar[95], die deshalb nach England gesendet worden waren[96], geleitet, im Beisein des Ober-Hütten-Raths Herrn Karsten[62] und Oberbergamts-Assessor Preil[96a] vorgenommen wurden. Eine Abhandlung über diese Versuche wurde von mir dem Oberberg-Amte Bonn eingereicht und fand eine belobende Anerkennung[76]. –

Vom 5ten bis 11 April 1817 = 6 Tage wurden die Steinkohlen Grube Zaberze[97] mit ihrer Vercoakungs-Anstalt; vom 11 bis 20 April = 9 Tage der Graf Henckelischen Coakshohofen Anlage Antonienhütte[98], vom 21 April bis 23 Juny 1817 = 65 Tage die Königshütte[99] besucht. –

Die dortige Steinkohlen Grube, die Coaksbereitung, den Betrieb der Coakshöfen und der Lidognia Zinkhütte[100] [15V] waren die Gegenstände meiner Beschäftigung unter Anfertigung von Beschreibung und Zeichnungen darüber. – Von Königshütte aus wurden die durch den Engländer

Belden[101] geleitete neue Hohofen-Anlage, Hohenloh-Hütte benannt[102], Kattowitz, und die Alaunhütte zu Brzenskorwitz[103] besucht.

Am 23. Juny bis 7 July = 14 Tage wurden die Blei Erz-Gruben zu Tarnowitz[104], die Friedrichshütte[105] bezüglich der Blei Erzschmelzung mit rohen Steinkohlen, der Abtreibarbeit, und das neu erbauten Zink-Blechwalzwerk, sowie die nahe beigelegener Lazerushütte[106], Cotten[107] und Groß-Stanisch[108] besucht.

Vom 7 July bis 31 July = 24 Tage weilte ich auf der Königl[ichen] Hütte Malapane[91], wo mich der Hohofenbetrieb bei Holzkohlen mit guter Gießerei, der Frischfeuerbetrieb daselbst wie der in dem nahen Jedlitze[109] mit Blechwalzwerk und in Kraschow[110] – [15R] mit Gewehr-Lauf-Schmiederei beschäftigten. Von Malapane nach Creuzburgerhütte[75] übergehend, blieb ich dort vom 31. July bis 24 September 1817 = 55 Tage und miethete mich auf der, dem dortigen Königl[ichen] Werke zugehörigen Frischhütte Budkowitz dermal Reils-Werk[111], bei dem Frisch Meister Bröcker, einem Westphalen, ein. –

Die ganze Zeit wurde, da der Hohofen im Umbau begriffen war, ausschließlich der praktischen Arbeit beim Frischfeuer zugewendet, woneben Ausflüge nach dem zugehörigen Rohstahlfeuer, nach der Frischhütte Murow, jetzt Paulshütte[112], nach den nicht weit von Creuzburg entfernt gelegenen Fürst Hohenlohischen Eisenwerken Sausenberg[113] und nach der Stahl-Waaren-Fabrik Königshuld[114] gemacht wurden. Den Oberhütten Inspectoren Paul[115] und Voß[116] danke ich [16V] eine freundliche Aufnahme und manche Belehrung. –

Am 24. September 1817 kehrte ich von Creuzburg aus nach Gleiwitz zurück, um mit Anfang October die Rückreise an den Rhein anzutreten, wohin ich um ungenirt theilweise zu Fuß reisen zu können, meine meisten Reise Effecten zur Post gegeben hatte. –

Die kurz darauf erfolgte Anwesenheit des Oberberghauptmannes Gerhard[71] in Gleiwitz, der in Begleitung des Oberhüttenrathes Herrn Karsten[62] die Schlesischen Werke bereißte, und mir bei der Aufwartung, die ich ihm machte, eine glükliche Heimreise wünschte, änderte durch Verfügung desselben d[e] d[ato] – Königshütte 6. October 1817 den gemachten Reiseplan in der Weise ab, daß mir ein noch längerer Aufenthalt in Gleiwitz – [16R] angewiesen wurde, mit dem Bemerken dort die weitrer Verfügung abzuwarten, die vor der Hand

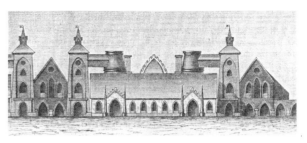

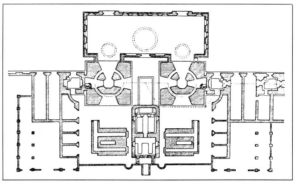

Frontansicht und Grundriß der Hochofenanlage der Königshütte in Oberschlesien 1802
(L. Beck, Geschichte des Eisens IV, S. 77)

das Großherzogthum Nieder Rhein[117] nicht sein würde. –

Auf diese Bestimmung hin reiste mein jüngerer Bruder Joseph[118], der mit Frühjahr 1817 auch in Schlesien eingetroffen war, und mich von da ab immer begleitet hatte nach der Heimath während ich mich fügen musste, umso mehr, als eine Remonstration gegen jene Verfügung von dem Oberberghauptmanne in barscher Weise zurückgewiesen wurde. Ich blieb sonach bis zum 27 April 1818, also vom 24. September 1817 abgerechnet noch 215 Tage in Gleiwitz beschäftigt mit dem Betrieb des dasigen Hohofens und mit Completirung der früher gemachten Notitzen. [17V] Dem Vernehmen nach sollte die Stelle als Betriebsführer der Coakshohöfen zu Königshütte[99] meine künftige Bestimmung sein, und da diese Stellung ein Abkommen von dort so bald nicht vorsehen ließ, so verwendete ich mich am 20. December 1817 an die Oberberg-Hauptmannschaft um Urlaub zu einer Reise in die Heimath, um meine Angelegenheiten zu ordnen, bevor mir eine feste Stellung zugewiesen würde. Dieser Urlaub wurde mir durch Verfügung des Königlichen Oberbergamtes für die Schlesischen Provinzen d[e] d[ato] Breslau 18. Januar 1818 zu Theil, mit dem Bemerken die Reise nach Vollendung der vorliegenden Arbeiten anzutreten mich aber bei der

Rückehr aus der Rheinprovinz in Breslau zu melden, um wegen der künftigen Beschäftigung die weiteren Instructionen zu erhalten. –

[17R] Ich war somit dem Ressort des Schlesischen Oberbergamtes[119] zugewiesen. Ich trat meine Reise nach Vollendung aller Arbeiten am 26. April 1818 von Gleiwitz aus an, und zwar über Breslau, wo ich mich am 29ten April beim Oberberg-Amte meldete. Ueber Schweidenitz[120] p[e]r Post reisend traf ich am 2. May in Waldenburg ein, wo der Besuch der dortigen Steinkohlen-Gruben, der Bleich-Anstalten[121], und ein Ausflug zu Fuß nach dem Felsenmeer von Adersbach[122] von großem Interesse für mich waren.

Nicht weniger machte der Anblik des schönen wohlhabenden Landes mit seinen grünen Bergen und lieblichen Thälern, im Contraste mit den steilen[i] Flächen Oberschlesiens, einen sehr wohlthuenden Eindruk.

Ueber Landshuth, Schmiedeberg, von da nach der Schneekappe[j], und längst dem [18V] Kamm des Riesen-Gebirges zu Fuß nach Warmbrunn und Hirschberg wandernd, begleitete mich das herrlichste Wetter, und entzükte mich die herrliche Gegend. Von Hirschberg aus führte die Post nach dem freundlichen Görlitz, von da am 10 May nach dem Hütten-Werk Mückenberg[123], dem Grafen Einsiedel zugehörig, dessen Besichtigung 8 Tage in Anspruch nahm. –

Die Weiter-Reise über Leipzig und Fracfort à[m] Main wurde unter einer sehr bedeutenden Geldklemme per Post, von da aus zu Wasser fortgesetzt, und ich langte am 28. May 1818 auf Saynerhütte an. –

Unter den vorerwähnten Verhältnissen resp[ective] bei der dinstlichen Ueberweisung an das Oberbergamt der Provinz Schlesien mußte eine nach Gleiwitz addressirte Verfügung des Rheinischen – [18R] Oberbergamtes zu Bonn vom 9. May 1818, die mir am 7. July in Saynerhütte zu kam, höglich überraschen, indem solche die Aufforderung enthielt, meine Rükreise aus Schlesien ohne Aufschub sorfort anzutreten und zu beschleunigen, in dem eine Anstellung im Rheinischen Haupt-Berg-Districkt meiner warte. –

Einige Tage später am 12 July folgte eine zweite Verfügung d[e] d[ato] Bonn 6, July, das Erstaunen aussprechend, daß ich dem Vernehmen nach noch[k] bereits zurückgekehrt sei, ohne mich gemeldet zu haben, wobei ich gleichzeitig aufgefordert wurde das Ausbleiben der monatlichen Berichte von 1818 ab zu rechtfertigen.

Ein und anderes geschah mit Bericht vom 10. July unter Vorlage der Verfügung der Oberberghauptmannschaft v[om] 6. Oct[ober] 1817. [19V] und der Urlaubsverwilligung des Schlesischen Oberbergamtes zu Breslau vom 18. Januar 1818.

Darauf wurde mir seitens des Oberbergamtes Bonn d[e] d[ato] 26. July 1818 ein Verweiß über die falsche Auffassung meiner dienstlichen Beziehung und gleichzeitig die Mittheilung meiner Ernennung zum Hütten Assistenten auf dem Königlichen Eisenwerk zu Geislautern[124] mit Vier Thaler per Woche Salair, unter der Bemerkung sofort den mir angewiesenen Posten einzunehmen um daselbst den anderweit berufenen Hüttenschreiber und Materials-Verwalter Stengel[125] abzulösen. – Meine deffinitive Beförderung zum Hütten-Schreiber habe man bereits bei der höheren Behörde beantragt und hoffe die Bestättigung.

[19R] Schon bei meiner Heimkehr war ich in Francfurt durch das Bankhaus F[ranz] Brentano[126] mit der mir unbekannt gewesenen Nachricht überrascht worden, daß mein Vater seinen Abschied aus dem Staatsdienst erbethen und erhalten habe, und daß derselbe die von der Nassauischen Domainen-Verwaltung auf 20 Jahre Zeit in Pacht vergebenen Eisen-Werke Emmersheauserhütte mit Röderhammer und die Michelbacherhütte übernommen hätte[126a], dazu auch nach Nassau überziehen würde. Dies fand ich bestättigt, benutzte meine Anwesenheit auf Saynerhütte zur Begleitung[l] des Vaters nach den vorbenannten Werken und fand dabei, daß mein Vater seine Kräfte bei dieser Uebernahme überschätzt habe, und ein Gelingen des Unternehmens zweifelhaft sein dürfte, [20V] wenn er in seinen Söhnen keine Stütze finden würde. –

Diese Erwägung, und die manchfachen unangenehmen Eindrüke der mir zu Theil gewordenen dienstlichen Behandlung brachten mich zu dem Entschluß meine Kräfte lieber der Familie zu wiedmen, als im Staatsdienste zu verbleiben, um somehr als die beantragte Stelle, bei ihrer sehr geringen Dotirung, mich wiederholt auf die Unterstützung der Eltern hingewiesen hätte, was ich bei der großen Zahl noch unerzogener Geschwister, und bei den großen auf meine Ausbildung verwendeten Kosten, denselben unmöglich zumuthen konnte. Mit Schreiben d[e] d[ato] Emmersheauserhütte 10. August 1818, dankte ich unter Vorlage der Motive dem Rheinischen Oberberg-Amte für die mir zugedachte Stelle, und verband damit die Offerte der [20R] sofortigen Zurükzahlung der zur Instruktions-Reise mir angewiesenen Eleven-Unterstützung, sammt den Transportkosten jener Reise.

Durch Verfügung des Rheinischen Oberbergamtes d[e] d[ato] Bonn. 25. Oct[o]b[e]r 1818, mitgetheilt durch Schreiben des Königl[ichen] Hütten Amtes Saynerhütte v[om] 29. October 1818 wurde mir die Anzeige, den seitens der Oberberghauptmannschaft genehmigten Entlassung aus dem Königlichen Dienst, unter der Bedingung der sofortigen, von mir bereits angebotenen Zurükzahlung der empfangenen Unterstützungs- und Reise-Gelder, welche auf Th[aler] 384:4 S[ilber]-gr[oschen]ᵐ berechnet seien. Diese Rückzahlung erfolgte mit Schreiben d[e] d[ato] Michelbacherhütte 11. November 1818 an das Königl[iche] Hütten-Amt Saynerhütte, womit alle früheren Dienst-Verhältnisse aufgehoben waren, [21V] während die Achtung und das Wohlwollen aller Bergbeamten mit denen ich in Vekehr gestanden mir verblieben ist. –

[Tätigkeit in Michelbach]

Mit dem Austritt aus dem Königlichen Dienst, wo ich 25 Jahre alt geworden warᵃ, begann eine anderer freierer Thätigkeit für mich. Meine Eltern waren von Saynerhütte nach dem Flecken Camberg, an der Strasse von Limburg, nach Frankfurt gelegen, übergezogen, dessen Lage ein Mittel zwischen den beiden gepachteten Werken dem Vater zu sagte.

Meinem Bruder Joseph[118], der als Eleve schon ausgetreten war, wurde vom Vater die Verwaltung die Hütte zu Emmershausen mit dem Hammer zu Rod übertragen, mir dagegen die Verwaltung der Hütte und des Hammers zu Michelbach, während das Rechnungswesen und die Compta-[21R]bilität, nebst der Correspondenz dem Vater vorbehalten blieb. –

Ich stand der Verwaltung von Michelbach von 1818 bis Ende 1838 vorᵇ, wo ich mit der Anlage der Concordiahütte bei Bendorf betraut, die 1839 begonnen wurde, der Geschäftsführung in Michelbacherhütte entsagen musste, obgleich die Uebersiedlung meiner Familie nach dorten erst im October 1844 stattfand. –

Die Ereignisse jener 21jährigen Periode, die ich in Michelbacherhütte verlebte, lassen sich zur klaren Uebersicht

  1, nach dem Familienleben
  2, [nach dem] Geschäfts Leben
  3, [nach dem] öffentlichen Leben

betrachten, daher ich jede einzeln kurz zusammen fasse. –

Familienlebenᶜ v[on] 1818 b[is] Ende 1838ᵈ

Der Geschäftsgang, der sich in Camberg concentrirte, führte mich und meinen [22V] Bruder Joseph[118] von Emmershausen aus fast jeden Sonntag in das elterliche Haus nach Camberg, theils um Raporte über den Gang der Hütten abzustatten, theils um das sehr einsame und ungemüthliche Eremiten Leben auf den sehr entlegenen Werken zeitweise aufzufrischen.

In Camberg machte ich die Bekanntschaft der Margaretha Cathrein[127], Tochter des dasigen Guts Besitzers und Stadtrath Pet[er] Cathrein[128], und führte dieselbe am 10ᵉ. May 1820ᶠ, wo die Trauung in Camberg statthatte, von den Seegenswünschen der Eltern begleitet nach Michelbacherhütte. Bei einer Ausstattung die zusammen c[irc]a 1000 Gulden betrug und mit einem Jahres-Gehalt von 600 Gulden nebst Wohnung, Garten und 2 Klafter Holz, wovon der erstere erst später auf 900 Gulden erhöht [22R] wurde ließ sich nur ein sehr beschränkter Haushalt führen, doch fehlte es bei stillem häuslichem Glück, bei Genügsamkeit und bei einer regen Geschäfts-Thätigkeit nicht an Annehmlichkeiten des Lebens, wenn nicht harte Prüfungen des Schiksals schwere Sorgen hineingetragen hätten.

Eines der ersten harten und traurigen Ereignisse war der am 21. Februar 1821 erfolgte plötzliche Todt des geliebten Vaters, der von einem Ausfluge nach Emmersheauserhütte zurückkehrend, am Abend ¼ Stunde vor Camberg vom Schlage getroffen sein thätiges Leben auf freiem Felde endigte, ohne daß jemand der Seinigen seine Augen schließen konnte[129].

Nach Ablauf der ersten Trauerzeit, wo man die Folgen solger Ereignisse für den Fortbestund der zahlreichen Familie ins Auge fasste, kam zur [23V] Wahrung der gemeinsammen Interessen am 8. December 1821 ein Gesellschafts-Vertrag unter der Firma, Anselm Lossen Soehne zum Abschluß, zwischen der Mutter unter der Assistenz des Rector W[ilhel]m Frorath[18] von Hadamar und den vier ältesten majorennen[130] Söhnen Clemens[131], Carl, Joseph[118] und Mathias[132], womit das ungetrennte Zusammenhalten des ganzen Geschäftes der Pachtung der Domainials Werke bis zum Ablauf der Pachtzeit Ende 1837 bestimmt wurde, wobei der

Sohn Clemens, damals Post-Director zu Creuznach ohne Stimmberechtigung und ohne Salair nur berathend mitwirken, Carl die Verwaltung der Michelbacherhütte mit Zubehör, auserdem die Vertretung der Gewerkschaft gegenüber den Behörden, Joseph die Verwaltung der Emmersheauserhütte mit Röderhammer, und dem 1820 [23R] angekauften Kupferhammer bei Neuweilenau jetzt Gerdrutenhammer[133], gegen Salair fortführen sollten, wärend Mathias mit einem gleichen Salair gegen Kost-Vergütung an die Mutter, bei dieser in Camberg verblieb; die gemeinsamme Casse und Rechnung führte, und nebenbei den Betrieb des in 1821 angekauften Eisenhammers zu Hadamar leitete.

Die Erziehung der minorennen[134] Geschwister bis zur erlangten Selbstständigkeit, wurde dem Geschäfts-Ertrag zugewiesen, mit der Bestimmung daß eine Auseinandersetzung des gesammt-Vermögens erst Ende 1837 erfolgen dürfe, und daß zur Sicherstellung der Söhne Carl, Joseph und Mathias, die sich der Führung des Geschäftes unterzogen, diesen nach Ablauf der Pacht-Periode Ende 1837 ein Vorzugsrecht auf die Uebernahme der inzwischen gemachten Aquisitionen zu-[24V] stehen, oder falls diese nicht gemacht seien, einem Jeden zur Begründung eines Geschäftes aus der Vermögens-Masse ein entsprechendes Capital verzinzlich überwiesen werden solle.

Damit war die nöthige Sicherheit für die Fortführung des Geschäftes gewonnen. Um diesen Vertrag, im Falle des Ablebens der Mutter aber auch gegen die stöhernden Eingriffe der Behörden sicher zu stellen, bewog ich die Mutter zu einer testamentarischen Bestimmung wonach alle Kinder nach ihrem Ableben gleich beerbt sein sollten, daß aber jedes der majorennen Kinder auf sein Pflichttheil gesetzt werden solle welches die Bestimmungen des Vertrages vom 8. December 1821 angreifen, oder es in irgend einem Theile nicht belassen würde. Es wurde darin, für den Fall des Todes der Mutter, [24R] der Schuldirector W[ilhel]m Frorath[18] von Hadamar als Vormund der minorennen Kinder bestellt, unter Entbindung von der Aufstellung eines gerichtlichen Inventars resp[ective] einer Vermögens-Theilung vor Ende 1837 und mit Hinweisung auf die Festhaltung des Vertrages vom 8. Dec[em]b[e]r 1821, unter Androhung, daß ein Angriff desselben auch die minorennen Kinder auf ihr Pflichttheil reduziren soll. Für den Fall des Ablebens des Vormundes W[ilhel]m Frorath vor dem Majorenn werden aller Kinder, wurden die zwei ältesten Söhne Clemens und Carl Lossen substituirt. –

Die Vollendung dieses Actes erfüllte die geliebte Mutter mit Ruhe und Freudigkeit und mit Rührung erinnere ich mich des Dankes, den sie mir dafür aussprach.

Am 7. Sept[ember] 1821 wurde mir die älteste [25V] Tochter Gertrude[g] und am 12. November 1822 eine zweite Tochter Barbara[h] gebohren, die beide von der geliebten Großmutter herzlich begrüßt wurden.

Schon am 8 Merz 1823 sollte meine gute Mutter dem seeligen Vater nachfolgen. Ohne Störung lößte sich damit das elterliche Haus in Camberg auf. –

Die minorennen Geschwister waren auf Schulen und Erziehungsanstalten, oder bei Verwenden aufgenommen. Der Bruder Mathias[132] zog dagegen auf die Michelbacherhütte über, übernahm dort die Buchführung und Casse mit einem Theil des Correspondenz, wärend mir die Materialverwaltung, Gruben und Köhlerei Aufsicht nebst der Betriebsführung des Werks verblieb, die täglich ausgedehnter wurde.

Die am 20. Februar 1824 erfolgte Geburth [25R] meines Sohnes Wilhelm Aloys[i] erfüllte die Eltern mit Freude, die aber durch dessen am 16. Januar 1825 erfolgten Todt nur zu bald zur Trauer wurde, gleichwie die am 7. September 1825 zur Welt gekommenen Zwillinge W[ilhel]m Carl Friedrich[j] und Carl Jacob Aloys[k], durch den am 21. und 24. September 1825 erfolgten Todt derselben, die Mutter auf lange in schmerzliche Trauer versetzten. Ersatz dafür gaben die Kinder

Georg[l] geboren am 18. December 1826.
Charlotte[m] [geboren am] 22 August 1828.
Therese[n] [geboren am] 11 October 1829
welche zur Freude der Eltern kräftig hervorwuchsen.

Der Gesundheitszustand der bisher so rüstigen und blühend aussehenden Mutter hatte seit der Geburth der Tochter Charlotte gelitten, kräftigte sich jedoch wieder, bis in 1830 ein heftiger [26V] Blutsturz, der während ihrer Periode durch eine plötzliche Erkältung veranlaßt wurde, einen sehr besorglichen Zustand hervorrief. –

Ein längerer Aufenthalt in Bad-Ems im Sommer 1830, machte den Winter erträglich vorübergehen, jedoch nahmen die Kräfte nicht zu.

Dieses Gefühl mit der Ueberzeugung verbunden in dieser Lage für die Erziehung der Kinder selbst nur wenig leisten zu können, von denen die beiden ältesten des weiteren Unterrichtes bedurften, wozu die seitherigen Lehrstunden eines Elementar Lehrers in Michelbach nicht hinreichten, führten zu dem Entschlusse beide Töchter bei einer braven Wittwe, der Frau Landrath Engert[143] in Hadamar unterzubringen, um die dortige gute Mädchen-Schule zu besuchen und den Religions Unterricht [26R] zu erhalten, woneben Tante und Onckel Frorath[18] daselbst den Kindern als nahe Verwanden zu Seite standen. –

Im Frühjahr 1831 geleitete die Mutter beide Kinder Gertrude und Babette dorthin, wo sie bis zu Juny 1835 verblieben.

Im Sommer 1831 übersiedelte meine kranke Frau auf mehrere Wochen nach Kirn an der Nahe, wo mein Bruder Valentin[142] als Arzt fungirte, um, da sie Vertrauen zu demselben hatte, unter dessen Aufsicht zu leben, wobei auch ich mehrere Wochen dort zubrachte, und die Umgegend geognosirend[51] durchwanderte. Leider nahm die Krankheit ihren ungestörten Verlauf, und endigte nach der Rükkehr am 7 December 1831 ein Leben voll treuerfüllter Pflichten der Liebe.

Es war dieser Verlust ein tiefer [27V] Riß in mein Leben! Eine Zeit lang führte die jüngere Schwester der Entschlaffenen, Schwägerin Anna[144], die schon früher im Hauswesen ausgeholfen hatte, den Haushalt noch fort; auf längerhin konnte dies Opfer jedoch nicht verlangt werden! Da aber das Bedürfniß der sorgsammen Pflege der drei jüngeren Kinder sich mit der Abneigung gegen die Führung des Hauswesens mit einer Haushälterin nicht vereinbaren ließ, so führte dies zu dem Entschlusse den eigenen Haushalt aufzulösen, und die drei kleineren Kinder Georg, Charlotte und Therese der mütterlichen Sorgfalt meiner Schwägerin Mariane[138], Frau meines Bruders Joseph[118] auf der Emmershäuserhütte zu übergeben. Dies geschah mit Frühjahr 1832, von wo ab meine Zeit sich [27R] zwischen die Dienst-Geschäfte und den Drang des Herzens theilte, meine Kinder bald in Emmershausen bald in Hadamar zu sehen.

Dieses ungemüthliche, Lastbare und Sorgenvolle Leben, fand nach manchen Kämpfen, sein Ende mit der Wieder-Verheirathung, mit Caroline Bender[145] von Burgschwalbach[146] Tochter des dasigen Pfarrers[147], mit der ich am 2. Juny 1835 in Hasselbach[148] getraut wurde, zu deren Herzens Güte und Freundschaft mit meiner Schwägerin Anna[144] ich das Vertrauen hatte, daß sie meinen Kindern eine liebende Mutter sein würde. – Die Kinder sammelten sich nun wieder auf kurze Zeit Alle am heimathlichen Heerde. –

Zum Behuf der weiteren Ausbildung kamen Gertrude und Babette [28V] am 1. May 1836 nach Wiesbaden in Pension, bei Fräulein Magdeburg[149] und kehrten erst im Herbst 1838 von dort zurük.

Mein Sohn Georg trat im Herbst 1836 in die Anstalt von Layendecker[150] in Wiesbaden ein, gieng aber im Herbst 1839 in das Gymnasium zu Creuznach über. –

Die Geburth eines Sohnes Carl[o] am 28. April 1836 und eine Tochter Elise[p] am 4. May 1838 fallen noch in die Periode meines Wirkens in Michelbacherhütte. Den Unterricht der älteren Kinder Charlotte und Therese ertheilte anfangs ein Elementar-Lehrer aus dem nahen Dorfe Kettenbach[152], bis dahin daß mein Bruder Mathias einen Hauslehrer annahm und meine Kinder sich an dessen Unterricht betheilichten. Das allgemeine Wohlsein [28R] meiner Familie ward nur durch ein längeres Unwohlsein meiner Tochter Gertrude während ihrem Aufenhalte in Wiesbaden gestört; dann durch einen Unfall der Tochter Therese im Frühjahr 1837, die durch den Fall eines Eckschrankes am Kopf lebensgefährlich verletzt, zwar endlich genaß, davon aber ein Eindwärdsstellen des rechten Auges behielt, das erst später durch eine Operation beseitigt wurde; endlich durch eine Erkrankung des Knaben Carl im Juny 1837 der von den Aerzten aufgegeben, endlich zur Freude der Eltern genaß.

a.[a] Geschäfts-Ereigniße von 1818 b[is] Ende 1838[b]

Die ersten Jahre des Geschäftes waren mit Schwürigkeiten und Sorgen mancherlei Art getrübt. Die Nahbar-Werke, durch die ihnen gewordene Concurrenz wenig[c] freundlich gestimmt, suchten [29V] beim Ankauf der Kohl-hölzer, und beim Verkauf des Eisens offen und versteckt, dem neuen Pachter der Domainial Werke Hindernisse zu bereiten, und auch der Banquier, auf dessen Creditverwilligung der Vater bei der Geringfähigkeit der eigenen Geldmittel die Uebernahme des Geschäftes allein begründet hatte, erhob täglich größere Schwürigkeiten, und wollte seine frühere Offerten nur unter der Zusage der Mitbetheiligung an dem Geschäfte erfüllen. –

Bei einer Coalition der Nachbar Werke auf der Frühjahr Messe 1819 in Fracfurt, wo damals alle Verkäufe von Roh Eisen von Meß zu Meß zahlbar abgeschlossen wurden, versuchten jene Werke den Verkauf von Roh Eisen seitens meines Vaters zu vereitlen, was um so gefährlicher gewesen [29R] wäre, als große Vorräthe lagerten, auf deren Deponirung bereits – Gelder aufgenommen waren [153]. –

Die Ehrenhaftigkeit eines Hammer-Werkbesitzers aus Würtemberg Namens Ch[ristian] F[riedrich] Bletzinger [154] aus Oehringen (von dem später zwei Söhne auf Jahre in meinem Hause aufgenommen waren) sprengte das gesponnene Netz, indem er sich dahin erklärte, das lagernde Roheisen alle von uns zu kaufen, und auch für kommende Zeiten ein treuer Abnehmer zu bleiben, sofern wir gute Qualität lieferten und die gangbaren Preise dafür ansetzen würden. –

Von da ab trat eine größere Freiheit in Benutzung der Geldmittel ein, es wurde dem Vater sogar möglich den Kupferhammer [30V] zu Neuweilenau, den ein Nachbar Werk ankaufen wollte, um uns den Bezug von Holzkohlen zu erschweren, im Herbst 1819 selbst anzukaufen, 1820 anzutreten und zu einem Eisenhammer umzubauen [155] der der Mutter zum Andenken den Namen Gertrudenhammer erhielt. –

Um den Markt für den Absatz des Roh Eisens genauer kennen zu lernen, unternahm mein Vater im Sommer 1819 eine Reise durch Würtemberg und Baden, wobei ich denselben begleitete, die auch manche gute Folgen hatte.

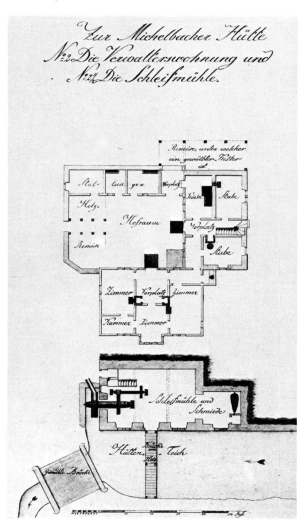

Grundriß des Hochofengebäudes in Michelbach 1820 (oben: in Höhe der Gicht, unten: in Höhe des Hüttenflurs)
Kolorierte Federzeichnung von Baukondukteur Faber
(HSAWi 212 Nr. 4035)

Grundriß der Verwalterwohnung und der Schleifmühle der Michelbacher Hütte 1820
Kolorierte Federzeichnung von Baukondukteur Faber
(HSAWi 212 Nr. 4035)

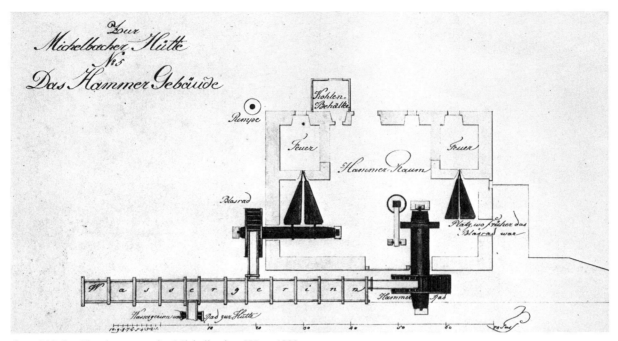

Grundriß des Eisenhammers der Michelbacher Hütte 1820
Kolorierte Federzeichnung von Baukondukteur Faber (HSAWi 212 Nr. 4035)

Es zeigte sich jedoch bald, daß die Hütte zu Michelbach der theuern Holzkohlen und theuren Eisenerze wegen kein Roheisen zu den gangbaren Verkaufs Preisen mit Nutzen produziren könne, [30R] wärend Emmersheauserhütte in beiden Beziehungen günstiger situirt war. –

Dem Entschluß des Vaters jenes Werk an die Domaine zurükzugeben, da dasselbe ohne Angeboth bei der Verpachtung nur durch Uebertragung angenommen worden war, entgegen, machte ich die Proposition zu der Anlage einer Gieserei überzugehen[156], und das Roheisen damit höher zu verwerthen.

Die Uebernahme von Lieferungen in Wasserleitungs-Röhren[157], zu denen ich die Lehmkerne oft eigenhändig anfertigte, machten den Anfang, und da die Resultate eine bessere Rentabilität nachgewiesen hatten, lag Veranlassung vor der Gieserei Einrichtung [31V] eine größere Ausdehnung zu geben, so zwar, daß in kurzer Zeit der größere Theil der Roh Eisen Produktion zu Gußwaaren verwendet werden konnte.

Die Unsicherheit des Geschäftes, die von jeder Pachtung bei Ablauf der Pachtzeit unzertrennlich ist, ließ eine jede Gelegenheit beachten, die zur Gründung einer eigenen Anlage führen konnte.

Dies gab Veranlassung zum Ankauf des Eisenhammers zu Hadamar in 1821, da die Wasserkraft desselben erheblich war. Andere Miß Verhältnisse, namentlich die erprobte Unanwendbarkeit der Braunkohlen[157a] zu einem vortheilhaften Puddling-Betrieb, veranlassten jedoch dessen Verkauf im Jahr 1853.

Da der unterhalb Michelbacherhütte gelegene Domainial-Hammer zu Burgschwalbach durch den Todt des seitherigen Pächters mit 1824 pachtfällig geworden war, [31R] die Beseitigung seiner bisherigen Concurrenz im Ankauf der Holzkohlen für die Michelbacherhütte wichtig war, so wurde die Pacht-Uebernahme dieses Hammers am 1. May 1824, durch Unterhandlung mit der Domainen Direction vermittelt. –

Aus gleichem Grunde wurde am 20. July 1837 der Domainial-Eisenhammer zu Seizenhahn bei Langenschwalbach[158] von uns in Afterpacht genommen, und zwar mit Zustimmung der Domainen Verwaltung, welche den Pächter Wilms von Wiesbaden seiner Verpflichtung entband. Der Zuwachs beider entlegenen Hammerwerke, wozu Hadamar das dritte Werk bildete, vermehrten die Administration von Michelbach sehr bedeutend. –

Eine der größeren Unternehmungen, namentlich in Betreff der vorbe-[32V]nannten Hammer Werke, war die Uebernahme der Anfertigung der Ketten

Kettenbrücke in Nassau um 1830/35. Kolorierte Lithographie von Joseph Scholz (Museum Wiesbaden)

Brüke zu Nassau über die Lahn, die von meinem Bruder Johann[140], dermal Chaussee-Bauinspector zu Wiesbaden, als Architekt entworfen. und im Bau geleitet, von uns aber in den Jahren 1828–1829 angefertigt wurde[159]. Wärend die Michelbacherhütte die dazu nöthigen Gußstücke, die Hammerwerke das Stab Eisen lieferten, wurden sämmtliche Theile in einer auf dem Burgschwalbacherham[m]er errichteten Schmiede in Verbindung mit dazu nöthigen Schlagwerk und mehreren Bohrmaschinen, unter meiner speciellen Leitung so genau hergerichtet und montirt, daß beim Aufschlag der Brüke im July 1830 kein Stük der geringsten Abänderung bedurfte, und alle Theile, wie die gesam[m]te Brüke [32R]die damit vorgeschriebenen Proben bestanden. –

Die Zunahme der Gieserei in Michelbach, die nicht alles befriedigen kon[n]te, gab Veranlassung eine gleiche Gießerei Einrichtung für die Emmersheauserhütte zu treffen, um so mehr, als auch dort die Holzkohlen immer theurer, der Verkauf des Roh Eisens täglich präkarer wurde. Diese Erwägungen, welche auch den Untergang der Hammer-Werke vorsehen ließ, das unsicherer Verhältniß einer jeden Pachtung, welches die kostbare Gießerei Einrichtungen den etwaigen neuen Pächter der Werke ganz in die Hand geben könnte, lenkte die Aufmerksamkeit aufs Neue auf die Gründung einer eigenthümlichen Hütten-Anlage, um bei fehlschlagender Neupachtung jener Gie-[33V]serei Einrichtung nützlich verwerthen zu können.

Man suchte zu diesem Zwecke Eisenstein Gruben theils anzukaufen, theils zu erschürfen[160], und richtete bezüglich einer günstigen Localität das Augenmerk auf solche Punkte, die die Verwendung wohlfeiler Steinkohlen möglich machten.

Einen solchen Punkt erkannte man in der Besitzung der von Steitzischen Erben bei Mülhofen am Rhein[161], die Rothe Mühle und der rothe Hammer benannt[162], welche nach Beendigung eines langjährigen Prozesses zum öffentlichen Verkauf ausgeschrieben war.

Auf den Antrag der Mitgewerken[163], den Ankauf dieser Realität zu bewirken, fand derselbe am 11. Januar 1832 auf öffentlicher Versteigerung auf den Namen eines Bevollmäch-[33R]tigten statt, worauf am 15. Juny 1832 die unterhalb dem rothen Ham[m]er belegene Campagner-Mühle[164] angekauft wurde, um Herrn des ganzen Wasser-Laufs der Saynbach zu sein, an der die Werke gelegen waren[165]. –

Mit Ende 1837 war die Pachtung der Domainial-Werke Michelbacherhütte, Emmersheauserhütte mit den zugehörigen Hammerwerken zu Ende. Alle bei dem Todte der beiden Eltern minorenn gewesenen Geschwister waren auf Kosten des Familienfonds zur Selbstständigkeit herangebildet worden. Davon waren: Johann[140] bereits Bauinspector im Staatsdienst, Therese[141] war an den Professor Kreizner am Pätagogium in Hadamar verheirathet, Valentin[142] war als praktischer Arzt in Creuznach, [34V] Friedrich Lossen[166], war nach Beendigung seiner Studien bei der Verwaltung zu Emmersheauserhütte eingetreten, und die jüngste Schwester Elisabeth[151] war zur ältesten Schwester Charlotte[139], vermählt mit Hauptmann von Huene[136] in Coblenz später General Lieutenant daselbst, übergezogen.

Nach der Ermittlung des Gesammt-Vermögens der Familie Ende 1837 wurde durch ein Familien Act Vom 29 [und] 30 December 1838 zur gleichzeitlichen Theilung dieses Vermögens geschritten, wobei die bisherigen Geschäftsführer ihren Geschwistern ein namhaftes Vermögen überwiesen. –

Die Brüder Joseph[118], Mathias[132] und Friedrich[166] welche mit mir zusammen die sämmtlichen, bisher in Pachtung gewesenen Domainial Werke auf dem Weege der Unterhandlung mit der Behörde von 1838 ab auf weitere 10 Jahre, also bis Ende 1847 erwirkt hatten, bildeten von da ab, laut Vertrag d[e] d[ato] [34R] Emmersheauserhütte 7 Juny 1843 und weiter, eine neue Gesellschaft bis zum Ablauf jener Pachtzeit, wobei die Verwaltungen der gepachteten Werke die bisherige Firma Ans[elm] Lossen Soehne fortführen; für die neue Hütten Anlage bei Mülhofen und[d] die Eisenstein Gruben die Firma Gebr[üder] Lossen angenommen werden sollte. –

Die Vermögens Antheile der ausgeschiedenen Geschwister wurden als zu 5 pro Cent verzinsliche Capitalien von der Fondcasse der neugegründeten Gesellschaft übernommen, gegen solitarische Haft. –

Um über die Fortschritte auf dem Felde der Hütten Technik, bei anderen Werken, Kentniß zu nehmen, und daraus Nutzen zu ziehen, unternahmen mein Bruder Joseph[118] und ich eine Instruktions-Reise vom 22. August ab bis zum 20. Octob[e]r 1837, welche den Besuch der Hüttenwerke von [35V] Würtemberg, Baden, der Schweiz, Franche-Comté bis Beßançon und dem Elsaß umfasste, worüber ein Tagebuch vorliegt. –

Eine Vergnügungs-Reise fällt in's Jahr 1824 vom 3. August bis 22 September, mit meinem Schwager dem Ingenieur Hauptmann von Huene[136] später Ingenieur-Inspector und General Lieutenant in Coblenz, und Herrn Schnitzler[167], damal Ober-Lieutenant im Ingenieur Corps, später Ingenieur-Obrist zu Cöln. Diese Reise gieng durch Baden über Freiburg nach Schaffhausen, Constanz, Zürich, über den Rigi nach Luzern, Meiringen[168], über die Grinsel[169], das Thal der Rohne entlang, bis Brigg[170], von dort über den Simplon nach Dömodoßola u[nd] Fariolo[171] am Lacomagore. – Nach Besuch der Inseln dieses wunder schönen See's gieng die Reise über Laueno[172] Como, Mailand, Brescia, Vizenza[173], Patua, Verona bis Venedig, von dort zurük über Bassano[174], Trient, [35R] Botzen, Brixen, Inspruck nach Salzburg, Bergtesgaden der Saalenleitung[175] entlang nach Rosenheim, dann nach München (8 Tage Aufenthalt) über Augsburg, Ulm, Stuttgart, Heidelberg, Darmstadt und Mainz, wo die Trennung nach der Heimath eines jeden erfolgte.

Oeffentliches[a] Leben von 1818 bis Ende 1838[b]

Meine Bekanntschaft in Wiesbaden und das Vertrauen, womit man mich beehrte, gaben Veranlassung zu einem Commissorium seitens der General-Domainen Dierection, zur Untersuchung der Umgegend von Weilburg im Frühjahr 1822. bezüglich der Untersuchung der dortigen Eisen-Erz Ablagerungen wobei mich der damalige Domainial Berg Verwalter Brombach[176] begleitete, in dessen Folge die Domaine die Grubenfelder Eppstein, Strütchen, Kohlhau etc[etera] erwarb. Der Zufall fügte es so, daß im Sommer 1826 der nun verstorbene Herzog Wilhelm [36V] von Naßau[22] auf einem Spazier-Ritt zum Besuch des in Hahnstadten[177] wohnenden Minister von Marschal[178] über die Michelbacherhütte kommend, von einem Gewitter überrascht, in meinem Hause Obdach nahm, und daselbst über eine Stunde verweilte. –

Es knüpften sich an diese Begegnung die Erinnerungen der früheren Jugendjahre, und das Wohlwollen des Fürsten sprach sich in dem Befehl aus, mich bei ihm zu melden so oft ich Biebrich[179] besuchen würde, oder ein Gesuch an ihn zu stellen hätte. Die zufällige Bemerkung wie der Mangel an Schulen und an ärztlicher Hülfe, für den Aufenthalt in Michelbach sehr empfindlich seien, da das Amt Wehen der einzige Bezirk wäre, der ohne Arzt und Apotheke geblieben sei, erregte die Aufmerksamkeit des Herzogs, und gab Veranlassung, daß der letztere [36R] Uebelstand kurz nachher in 1828 beseitigt wurde, wobei die Rüksicht stattfand, den

Arzt sammt der Apotheke, statt an den Amtsitz Wehen[180], nach dem Dorfe Michelbach zu verlegen, da dort ein Mittelpunkt war, von den andere Aerzte und Apotheken gleich weit entfernt waren[181]. –

Im Herbst 1829 besuchte der Herzog Wilhelm die Werkstätte zum Bau der Ketten-Brüke für nach Nassau auf dem Burgschwalbacherhammer, wobei neben dem Ausspruch der allerhöchsten Zufriedenheit, die Arbeiter sich eines reichen Geldgeschenkes von [Gulden] 100. zu erfreuen hatten. Mit Diplom vom 28. July 1831 wurde ich zum Mitglied des Vereines für Naturkunde in Nassau[182] erwählt, konnte aber leider nur geringe Beiträge leisten.

Im September 1832 war ich Mitglied [37V] einer Commission beim Brande der Braunkohlen Grube zu Höhn[183] im Amt Marienberg, in Gemeinschaft mit Oberbergrath Schapper[184], Bergrath Schneider[49] von Holzappel und Bergmeister Gibler[185] aus Dillenburg.

Im Sommer 1834 wurde ich zum Herzog beschieden, um ein Gutachten über den in Frage gekommenen Aufschluß Nassau's an den Zollverein abzugeben[186]. Inwiefern ein schon 1833 bei der Regierung eingereichtes Promemoria über die Staatsökonomische Wichtigkeit des Nassauischen Eisenhütten-Gewerbes Veranlassung zu jener Berufung gewesen, kann ich nicht sagen, der Anschluß am Zollverein wurde von mir befürwortet und der Herzog vertraute mir seine Absicht deshalb, der Anschluß fand in 1835 statt. –

Im Jahr 1836 war die Stelle eines Landtags-Deputirten aus der Klasse der Ge-[37R]werbetreibenden erledigt worden; es traf mich die Wahl[187] als Ersatz für die Jahre 1837 und 1838, womit die Wahl-Periode zu Ende ging.

Diese Berufung führte mich in beiden Jahren

für 1837 vom 1. April bis 12. May ... 42 Tage
[für] 1838 [vom] 31 Merz [bis] 27 April ... 27 [Tage]

nach Wiesbaden, als Secretair und als Berichterstatter über den Regierungs Etat genügend beschäftigt, waren die Verhandlungen, über Landesbauten, namentlich die Schiffahrt Schleuse bei Limburg a[n der] Lahn[188], über Ablösung der Zehnten, Einrichtung einer Landes Credit-Bank[189] etc[etera] Gegenstände von Interesse und meiner Betheiligung davon.

Ein selbstständiger Antrag über beschrenkende Gesetze gegen das Brandwein Trinken durch höhere Besteurung desselben unter Begünstigung der Bierbrauereien[190] fand trotz starker Bekämpfung doch Aner-[38V]kennung, kam dagegen erst in späteren Jahren praktisch zur Ausführung als die Regierung dahin einschlagende Gesetze einbrachte.

Jahre 1839 bis 1860. Familien Ereigniße[a]

Obgleich, wie bereits schon eben bemerkt meine Familie bis zum October 1844 noch auf der Michelbacherhütte, verweilte, so hielt mich doch der mit 1839 begonnenen Bau[191] der Hütten Anlage bei Mülhofen, Concordiahütte benannt. die größere Zeit der Jahre auf der Baustelle fest, und wenn auch die Ruhe der Winter Monate in den Kreis der Familie nach Michelbach mich zurükführten, so war doch die Thätigkeit nur dem neuen Unternehmen zugewendet. –

Es wurden mir in Michelbacherhütte noch geboren[b]: –
Sohn Ferdinand[c] am 14. Merz 1840.
Tochter Maria[d] am 17. April 1842.
[38R] Sohn Otto[e] am 9. December 1843.
Ferner auf der Concordiahütte, wohnend.
Tochter Mathilde[f] 21. Juny 1846 geb[oren] 29. May 1847 gestorben.
Sohn Ernst[g] geboren 21 November 1848.
Sohn Anselmus[h] [geboren] 9 Februar 1851.

Die Erziehung sämmtlicher Kinder brachte manche Sorge, allein größer noch war die Sorge um ihre Erhaltung, bezüglich derer das Schiksal mir so schwere Prüfungen vorbehalten hatte.

Wärend die bis 1844 in Michelbach verbliebenen kleineren Kinder dort Unterricht erhielten, gieng mein Sohn Georg wie schon oben bemerkt im Herbst 1839 auf das Gymnasium Creuznach im Herbst 1846 auf das Gymnasium Coblenz im Herbst 1848 auf die Universität Bonn[200]. Meine Tochter Charlotte und Therese kamen mit Frühjahr 1841 in die Tochter Pension von Weil in Neuwied [39V] wurden dort confirmirt und kehrten im Herbst 1843 in das elterliche Haus zurük.

Sohn Carl der nach erfolgtem Ueberzuge von Michelbach den Elementar Unterricht in Sayn fortsetzte kam: mit Herbst 1847 auf das Gymnasium nach Coblenz [mit Herbst] 1855 [auf] die Universität Prag [mit Herbst] 1856 im Winter zu Hause Som[m]er in Siegen [mit Herbst] 1857 auf die Universität Berlin wo derselbe dermal noch studirt[201]. –

Tochter Elise die in Michelbach und in Sayn Elementar Unterricht genossen, trat im Merz 1853 in die Pension Blumenthal²⁰² bei Achen, kehrte May 1855 von dort zurük, und verheirathete sich 22. September 1858 mit Hermann von Braunmühl²⁰³.

Sohn Ferdinand²⁰⁴ trat, nachdem ersten Unterricht in Sayn im Herbst 1850 in das Gymnasium zu Coblenz, im Herbst [39R] 1855 in das Progymnasium zu Linz im Herbst 1856 in die Politechnische Schule Stuttgart²⁰⁵, Februar 1858 in eine Apotheke zu Marbach.

Tochter Maria trat aus dem ersten in Sayn erhaltenen Unterricht mit April 1855 in die Pension zü Blumenthal²⁰² über, wurde dort confirmirt und kam April 1857 nach Haus zurük. – Sohn Otto kam aus dem ersten Unterricht in Sayn im Herbst 1854 auf das Gymnasium zu Coblenz, im Herbst 1856 auf das Progymnasium zu Linz, im Herbst 1859 nach Hause um mit Ostern 1860 als Lehrling in ein Handlungshaus zu treten²⁰⁶. –

Die Knaben Ernst und Anselm²⁰⁷ erhielten durch 3 verschiedene Elementar Lehrer Unterricht, deren Wechsel durch Anstellungen im Staatsdienst veranlaßt wurde, daher mit Herbst [40V] 1859 der Unterricht durch den Elementar-Lehrer in Engers erfolgte.

Leider muß ich zur Aufzählung der harten Prüfungen übergehen, die seit 1839 mein Haus heimgesucht haben, und in stetigwehmüthiger Erinnerung bleiben werden.

In 1840 erregte das Unwohlsein der Tochter Gertrude Bedenken, so daß sie im Sommer Bad-Ems besuchte, und auch Erfolg davon hatte. –

Im Sommer 1841 erkrankte mein Sohn Georg in Creuznach am Faulfieber, und er gebrauchte lange Zeit zu seiner Herstellung.

Im October 1844 zog meine Familie von Michelbach nach Concordiahütte über.

Im Sommer 1843 mußte meine Tochter Gertrude Bad-Ems zum zweitenmale besuchen, und da ihr Gesundheitszustand durch eine Ueberwinterung in einem warmeren Clima Besserung erwarten [40R] ließ, es auch der Zufall wollte, daß die ihr sehr befreundete Familie des Doktor von Ibell²⁰⁸ aus Bad-Ems, der sie dort behandelt hatte, und zugleich mein älterer Bruder Clemens¹³¹ Gesundheits halber mit seiner Frau den Winter in Nizza zubringen wollten, so schloß meine Tochter sich den Letzteren unterm 8. October 1845 an, brachte den Winter in Nizza zu, der leider durch Erkrankung und den Todt meiner Schwägerin sehr getrübt worden war, und kehrte im April 1846, sichtbar gekräftiget, in Begleitung der Familie v[on] Ibell nach Hause zurük.

Inzwischen hatte auch der Gesundheitszustand von Georg, der seit seiner Erkrankung in Creuznach wandelbar geblieben war, und der meiner Tochter Charlotte, die abwechselnd an Bleichsucht litt, Bedenken erwekt. Beide sollten auf den Rath der Aerzte in Begleitung ihrer Schwester Gertrude im Winter 1848/1849 nach Italien [41V] gehen. Die dazu mit Ende October angetretene Reise wurde jedoch durch Erkrankung der Charlotte in Frankfurt vereitelt, – und kehrten alle nach Hause zurük. –

Im Sommer 1849 zogen die drei Geschwister nach dem sehr mild gelegenen Honnef am Siebengebirge über, was sie kräftigte, und als im Herbst die beiden Schwestern nach Hause giengen, bezog Georg die Universität Bonn²⁰⁰, die er nur zum Zwek seiner Kräftigung verlassen hatte. Leider folgte dieser Erholung eine rasche Abnahme der Kräfte, da ein Rükfall seines Brustleidens ihn mehrere Wochen in's Bett brachte; er kehrte im Frühjahr 1850 ins Eltern Haus zurük und endigte schon am 29 October sein hoffnungsvolles Leben.

Charlotte war im Frühjahr 1850 mit ihrer Schwester Gertrude auf ärztlichen Rath nach Bad Soden gegangen, und von [41R] dort aus auf mehrere Wochen nach Honnef, bis kurz vor dem Todte ihres Bruders. Den Sommer 1851 brachte Charlotte wieder in dem ihr lieb gewordenen Honnef zu. Leider schwanden auch ihre Kräfte täglich mehr, und sie starb nach ihrer Rükkehr schon am 24. September desselben Jahres.

Diese harte Prüfung, durch den Verlust zweier Hoffnungsvollen, allgemein geliebten Kinder so kurz hinter einander hatten Eltern und Geschwister auf das tiefste erschüttert, namentlich hatte sie die Gesundheit der Schwester Gertrude, der nie ermüdeten Pflegerinn angegriffen. Den Sommer 1852 brachte dieselbe auf ärztlichen Rath in Begleitung ihrer Schwester Babette ebenwohl in Honnef zu, da ein Blutsturz ihren Gesundheitszustand bedenklich gemachte hatte.

Leider trat keine Besserung ein und schon am 1. July 1853 hatten wir auch [42V] den Verlust dieses so innig geliebten Kindes zu beklagen.

Dieser neue Angriff auf die Gemüther Aller namentlich auf die der zwei Schwestern Babette und Therese bedurfte der ausgleichenden Ruhe.

Eine Reise beider, mit mir, vom 3ten August ab, über Manheim, Freiburg, Donaueschingen, Tuttingen²⁰⁹, durchs Donau Thal bis Thiergarten²¹⁰, über Heiligenberg nach dem Bodensee auf diesem nach Bregenz, Roschoch²¹¹, Friedrichshafen, zurük über Ulm, Stuttgart und Mannheim nach Hause entsprach dem beabsichtigten Zwek, in gewisser Hinsicht dadurch, daß das Gemüth in den Eindrücken der Naturschönheiten seine Ruhe wieder fand. –

Trotz aller Sorge, war die Gesundheit der Tochter Therese sehr ergriffen und sie folgte ihren drei Geschwistern schon am 1. Merz 1855 nach.

[42R] Dieser Schlag nach langer, treuer Pflege hatte die Gesundheit der sonst so kräftigen Tochter Babette auf's neue in Gefahr gebracht. Um diese zu beseitigen, folgte sie dem Rath des Arztes Dr. Vetten, gieng im September 1855 in Begleitung einer Fräundin Fräulein Eßer[i], nach Clarance[212] am Genfer See, brachte den Winter daselbst zu, und kehrte im May 1856 gesund und heiter in das Eltern Haus zurük.

Eine weitere Sorge brachte der Knabe Ernst. Als ein gesundes, wenn auch zahrt gebautes Kind zeigte sich im Frühjahr 1852 ein Hüftleiden, welches nach einem Stillstand, warum der Knabe auf Krücken gieng, in eine Erweichung der Rücken Wirbel übergieng, in deren Folge beide Beine erlahmten, und erst in der neuesten Zeit der Hoffnung zum besseren Raum gaben.

[43V] So viele häuslichen Sorgen, verbunden mit einem sehr bewegten und oft angestrengten Geschäftsleben, konnte nicht verfehlen auch meine eigene Gesundheit zu alteriren.

Der Besuch von Bad-Soden wurde in fünf verschiedenen Perioden ärztlich angerathen und befolgt,
1840 im Sommer mit der Tochter Babette
1843 [im Sommer] allein
1856 [im] Herbst mit meiner Frau
1858 [im] Sommer mit der Tochter Babette
1859 [im] Herbst allein, wobei der Gebrauch des Wassers zum Trinken, mit viel Bewegung verbunden, immer zwekentsprechend befunden wurde. –

b[a]: Geschäfts-Leben v[on] 1839 bis 1860[b]

Zur Benutzung der in 1832 bei Mülhofen gemachten Acquisition, von der man nach dem Ankauf die devastirte Rothe Mühle reparirt und in Betrieb gesetzt, die Champagner Mühle [43R] in Pacht gegeben hatte[213], wurde der Neubau eines Hohofens und eines Walzwerks beschlossen, nachdem man einen ausreichenden Bestand an Eisenstein Gruben in Nassau erworben[160], und auch Capital zum Bau angesammelt hatte.

Am 12. July 1838 wurde das Gesuch um Concession jener Anlage eingereicht[214], und da die Genehmigung desselben nicht zu bezweflen war, so wurde im Sommer 1839 der Anfang mit dem Bau gemacht a. durch den Unbau des aus Holzwerk konstruirten ganz verfallenen Wesens der Saynbach in der s[o] g[enannten] Goldkaul in Stein ausgeführt, um dadurch die Zuleitung des Wassers zum Werk zu sichern[215]. b. durch Nivelliren der Graben Turen, für Obergraben und Untergraben des Werks, durch Angriff der Herstellung unter fortge- [44V]setzten Ankauf des dazu nöthigen Grundeigenthums. c. durch den Abbruch der Champagne Mühle, deren Gefälle zur neuen Anlage hinzugezogen wurde, d. durch das Legen der Fundamente zum Hohofen das am 29 October 1839 statthatte.

Der damalige Landrath Graf von Boos-Waldeck[216], Major von Huene.[136], Hauptmann Schnitzler[167], Ober-Bergrath Althans[217], die Beamten der Königlichen Hütte zu Sayn und mehere Herrn der Umgegend waren zu dieser Grundsteinlegung eingeladen und zum größeren Theile erschienen. –

Die Stelle für das Werk, wurde durch den Punkt bestimmt, wo nach vorheriger Berechnung der Erd Mengen, aus dem Einschnitt des Untergrabens und aus den Fundamenten des Werks, diese sich mit dem Erde Bedarf ausglich, der zum Bau des, über das Terrain erhobenen Obergrabens, nöthig [44R] war. Im Frühjahr 1840 wurde der Bau des Werks, welches bei der Grundsteinlegung den Namen Concordiahütte[218] erhalten hatte, in allen Theilen mit Anstrengung[c] fortgesetzt. In 1841 herschte die gleiche Bau Thätigkeit, so daß in 1842 die zwei zusammenhangenden Hohöfen mit Vorhütte, Gichthaus, Kohlen-Magazin, die zum Gebläse und Gichten Aufzug nöthigen Maschinen, Wohnhaus samt Garten so weit vollendet waren, daß, da die zum Betrieb nöthigen Materialien inzwischen angeschafft worden woren, mit dem 27. Juny 1842 die erste Schmelz-Campagne in dem fertig eingebauten Hohofen rechts, begonnen werden konnte. –

Der Bauplan des Werks war mir anheim gegeben, es wurde von mir jedoch der Rath des Oberbergrath Althans[217] in technischer Beziehung und für den Entwurf und [45V] die Ausführung der Hochbauten die Hülfe des Ingenieur Hauptmann Schnitzler[167], eines Freundes von mir, in Anspruch genommen, der den Bauführer J. Mündnich mir zur Beihülfe empfohlen hatte, der dann wärend der ganzen Bauzeit beschäftigt war. Die Ausführung des Werks war in die Zeit gefallen, wo die

Anwendung der Hohofen-Gase zum Betrieb von Flammöfen behufs Umschmelzen, Frischen, und Schweißen von Eisen, durch Herrn Faber du four[219] in Wasseralfingen zu erst angeregt und ausgeführt, allgemein Aufsehen erregte, daher man deren Verwendung bei der neuen Anlage in Aussicht nahm.

Dies gab Veranlassung zu einer Reise nach Wasseralfingen im May 1840, auf der meine Tochter Babette, mich bis Ernsbach bei Oehringen zu der befreundeten Familie Bletzingen begleitete[220].

[45R] Nach genommener Einsicht der Einrichtungen zur vorerwähnten Anwendung der Hohofengase, die im Betrieb waren, viel versprachen, aber auch manches zu wünschen ließen, kam ein Vertrag zwischen mir und Herrn Faber du four zu Stande, wonach dieser die Einrichtung seiner Gas-Anwendung für Michelbacherhütte gegen ein Honorar abtrat, und ich die Verbindlichkeit übernahm Patente für Nassau und für Preusen zu erwirken.

Das Patent für Nassau wurde 3 April 1841 ertheilt[221], die Ertheilung des Pantentes[d] für Preusen dagegen abgelehnt, da bereits Mittheilungen über jene Anwendung aus englischen Journalen in deutsche Zeitschriften übergegangen waren[222].

Die unter meiner Leitung auf der Michelbacherhütte getroffene Einrichtung der Gas-Verwendung zum Betrieb eines Puddlingofens[223] entsprach trotz der sehr günstigen Lage, [46V] den davon gehegten Erwartungen ebensowenig als an anderen Orten, und somit unterblieb die für Concordiahütte in Aussicht genommene Einrichtung zur Anwendung der Gase.

Die Verhandlungen darüber, wie über die Verwerthung der Erfindung zogen sich bis 1844 hin, und veranlaßten in 1842 eine zweite Reise nach Wasseralfingen. –

Die erwiesene Unzulänglichkeit der Hohofengase zu einem ungestörten Betrieb des Hohofens wie der Gasöfen, führte zu der Anlage von besonderen Gas[e] [Generatoren], und gab Veranlassung zu Verhandlungen mit meinem Freunde Gust[af] Eckmann[224] zu Lesjofors in Schweden, bezüglich der Construktion von Schweis Oefen[224a].

Die von Eckmann ausgegangene Einrichtung gab Veranlassung zur Erwerbung eines Einführungs Patentes dieser Oefen für Naßau, was mit Regierungs-Resolution [46 R] vom 22. Februar 1844 willfahrt wurde[225], wogegen dessen Verwerthung trotz mehrfacher Anerbiethungen ohne Erfolg geblieben ist, obgleich sie in Schweden mit Nutzen angewendet werden. –

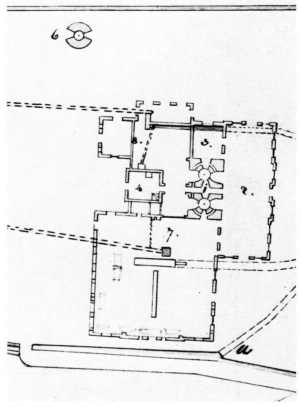

Grundriß der Concordiahütte 1854, Ausschnitt aus einem Situationsplan, gezeichnet von Carl Maximilian Lossen
1) Doppelhochofen, 2) Vorhütte, 3) Gebläse, 4) Gichthaus, 6) Erzröstofen, 7) Blechwalzhütte, 8) Puddel-, Schweiß- und Blechöfen sowie Dampfhammer und Magazin-Räume; gestrichelte Linien: unterirdische Wasserzu- und -ableitungen (LHAK 702 Nr. 2506)

Der Hohofen Betrieb auf Concordiahütte blieb bis zum Jahr 1853 in ungestörtem Gang, wogegen die inzwischen eingetretenen Conjuncturen, welche den Stund des auf die Anwendung einheimischen Materialien basirten Eisen Gewerbes sehr gefährteten, den Fortbau des mit projectirten Walzwerks nicht rathsam machten.

Dieses Zuwarten führte zu sehr interessanten Schmelz Versuchen[226]: 1. behufs Ermittlung des Kohlen Aufwandes beim Schmelzen, im Vergleich zu dem geringsten Bedarf an Kohle, wie derselbe aus den beim Betrieb gewonnenen Data, durch theoretische Betrachtungen sich berechnen ließ. (Januar 1845)

[47V] 2. behufs der Schmelzwürdigkeit der einzelnen Eisensteinsorten des Werks, erst einzeln für sich danach in verschiedenen Verhältnissen zusammen gattirt[227] verschmolzen. –

Ältester Gebäudeteil der Concordiahütte mit dem alten Hochofengebäude (Gichthaus) im Hintergrund. Zustand um 1890 (TGC)

Die zu diesen Probe Schmelzen verwendeten Eisenerze, zuschlag, die davon gefallenen Schlaken und das Roh Eisen wurden einer chemischen Analise unterworfen, welche Dr. W[ilhel]m Mayer[228], damals Assistent von Professor Liebig, ausführte, und es veranlaßten diese 1851 ausgeführten Versuche zu erheblichen Ersparungen an Material, und zu Verbesserung des Productes. –

Die Werke Michelbach und Emmershausen mit den zugehörigen Hammerwerken gingen einen ruhigen Gang voran, namentlich in Entwicklung der Gieserei, da deren Producte den obenerwähnten Einwirkungen der Conjuncturen des Auslandes mehr entzogen blieben.

Mit Ablauf des Jahres 1847 war die seitens [47R] der herzoglich Nassauischen Domaine uns gewährte 10 jährige Pachtverlängerung der betreffenden Werke Michelbach und Emmershausen nebst Hämmer abgelaufen.

Es gelang dagegen nach erfolgter Revision und Feststellung der Inventarien eine neue Pachtung auf die Dauer von 20 Jahre, also bis Ende 1867, zu erwirken[228a], ohne daß dazu ein öffentliches Ausgeboth erfolgte. –

Auf diese Fortpachtung der Domainial Werke, und dem inzwischen errungenen eigenen Besitz basirt der Gesellschafts-Vertrag von 1850/1857 der von 1848 bis 1867 reicht. –

Wie drükend für mich die Jahre des Zuwartens sein mußten, deren Conjuncturen ein mit Liebe begonnenes und mit Eifer ausgeführtes Werk nicht zur Vollendung kommen ließen, mag ein Jeder fühlen, der ähnliches erlebte! –

[48V] Die in dem nachfolgenden Abschnitte erwähnte Thätigkeit im öffentlichen Leben, mag dagegen den Beweis liefern, daß meine Kräfte zur Beseitigung jener ungünstigen Verhältnisse nicht müßig[f] gewesen sind. –

Der Drang der traurigen Lage, wodurch die Roheisen Erzeugung bei Holzkohlen, nahe daran war durch die Concurenz der Produzenten unter sich dem Untergang entgegen zu gehen, führte mich, unterstützt von dem langjährigen Vertrauen der Nassauischen Eisenwerk-Besitzer, zu dem Gedanken der Gründung eines Vereines, durch welchen, unter Verzicht auf den bisher von jedem Werke vermittelten Debit seiner Roh Eisen Produktion, dieser Debit einer besonderen Verwaltung für gemeinsame Rechnung übertragen werden, damit aber ein Credit Anstalt [48R] verbunden werden sollte, durch welche Vorschüsse auf die eingelieferte Waare geleistet würden, um dadurch

Geldstockungen und Fluctuationen im Handel zu begegnen.

Aus dieser Idee gieng der Gesellschafts Vertrag hervor, der am 28. May 1851 zu Limburg à[n] d[er] Lahn unter der Firma Verein zum Verkaufe naßausche Roheisen abgeschlossen wurde²²⁹, und sämtliche Eisen-Werke Nassau's, mit Ausnahme von vieren umfaßte, von denen zwei Coaks-Roheisen erzeugten, was der Vertrag ausgeschlossen hatte, und zwei bei Dillenburg gelegen, die ihre Produktionen meist zu Gußwaaren verwendeten. – Im Verlauf einiger Jahre traten dem Vereine noch 8 Hütten des obern Lahnthal's und des Vogelgebirges bei, und da Concordiahütte, gleich allen anderen Werken, nur Nassauischen Eisen Erze bei Holzkohlen verschmilzt, so war auch sie jenem Vereine beigetreten.

[49V] Bis zur Stunde besteht dieser Verein, hat seine Verkaufs-Preise über denen der Selbstkosten gehalten, hat die harten Handels Krisen von 1857–1859 überstanden, und sein Gründerᵍ wie sein Vorstand zu sein, rechne ich mir zur Ehre und zur Freude.

Als der Letztren, unternahm ich 1852 vom 31. July bis 29. August, wo die Consumenden dem Verein mit Ungunst entgegen getreten waren, eine Reise nach Baden, Elsaß, Saarbrücken, Metz, Hayage²³⁰, Aachen und nach der Ruhr, und zwar mit Erfolg für den Debit des Vereines.

Als mit 1853 die Zoll-Conferrenz Beschlüsse des Jahres 1852²³¹ dem Eisenhüttengewerbe eine festere Zukunft eröffnet hatten, beschloß die Gewerkschaft den Fortbau der Concordiahütte durch die Anlage eines Puddling Werks mit Blech Walze verbunden, und schloß für das Letztere mit der Fürstlich Fürstenbergischen Maschinen Fabrik [49R] zu Immendingen²³² einen Contract vom 29 Merz 1853 zur Lieferung der sämtlichen Maschinereien.

Der Bau alsbald begonnen, war mit 2 Puddel Oefe, 1 Schweis Ofen und ein Blechglühofen samt den Walzwerks Maschienen und einem Dampfhammer im Sommer 1854 so weit vollendet, daß der Betrieb beginnen konnte.

Im Späthherbst 1855 führte mich die Pariser Industrie Ausstellung²³³ zu der auch wir Waaren gesendet hatten, in Gesellschaft meines Neffen Wilh[elm] Lossen²³⁴ von Emmershausen auf 12 Tage nach Paris, worin neben dem eifrigen Besuche der sehr instruktiven Ausstellung, auch die Verwandten Jungfleich²³⁵ und Cathrein²³⁶ besucht wurden, die uns eine herzliche Aufnahme bereiteten.

Da der Walzwerks Betrieb in seinen Leistungen mit der Ausdehnung der Anlage [50V] nicht harmonirte, so wurde eine Vergrößerung der Maschinenkraft mit einer zweiten Walzenlienie, einem zweiten schwereren Dampfhammer und einer Dampfscheere beschlossen, und 1856 in Ausführung gebracht. – Kaum vollendet, trat mit 1857 die Handelskrisis²³⁷ ein, der sich die politischen Wirren mit ständiger Aussicht auf Krieg, unmittelbar anschlossen, und noch heute wie ein Alb auf allen Commerciellen und industriellen Unternehmungen lasten.

Auser der Anlage des Werks wurden von 1840 ab, auch die der Anlage zugehörigen Wiesen eines Umbau's auf Siegnische Weise²³⁸ unterworfen, Weege und Einzäumungen wurden neu angelegt oder verbessert, und den Baum Anpflanzungen längst diesen Weegen und längst den Wassergräben eine solche Ausdehnung gegeben, daß die Zahl der Bäume und Weinstöcke [50R] laut Verzeichniß c[irc]a 744 Stück beträgt.

Oeffentlichesᵃ Leben. v[on] 1839 bis 1860ᵇ

Die Wahl zu siebenjährigen Landtags-Periode von 1839 bis 1845²³⁹ berief mich aufs Neue zum Mittglied der zweiten Kammer, und entzog mich, zwar vertreten durch einen meiner Brüder, dem eigenen Geschäfte und zwar:

in 1839 vom 22. Merz bis 4 May   43 Tage
[in] 1840 [vom] 24. februar b[is] 26. März   30 [Tage]
[in] 1841 [vom] 22. März b[is] 28. May   67 [Tage]
[in] 1842 [vom] 1. April b[is] 17. May   47 [Tage]
[in] 1843 [vom] 21. februar b[is] 13. Juny   112 [Tage]
[in] 1844 [vom] 12. februar b[is] 6. May   83 [Tage]
[in] 1845 [vom] 17. februar b[is] 15 May   87 [Tage]
= 469 Tage.

Die Gegenstände der Verhandlungen umfaßten auser den gewöhnlichen Verwaltungs Vorlagen, die Ablösung der Fruchtzehnten, die Organisation der Landes-[51V] credit Casse¹⁸⁹, die Ausführung der Schiffbarmachung der Lahn, mittelst Schleusen und Canälen²⁴⁰, die Errichtung von Sonntags und Abendschulen, die Umwandlung der Padagogien in 3 Gymnasien und 1 Realgymnasium²⁴¹, der Bau eines Hafen's in Biebrich²⁴², einer Irren-Anstalt in Eichberg²⁴³, so wie mehrere Landstraßen, die Berathungen über Handels und Wechselgesetz, die Einführung von Stockbüchern²⁴⁴ zur Sicherung des Hypothekenwesens, die Revision des Steuer Tarif's, Aufbesserung der Besoldungen für Civil und Militair, Pension's Gesetz für Elementar Lehrer, Entwurf für die trigonometrische Vermessung des Landes, Abänderung des Conscriptions Gesetzes²⁴⁵ und Beförderung eines entsprechenden Zollschutzes für die Eisen-Industrie, veranlaßt durch eine Petition der Eisen Werkbesitzer des Landes²⁴⁶.

Die Wahl²⁴⁷ zu der darauf folgenden – [51R] Wahlperiode von 1846 an, hatte ich Vorher schon abgelehnt, falls sie mich treffen sollte, da die bisherige Abhaltungen zu nachtheilig auf das eigene Geschäft einwirkte. –

Als jedoch im Jahr 1852 nach den stürmischen Jahren 1848 bis 1851 ein neues Wahlgesetz oktroyrt worden war, folgte ich der auf mich gefallenen Wahl zur ersten Kammer²⁴⁸, wobei ich

in 1852 vom 15. Merz bis 28. May   74. Tage
[in] 1853 [vom] 31 Merz [bis] 8. July   99 [Tage]
= 173 Tage

als Mitglied fungirte, dann aber das Mandat niederlegte, da der inzwischen am 6ten Juny 1848 in Wiesbaden unverhofft erfolgte Todt meines jüngsten Bruders Friedrich von Emmersheauserhütte, meine frühere Vertretung im Geschäfte unmöglich machte, ich auserdem zu den [52V] Kammer Mietgliedern gehörte, die das Octrirte Wahlgesetz, ohne Vorlage bei den Ständen gegeben, für illegal erklärt hatten, und die nachträgliche Vatirung verlangten, ohne daß diesem Verlangen entsprochen wurde, was den Austritt veranlaßte²⁴⁹. –

Die Gesetze über Reorganisation der Central Verwaltungs Behörden²⁵⁰, über die Pensionirung der Civildiener, über die Gemeinde Verwaltung, über Erhaltung und Erweiterung des bedrohten Zoll-Vereins durch einen speciellen Antrag motivirt, über den Zoll Anschluß mit Oestreich²⁵¹, waren auser den laufenden Verwaltungs Vorlagen die Gegenstände der ständischen Verhandlungen.

Der langjährige Verkehr beim Landtage, während 11 Jahren hatte mich mit den Verhältnissen des Landes genau bekannt gemacht, und bothen [52R] Mittel dar manches Gute für das Land auf dirrectem, wie auf indierectem Wege zu bewirken. Auserdem brachte mich diese Wirksamkeit in manchfache Berührung mit dem verstorbenen Herzog Wilhelm²², wie mit dessen Nachfolger Herzog Adolph²⁵². Ich war Zeuge der Vermählung der Prinzeß Therese mit dem Prinzen Peter von Oldenburg²⁵³, von der Beerdigung des Herzog Wilhelm²⁵⁴, und von der Heimführung der Prinzeß Elisabeth von Rusland²⁵⁵ durch den Herzog Adolph. –

Ein besonderes Interesse hatte der Verkehr mit den obersten Verwaltungs-Behörden des Landes, der gegen mich ein offener und wohlwollender war. Die manchfachen Berührungen mit den Ministern von Marschal¹⁷⁸, Grafen Waldendorf²⁵⁶, Freiherrn von Dungern²⁵⁷, von Winzigroda²⁵⁸ und Fürst Wittgenstein²⁵⁹, mit den Presidenten Möller²⁶⁰, Vollpracht¹⁹², Lex²⁶¹, Mußel²⁶² [53V] und Flach²⁶³, dem Ministerial Rath von Gagern²⁶⁴, den Regierungs Beamten Oberbergrath Schapper¹⁸⁴, Regierungs-Räthen Giese²⁶⁵, von Gagern²⁶⁶, Busch²⁶⁷, v[on] Trapp²⁶⁸, Assessor Odernheimer²⁶⁹, Hofrath Moreau²⁷⁰ und Cramer²⁷¹, dem Landes Creditkassen Director Reuter²⁷², Rath Bruck²⁷³, Obersteuer Rath Herget²⁷⁴, Oberforstrath Huth²⁷⁵, den Domainen Dierectoren von Roeßler²⁷⁶ und Freiherrn von Bock²⁷⁷, dem Oberbaurath Faber²⁷⁸, Goetz²⁷⁹ und Boos²⁸⁰, den Geheimen Kirchenräthe Otto²⁸¹ und Wilhelmi²⁸² (jetzt evang[elischer] Bischof) dem geheimen Cabinetrath Goetz²⁸³, Geheimen Hofrath Fritze²⁸⁴, Hofrath Koepp²⁸⁵, dem General v[on] Pren²⁸⁶, Hauptmann von Holbach²⁸⁷, Hauptmann v[on] Sachs²⁸⁸, Kriegs-Commissair Wenkenbach²⁸⁹ etc[etera], sind angenehme Erinnerungen für mich, leider sind darunter große Lükken entstanden. –

Bei dem Druk, den die mangelhaften Zollgesetze namentlich auf die ganz [53R] schutzlos gelassene Roh Eisen-Erzeugung des Zollvereines ausübten, war meine Thätigkeit durch Wort und Schrift der Beseitigung dieser Mißstände zugewendet. Schon im May 1838 hatte ich eine Eingabe über die Zollverhältnisse, bezüglich der Eisen Industrie, an Herzogl[ich] Nass[auische] Zolldirection verfasst und eingegeben²⁹⁰.

Im Juny 1839 folgte eine ähnliche Eingabe an Herzogl[ich] Nass[auisches] Staatsministerum, die von allen Eisenwerkbesitzern des Landes unterzeichnet war.

Im Juny 1841 gelangte eine von Dierector Lueg²⁹¹ und mir verfasste Eingabe an den Provin-

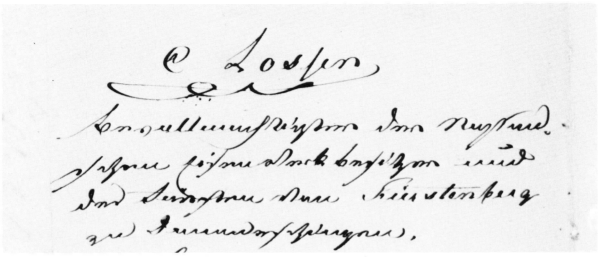

Unterschrift Carl Lossens als Bevollmächtigter der nassauischen Eisenwerke 1849
Protokoll des ADV vom 24. 3. 1849 (BAF DB 58 Nr. 61)

zial Landtag zu Düsseldorf, unterzeichnet von vielen Gewerkschaften von Rheinland und Westphalen, den Zoll auf Eisen betreffend[292].

Im December 1841 gieng wiederholt eine von mir verfasste Vorstellung an das Nassauische Ministerium ab, [54V] und im Januar 1842 eine solche an das Ministerium in Berlin[293].

Am 31. Merz 1842 war eine Versam[m]lung sämtlicher Eisen Werkbesitzer von Rheinland und Westphalen nach Bonn anberaumt worden[294] zur Wahl von drei Deputirten, behufs der Bildung einer Commission zur Untersuchung der Eisenzoll Frage, die auf den Antrag der Werk und Waldbesitzer Schlesiens, meist dem höchsten Adel angehörig, und vertreten durch den Grafen Bethusi[295] von S[eine]r Majestät dem Könige nach Berlin befohlen war, bei der der Geheime-Oberbergrath Karsten[62] mit dem Vorsitz beauftragt wurde. Die Wahl als Deputirte für Rheinland Westphalen fiel durch Stimmenmehrheit auf Director Lueg[291] von Sterkrade, C[arl] Stumm[296] von Neunkirchen und W[ilhel]m Remy[297] von Bendorf, wärend ich zu einem sehr ausgedehnten [54R] Briefwechsel mit dem Grafen Bethusi veranlaßt wurde, – der die Zollfrage für Nassau und für Fürstlich Fürstenbergischen Eisen Werke[298] umfaßte. –

Die in Bonn gefaßten Beschlüsse veranlaßten mich zu Mittheilung derselben, sämtliche Hüttenbesitzer Naßau's auf den 11. April 1842 nach Limburg à[n der] Lahn einzuladen. Die 20 dabei erschienenen Werkbesitzer vereinigten sich dahin, mir eine Vollmacht auszustellen[299], womit sie mich beauftragten die Interessen ihres Gewerbes bei den Behörden des Landes, bei den Vereinen, welche in anderen Staaten zum Schutze der Eisen-Industrie sich bilden würden, oder wo sonsten, schriftlich durch Eingaben, oder durch persönlich verhandeln zu vertreten, unter Zusicherung alle dazu nöthigen Notizen zu ertheilen, [55V] und die Kosten dieser Vertretung zu ersetzen.

In Folge diese Vollmacht richtete ich unterm 22 April 1842 eine mit einem Promemoria begleitete Eingabe an Herz[oglich] Nassauisches Staats-Ministerium um Befürwortung der Schutzlosen Roh Eisen Produktion bei der nach Stuttgart ausgeschriebenen Zollconferenz[300].

Fast gleichzeitig erfolgte von Seiten der Rheinischen Eisenwerke eine ähnliche Eingabe bei dem Finanzministerium in Berlin, der ich mich gleichfalls angeschlossen hatte. –

Im August 1842, nachdem seitens der Rheinischen Eisenwerkbesitzer eine Aufforderung an mich ergangen war, die in Stuttgart tagende Zollconferens im gemeinsamen Interesse zu besuchen, reißte ich nach Carlsruhe zu einer Rüksprache mit dem damals Fürstlich Fürstenbergischen Hütten Director Bergrath [55R] Steinbeis[301], der die Interessen der fürstlichen Werke vertreten und auch nach Stuttgart gehen sollte, weshalb er zum Fürsten von Fürstenberg[302] berufen war, der sich damals als Präsident der ersten Kam[m]er in Carlsruhe befand. Von Interesse für mich waren die Besprechungen mit dem für die Industrie sehr eingenommenen Fürsten, insbesondere aber die Berathungen mit dem Großherz[oglich] Badischen Staatsrath Nebenius[303], der eine Schrift in Betreff der Eisenzölle in Arbeit hatte.

Mit Steinbeis verweilte ich an 3 Wochen in Stuttgart, um auf dem Wege des persönlichen Verkehrs mit den dort tagenden Zoll Commissarien die Nothwendigkeit der Eisen Zölle zu verhandeln. Die erlangte Ueberzeugung von der Hoffnungslosigkeit unserer Bemühungen, die aus den Propositionen Preusens, bezüglich der Eisenzoll Frage hervor- [56V]gieng[300], veranlaßten mich zur Rükkehr nach Hause, um durch die Sammlung einer Deputation von 8 Werkbesitzern aus Rheinland und Westphalen, welche ich am 6ten Sept[ember] 1842 S[eine]r Majestät dem Könige[303a] auf Schloß Stolzenfels vorführte, in einer kurzen Eingabe die Bitte zu stellen, S[eine]r Majestät möge befehlen, vor Ratification der Zollvereins Beschlüsse den Nothstand der Eisen Industrie nochmals zu prüfen. – Diese Bitte blieb dierct ohne Erfolg, dagegen wurde eine Wiederaufnahme der Zoll-Conferenz vorgesehen, um in dringenden Fällen durch Nachbewilligungen dem Bedürfniß nach Zollschutz gerecht zu werden, falls die Dringlichkeit dazu nachgewiesen sei.

Im Frühjahr 1843 richteten die Hütten Gewerken Nassaus durch mich eine Eingabe an die Stände um Schutz ihrer hart bedrohten Interessen, die eine sehr [56R] würdige und gediegene Unterstützung in dem als Berichterstatter erwählten Kirchenrath Otto[281] fand, dem von mir das Material dazu mitgetheilt war[246].

Die vorgesehene Nach Conferenz des Zoll-Vereins wurde für den Sommer 1843 nach Berlin anberaumt[304]. Die immer härter bedrängte Eisen Industrie war durch Gutachten der Königl[ich] Preusischen Bergwerks Behörden, die das Schutzbedürfniß nachwiesen, in hohem Grade befürwortet, namentlich durch ein umpfangreiches Promemoria des geheimen Oberbergrath von Oeynhausen[89] damals vortragenden Rath im Ministerium vom 20 May 1842, nebst gedrängten Auszug (Zollfrage in Nassau^c), gleichwie aus allen Zollvereinstaaten Eingaben ähnlicher Art seitens der Betheilichten bei den Behörden vorlagen.

Diese Sachlage drängte zu einer Mitbe- [57V]theilichung an den zu erwartenden Beschlüssen der Conferenz und veranlaßte eine Versammlung in Bonn am 28. July 1843[305], die zahlreich besucht und selbst durch die Hütten-Werkbesitzer der Nachbarstaaten beschikt wurde, und wobei auf Ersuchen, der Dierctor des Oberbergamtes Bonn,

Berghauptmann von Dechen[306] den Vorsitz übernommen hatte.

Das Resultat dieser Versammlung war die Wahl einer Commißion für Berlin, wozu durch Abstimmung, Director Lueg[291] von Starquade[307], Oberbergrath Boecking[308] aus Saarbrücken, Stahlschmidt[309] Bevollmächtigter der Eisenwerke im Kreis Siegen, und ich erwählt wurden. – Mit einem von mir redigirten gedruckten Promemoria, und mit Eingaben an den Finanz. Minister vom 26. September und an S[eine]r Majestät den König d[e] d[ato] 30 September, beide von mir verfaßt, versehen, traf die Commission am 18 Sept[em]b[e]r in Berlin ein, [57R] und wirkte[310] bis 18. October theils durch Besprechungen mit den obersten Staats-Behörden, den Zoll-Commissarien, und mit dem als Beirath zur Zoll Conferenz beschiedenen Geheimen Oberbergrath von Oeynhausen[89], einem langjährigen – Freunde von mir (von Schlesien her).

Nach Beendigung der Verhandlungen in Berlin, kehrte ich mit Dierector Lueg[291] reisend über Hamburg, Ostnabrük, Münster und Cöln zur Heimath zurük. Bekanntlich beschloß die damalige Zoll Conferenz[304] einen Zollsatz von 10 Silbergr[oschen] p[ro] Centner für das bisher frei eingeführte Roheisen und erhöhte entsprechend den Zoll auf eingehendes Stabeisen, schwächte aber diese Maasregel über die Hälfte durch den von Baiern beantragten Zoll Vertrag mit Belgien v[om] 1. Sept[ember] 1844, dem leider nur Sonder-Interesse zu Grunde lagen[311]. –

[58V] Diese schwere Beeinträchtigung der Interessen, denen man nur das geringste Maas des Schutzes gewährt hatte, führte zu Reclamationen gegen jenen Vertrag und zwar:

1844 am 13. September an das K[öniglich] preusische Finanz Ministerium von 42 Firmen aus Rheinland und Westphalen unterzeichnet[312].

1845 im Frühjahr durch eine von mir Namens der Nassauischen Eisenwerke an das Herz[oglich] Nassauische Staats Ministerium gerichtete Eingabe[313].

1848 im August, durch erneuerte Eingabe an das König[lich] preusische Finanz Ministerium von 42 Firmen aus Rheinland und Westphalen unterzeichnet. –

Die immer mehr steigende Anerkennung der Handelspolitischen Ansichten, und der Verdienste des Dr. Fried[rich] List, veranlaßten mich zu einer Subscription für denselben mittels Rundschreiben [58R] vom 5. Merz 1843, dessen Unterzeichnung durch 56 Gewerkschaften aus Nassau, sowie Rheinland [und] Westphalen und dem Großherzogthum Luxemburg, es mir möglich machte am 10. Juny 1845 Herrn Dr. List ein Honorar von Th[aler] 1200 einzusenden, wofür derselbe mit Schreiben vom 30. October den gerührtesten Dank aussprach[314]. -

Die politische Bewegung des Jahres 1848, mit seinem deutschen Parlament erregten auch Hoffnungen für die Besserung der gewerblichen Verhältnisse zu deren Untersuchung ein Volkswirthschaftlicher Ausschuß des Parlements berufen war[315]. Der Aufruf zur Ermittlung jener Interessen war Veranlassung zur Bildung eines rheinisch-westphälischen Gewerbe Vereins[316] unter dem Vorsitz des Herrn van der Heyd[317] aus Elberfeld, dem ich als Mit-[59V]glied beitrat.

Auf gleiche Veranlassung erfolgte eine Versammlung der sämtlichen Eisen Werkbesitzer Nassau's in Limburg am 8ten August 1848, wobei mir der Vorsitz übertragen, und laut gedruktem Protokoll des Tages der Beschluß gefaßt wurde, ein von mir gefaßtes Promemoria, betittelt:

„Schutz der Eisen-Industrie vor der Nationalversamlung"

auf Kosten der Eisen Gewerken druken zu lassen[318]. -

Nach der Diskussion über die durch den Volkswirthschaftlichen Ausschuß des Parlement's aufgestellten Fragen, schritt man zur Wahl von einem vertrauens Mann bei jenem Ausschuß in Francfurt, wobei die Wahl auf mich gefallen war[299], und als Stellvertreter für mich, auf den Regierungs-Assessor Odernheimer[269] aus Wiesbaden, mit der Bestimmung, daß die Kosten dieser Vertretung von [59R] den Eisen-Werkbesitzern Nassau's, mit Hinzuziehung des Freiherrn von Wittgenstein[319] aus Lasphe, sowie des Fürsten von Fürstenberg[302] in Donaueschingen, der sich durch mich für den Anschluß an Naßau erklärt hatte, getragen werden sollten.

Eine Beglaubigung dieser Wahl erfolgte seitens des Vorstandes des Gewerbe-Vereins für Herzogthum Nassau[320] d[e] d[ato] Wiesbaden 18. August 1848, wogegen Carl Egen Fürst zu Fürstenberg[302] eine Vollmacht für mich zur Vertretung seine Eisenwerke d[e] d[ato] Carlsruhe 11. Februar 1849 unterzeichnete und einsande.

Vom 17. August bis zum 21. November 1848 hielt mich die übernommene Stellung in Francfurt fest, wobei ich auch die stürmischen Tage vom 18. September[321] mit erlebte.

Schon unterm 23. August 1848 war [60V] von 43 Personen ein gedrukter Aufruf, zur Bildung eines Vereines für deutsche Zolleinigung ausgegeben worden, doch ohne besonderen Erfolg. Dagegen hatte die Auffassung der industriellen Fragen Männer aus allen Gauen Deutschland's nach Francfurt geführt.

Die Systeme Freihandel oder Zollschutz ließen ihre Anhänger anfangs ausforschend zusammen verkehren, zahlreiche Versammlungen, die alle eine parlamentarische Form annahmen, führten zu heftigen Diskussionen, und endlich zu einem Bruch aus dem die heteragenen Elemente sich zu zwei getrennten Gruppen Constituirten, die eine für den Freihandel, die andere für das Schutzzoll System kämpfend. -

Die letzere Gruppe an deren Constituirung und Fortbildung ich den ersten Antheil genommen hatte, trat am [60R] 1. Sept[ember] 1848 in der Weise zusammen, daß 64 Personen, aus allen Distrikten Deutschland's zusammen gekommen, einen Aufruf zur Bildung einer Versammlung erließen, der sie den Namen gaben „Allgemeine deutscher Verein zum Schutze vaterländischer Arbeit"[322].

In einer General-Versammlung am 1. November 1848[323], wobei 95 Personen, 14 Gewerbe Vereine und 7 Eisen Werk Distrikte aus ganz Deutschland vertreten waren, wurde statt den bisherigen Provisorium zur definitiven Wahl eines Ausschusses geschritten, bestehend aus einem Präsidenten, einem Director, einem Schriftführer, einem Cassirer, der die Vereins-Geschäfte leiten sollte[324]. Erst später, durch Beschluß der General Versam[m]-[61V]lung vom 10/13. April 1849[325], wurden jenem Ausschuß noch 6, und dann durch Nachwahl noch 4 weiter, zusammen also 10 Vertrauen's Männer beigegeben, die sich durch eigene Wahl nach Provinzen und Gewerbe Zweigen, zu einem weiteren Ausschuß ergänzen sollten, dessen Glieder auf Ersuchen des engeren Ausschusses, diesem berathend und helfend zur Seite stehen sollten, so oft das Bedürfniß dazu vorlag.

Zu der Zahl dieser Vertrauen's Män[n]er gehörte auch ich, und vertrat im December 1849 den auf mehrere Wochen übersanden Präsidenten des Ausschusses: Wie der Verein seit seinem Entstehen, bis zu seiner Auflösung in 1853 gewirkt, dies gehört seiner Geschichte an. -

Dessen vielfache Ansprachen an einzelne Gewerbe Klassen, sein Verkehr [61R] mit der tagenden National Versammlung, mit den Reichsministerien, und den Regierungen der einzelnen deutschen Staaten bis zu den höchsten Spitzen der Verwaltungen, deren einige den Verein sogar pecuniär unterstützten und anerkannten, seine litterarische Thätigkeit für die Geltendmachung seiner Grundsätze, vorerst durch die Uebernahme und Redaction des Listischen Zoll Vereins Blattes[326], nach Eingehen desselben durch die Handelspolitische Beilage der Oberpostamtszeitung[327], wie durch Artikel in andern Zeitschriften, die Ausarbeitung und der Druk eines Zoll Tarif's mit Motiven[328], durch Fach-Sectionen der einzelne Gewerbzweige berathen, von denen die für Eisen Fabrikation von mir präsidirt wurde. Die Verbreitung des Vereines über ganz Deutschland, welche durch Beitritts Er-[62V]klärungen und durch Muster[d]-Peditionen[329] für den Schutz vaterländischer Arbeit an das Parlament zu c[irc]a 500000 Familien mit[e] zusammen 2,500000 Seelen nachgewiesen worden war (ich sammelte[330] allein 20860 Unterschriften und 88240 Familien Glieder) sind Thatsachen, die in den fortlaufenden Protocollen der Ausschußsitzungen, seiner General-Versam[m]lungen und seiner Jahresberichte niedergelegt sind, und dem Vereine für immer ein ehrenvolles Andenken sichern werden.

Für mich sind das Andenken an die rege Mitwirkung zu so gemeinnützigen Zwecken, die Erinnerungen an den freundlichen und interessanten Verkehr mit dem geistreichen und liebenswürdigen Vereins Präsidenten Felix Fürst zu Hohenloh Oehrich[331] dem Königl[ich] Würtembergischen Regierungsrath Dr. von Steinbeis[301] als Director des Vereines mit [62R] Dierector Christ[332] als Nachfolger von Steinbeis, mit Dr. Foegel[333] Schriftführer des Vereines, nebst W[ilhelm] Oechelheauser[334], der jenen ersetzte, mit v[on] Kersdorf[335] und Forster[336] aus Augsburg, mit dem Statistiker v[on] Reden[337] und Commerzienrath Degenkolb[338] als Mittglieder des Volkswirthschaftlichen Ausschusses, mit Ministerialrath Herrmann[339] aus München und mehreren anderen; ferner die ehrenvolle Aufnahme beim Reichs-Verweser Erzherzog Johann[340] (der einen mir versprochenen Besuch auf Michelbacherhütte ausführte) bei dem Parlaments Präsidenten H[einrich] von Gagern[341] und dessen Bruder Max[264], entlich die Bekanntschaften mit so vielen anderen deutschen Männern, die das beste des Vaterlandes eifrig anstrebten, immer noch freudige Erinnerungen jener stark bewegten[f] Zeit. –

[63V] Die Sonder Interessen einer Abtheilung der Eisen Industrie, welche ihre Stab-Eisen Produktion auf den Bezug des ausländischen[g] Roh Eisen's basirte, hatte im Februar 1849 durch eine im Parlamente verbreitete Schrift[342], die Beibehaltung der Differenz Zollsätze gegen Belgien befürwortet, wodurch die Interessen der inländischen Roh-Eisen Industrie, einer längeren Gefährtung ausgesetzt gewesen sein würden, als jener Vertrag es bestimmt. In dem Auftrage der Letzteren fertigte ich ein umfassendes Promemoria zur Nachweisung der falschen Berechnungen und Schlußfolgerungen in jener Schrift, und reichte dieselbe mit Begleitschreiben vom 1. Merz 1849 beim Reichs-Handelsministerium ein[343].

Die Verhandlungen über diese Differenz [63R] der Ansichten zwischen zwei Parteien ein und derselben Industrie Gruppe, die alle Glieder des Vereines zum Schutze vaterländischer Arbeit waren, nahm dieser zur Schlichtung in die Hand, und rief dazu eine Commission aus dem weiteren Ausschuß zusammen. Es gelang, jene Differenz durch ein Vergleich Protokoll d[e] d[ato] Francfurt 24. Merz 1849 zu schlichten[344], wozu ich vom 1. Merz bis 25. Merz in Francfurt zubrachte. –

Der mit 1. Sept[ember] 1850 bevorgestandene Ablauf des Vertrages mit Belgien vom 1. Sept[ember] 1844 veranlaßte am 11.ten. May 1850 in Coblenz eine Versammlung von 25 Hüttenbesitzern[345], welche theils persönlich, theils durch Vollmachten sämtliche Eisenwerke aus Nassau, von der Saar und der Mosel, aus Luxemburg, aus den Kreisen Siegen, Olpe und Altenkirchen, sowie vom Mittel-[64V]rhein repräsentirten, um die Schritte zu berathen, welche bei der Kündigungs-Frist des Belgischen Vertrages, und bei der in Aussicht gestellten Revision des Zolltarifes zu thun seien, um dabei ihre Interessen zu wahren.

Nach einer längeren Discussion beschloß die Versammlung eine mit Vollmacht versehene Deputation nach Berlin zu senden, um bei den betreffenden Verwaltungs Behörden die Schritte zu thun, welche als zwekmäsig erschienen zur Erhaltung und Belebung der vaterländischen Eisen Industrie, gegenüber dem erdrükenden Uebergewichte des von Natur und von den Gesetzen begünstigten Auslandes.

Die Wahl dieser Deputation fiel auf die Herrn Eduard Remy[346] von Alf, auf von Eicken[347] zu Mülheim à[n der] Ruhr und auf mich. Ein von mir verfaßtes [64R] Promemoria betittelt: Die Eisen-Industrie Preusens, ihre Wichtigkeit und ihr Schutz Bedürfniß[348], wurde nach Vortrag desselben zum

Begleitschreiben Carl Lossens zu seinem Promemoria an das Reichshandelsministerium vom 1. 3. 1849 (BAF DB 58 Nr. 61)

Druk bestimmt, um gleichzeitig mit entsprechenden Eingaben an die Ministerien in Berlin übergeben zu werden. Die Reise nach Berlin umfaßte den Zeitraum vom 15 May bis zum 1. Juny 1850, wobei man sich durch Verwendung bei den sämtlichen Ministerien des ertheilten Auftrages gewissenhaft entledigte[349]. –

Kurz vor Ankunft der Duputation waren drei Bevollmächtigte der Walzwerksbesitzer des Nieder Rheins und bei Aachen, die ausländisches, insbesondere belgisches Roh Eisen verarbeiteten, in Berlin gewesen, um wie früher in Francfurt und zwar im Wiederspruch mit dem damals geschlossenen [65V] Vergleichs Protokoll v[om] 24. Merz 1849 in ihrem Sonder Interessen Schritte für die Verlängerung des belgischen Vertrages zu thun.

Die Kunde unserer Sendung nach Berlin, der ihrer Intension entgegengesetzter Zwek derselben, und das Gefühl der begangenen Treulosigkeit, veranlaßte jene Herrn, auf den 3. Juny 1850 eine Versammlung nach Bonn auszuschreiben, um die Vermittlung ihrer Interessen, und der der inländischen Roh Eisen Produzenten zu versuchen[350].

Dieser Versuch scheiderte an den Forderungen und den Umtrieben jener Herrn, die sogar belgische Hüttenbesitzer, die persönlich erschienen, und mit denen man bereits Lieferungs Verträge für Roh Eisen abgesprochen hatte, mit in die Verhandlungen hinein gezogen hatten.

Eine Trennung beider Parteien war nicht zu umgehen, obgleich nochmals [65R] Vermittlungen durch Vorschläge, welche jene Herren an mich machten, versucht wurden, aber fehlschlugen, daher die Roh Eisen Produzenten, vereint mit den Walzwerksbesitzern, welche selbst produzirtes Roh Eisen verarbeiteten, und die sich bereits unterm 11. May in Coblenz schon versammelt hatten, den Beschluß faßten, zur Wahrung Ihrer Interessen einen Separat Verein zu bilden. Diese Constituirung erfolgte bei einer Versammlung in Coblenz laut Protokoll v[om] 30. Juny 1850, wobei sämtliche Eisenwerke, die am 11. May schon versammelt gewesen, bis auf wenige von denselben Personen vertreten waren[351]. –

Nach einem, meinerseits der Versammlung über den Erfolg der Reise nach Berlin gemachten Referat, der Mittheilung meiner Antwort auf die von unsern Gegnern an mich gestellten Vergleichs Vorschlägen, die beide zu-[66V]stimmend entgegen genommen wurden, schritt man zur der Berathung über die Bildung des in Vorschlag gekommenen Separat Vereines. –

Eine dazu erwählte Commißion aus 6. Mitgliedern bestehend, wozu auch ich gehörte, entwarf die Statuten, wonach der Verein alle Theile Deutschland's umfassend, die Aufgabe haben sollte, über das eigene wie über das gesammt-Interesse des Vaterlandes bezüglich Erhaltung und Heranbildung einer selbstständigen Eisen-Industrie sich klar zu werden, und die Regierungen bei allen Maßreglen, welche jene Interessen berühren durch aufrichtigen Rath zu unterstützen. –

Zur Vereinfachung der Geschäfte wurde das ganze Zoll Vereins Gebieth in 13 Distrikte eingetheilt; mit einem Vorstand, den man im Vorschlag brachte, [66R] und einem Stell Vertreter, die beide den Distrikt nach Bedarf und nach allgemeinen Normen organisiren sollten.

Den Vorsitz sämtliche Vorstände zu führen wurde mir übertragen; diese sollten binnen 4 Wochen die Constituirung ihrer Distrikts-Vereine mir zur Anzeige bringen, worauf dann nach Erledigung dieser Vorarbeiten, durch den Vorsitzenden eine General-Versammlung zur definitiven Bestimmung der Statuten des Special Vereins ausgeschrieben werden sollte. – Die Versammlung genehmigte die Vorschläge der Commission, und beschloß zugleich den mit anwesenden Ober Bergrath Boecking[308] zu der damals in Hessen Cassel tagenden Zoll Conferenz[352] zu senden, um mit Dr. Foegel[353], Schriftführer des Vereines zum Schutze Vaterländischer Arbeit, gemeinsam zu wirken.

[67V] Meinerseits setzte ich Circulaire an die Distrikts Vorstände, behuf's der Erklärungen zum Beitritt zu dem Special Verein, in Lauf, und bis zum November 1850 hatten c[irc]a 82 Eisenwerke sich dafür erklärt.

Im September berichtete Herr Böcking über den Erfolg seiner Mission nach Cassel, die er nach Berlin ausgedehnt hätte, und sande seine Kassen Rechnung darüber ein. Diese Ueberschreitung des Mantates, und der Umschwung der politischen Verhältnisse, welche auch auf die Wirksamkeit aller Vereine rükwirkend war, erkalteten den Sinn auch für den in der Bildung begriffenen Special-Verein, er schlummerte ein, obgleich meinerseits, als Vorstand desselben, nichts versäumt wurde den Sinn dafür wach zu erhalten.

Zur Agitation im Vereins Interesse, richtete ich gegen den Fortbestand [67R] des Belgischen Vertrages unterm 8. Juny 1850 eine Eingabe an Herzoglich Nassausches Staatsministerium[290]; im August 1850 ein Promemoria an das Central Commite des Rheinisch Westphälischen Gewerbe Vereins[316] zu Elberfeld. Im Frühjahr 1851 reichte ich ein Promemoria an den Erzherzog Stephan[354] in Schaumburg zur Erleuterung der Lage der Eisen Industrie in Nassau und über die Zweke des von mir constituirten Vereines zum Verkaufe nassauisches Roheisens[229].

Im Frühjahr desselben Jahres machte ich in einer umfassenden Eingabe an Herzogl[ich] Nassauisches Staats-Ministerium auf die Nachtheile aufmerksam, welche aus der Eisenstein Ausfuhr für die Interessen Nassau's zu befürchten seien, da seine Eisen Industrie bei Holzkohlen auf die Güte seiner Eisen-[68V]steine basirt, von dem Uebergewicht der Nachbarstaaten überflügelt s[einer] z[eit] untergehen müsse. Mit diesem Untergange würde aber die Entwerthung des Holzes, zum Nachtheile des Fiskus und der Gemeinden gleichen Schritt halten, daher es wenigstens rathsam sein mögte, aus den Domänial Eisenstein Gruben keine Erze zu verkaufen, daß diese vielmehr als eine Reserve des Landes zu betrachten wären.

Am 16 May 1852 richtete ich ein Promemoria an Herz[oglich] Nassausches Staats-Ministerium zur Beleuchtung der Nachtheile, welche aus der Rheinpreusischen Coaks Roh Eisen Industrie, die zum größeren Theile auf dem Bezug nassauscher Eisenerze basire, für die Roh Eisen Erzeugung hervorgehen würden, verbunden mit einer Entwiklung der Wirkungen, welche eine Trennung [68R] des Zoll Vereines, und ein Anschluß Nassaus an eine Süddeutsche Oestreichische Zoll-Gruppe, die damals in Frage stand[355], haben würde.

Im Merz 1853 folgte eine Eingabe[290] an Herzogl[iches] Staats-Ministerium, den Zoll und Handels Vertrag zwischen Oestreich und dem Zollverein vom 11. Februar 1853[356], bezüglich des Eisens betreffend.

Eine zweite Eingabe zur gleichen Zeit beantragte eine Ausgleichsteuer für die Ausfuhr der Nassauischen Eisensteine, durch die Interessen der Nassauischen Eisen Industrie begründet. –

August 1859 verfaßte ich eine Eingabe an die Herzogl[ich] Nassausche Landes Regierung zur Abwehr gegen die Proposion Preusens beim Zolltag, auf Ermäsigung der Eisenzollsätze von 1861 abgerechnet, die, von allen Eisenwerkbesitzern des Landes unterzeichnet, eingegeben wurde, wärend [69V] ich mich deshalb persönlich beim Herzog von Nassau und den obersten Behörden verwendete.

Diese neue unerwartete Gefährtung der Eisen Industrie drängte zu neuen Kämpfen und zu Verbindungen, um mit vereinten Kräften gegen so verhängnißvolle Eingriffe auf den Bestand einer Industrie aufzutreten, in welcher erst kurz ungeheure Capitalien angelegt worden sind. Auf mein Ansuchen erklärten sich die Mitglieder des Nass[auischen] Roheisen Vereines[229] bereit, zu einem Anschluß, entweder an den bereits bestehenden Zollvereinsländischen Eisenhütten und Bergwerks Verein[357] mit Statut d[e] d[ato] Düsseldorf 19. May 1852, oder an den Handels und Gewerbe Verein für Rheinland und Westphalen[358] mit Statut d[e] d[ato] Düsseldorf 1. December 1858, mit dem Ersuchen an mich, denselben nach meinem Ermessen zu vermitteln.

Die desfallsigen Verhandlungen schweben, [69R] sie bedürfen nur noch verschiedener Erklärungen.

Commissarien[a] für Fremde

Neben[b] den eigenen Dienst-Geschäften hat mich das Vertrauen auch zu Commissarischen Gutachten, und Expertisen in fremden Angelegenheiten berufen[c].

1839 am 4. July wurde ich in Gemeinschaft mit Oberbergrath Schapper[184] und Wasserbau-Inspector Haas[359] als Commissions-Mitglied zur Untersuchung der Lahn, behufs der durch mich beim Landtage beantragten Schiffbarmachung derselben, berufen, laut Auftrag Herz[oglich] Nass[auischer] Landesregierung vom 4 und 14 Juni, und unterzeichnete das darüber aufgestellte Befahrungs Protokoll[360].

1840 am 23 Januar erhielt ich von Herz[oglich] Nassauischer Landes Regierung einen Auftrag zur Untersuchung der Unfälle auf der Taunus Eisenbahn, worüber das Gutachten vom 4 Februar vorliegt[361].

1840 im Sommer ward ich von Herzogl[icher] [70V] Regierung berufen als Mitglied der Commission zur Bereisung der Ruhr mit Oberbergrath Schapper[184] und Wasserbau-Inspector Haas[359], worüber ein gemeinschaftlicher Reise Bericht, die Schiffbarmachung der Ruhr betreffend, vorliegt[362]. –

1842 im November, und nahe zu ein Jahr darauf, 1843 im October, war ich Mitglied einer von der Verwaltung des Erzherzogs Joseph Patatin von Ungern[363], für den Umbau des Blei und Silber-Hütten Werks zu Holzappel[48] berufenen Commission, aus dem Bergamts Dierector zu Siegen, Oberbergrath Hausler[364], Oberbergrath Althans[217] aus Saynerhütte und mir bestehend, worüber zwei

Gutachten vom 22. November 1842 und vom 21. October 1843 vorliegen. –

1846. Vom 12. bis 26. Januar vollzog ich ein Commissarium seitens des Herzogs von Nassau behufs Begutachtung [70R] und Taxation zweier Steinkohlen Concessionen ohnweit Charleroi gelegen, Famine[365] und Mongelet[366] benannt, zu 4 Million francs in Kauf beantragt, worüber ein schriftliches Gutachten von mir vorliegt in Folge dem das Geschäft als ein Schwindel zerfiel[367]. –

Die größeren Eisen-Werke von Belgien wurden bei dieser Gelegenheit mitbesucht. –

1850 im Februar fungirte ich mit 5 Collegen als Experte in dem Rechtsstreit zwischen der Maschinen-Fabrik Q[uirin] J[oseph]d d'Ester[368] zu Sayn und Gebr[üder] Grisar[369] zu Niewernerhütte, fertigte dazu ein Promemoria im October 1849, und schloß zwischen beiden Theilen ein Vergleich. –

1851 im Merz offerirte mir der Herzog von Naßau persönlich die Stelle als Commissarius bei der Industrie-[71V] Ausstellung in London. Leider musste ich deesen ehrenvollen Ruf ablehnen, weil das eigene Geschäft, mehr noch die Besorgniß über den Gesundheitszustand meiner Tochter Charlotte keine längere Trennung von Hause möglich machte. Mein Vorschlag, den Regierungs Assessor Odenheimer zu diesem Posten zu wählen, fand Annahme[370]. –

1855 am 6. May und im Sommer 1856 machte ich im Auftrage Herz[oglich] Nass[auischen] Finanz Collegiums zwei Commissions-Reisen nach Dillenburg, den Umbau der Domainial Eisenhütte zu Haiger betreffend; die erste Reise in Gemeinschaft mit dem Bergmeister Winter[371] von Weilburg und Domainial Baumeister Wolf[372] von Limburg, der darauf hier bei mir den Neubau des Werks projectirte, und mit mir die zweite Reise nach Dillenburg machte[373]. – Auf ein motivertes Gutachten von mir wurde der Neubau [71R] sistirt bis zur Entscheidung der Eisenbahn Frage durch das Dillthal[374], deren Richtung eine Dislocation jenes Werkes in Aussicht stellen könnte.

1856. 24 Juny fungirte ich im Auftrage der Königlichen Regierung zu Coblenz als Experte in Wetzlar, bezüglich eines Rechtsstreites zwischen Fiscus und Völkel, die Anlage eines Puddling und Walzwerks bei Altenburg a[n der] Lahn betreffend[375].

1856 im Herbst ward ich als Experte, im Rechtsstreit zwischen der Maschinen-Fabrik Immendingen[232] und dem Eisen Werk Bernhardshütte[376] bei Sonneberg berufen, Lieferung von Maschinen betreffend und stiftete mit dem Mit Experten Bernoulli[377] aus Basel einen Vergleich zwischen den streitenden Theilen.

1856 am 6. November taxirte ich als [72V] Experte des Kreisgerichtes zu Neuwied mit dem Oberhütten-Inspector Engels[88] aus Sayn die in Concours verfallene Blech Walzhütte Albion[378] bei Neuwied.

Öffentliche Anerkennungen

Wenn gleich die Handlungen der Menschen in dem Bewußtsein erfüllter Pflichten ihren wahren Lohn[a] finden, so darf uns doch die Anerkennung freuen, welche uns von den Mittmenschen dafür zu Theil wird. – Was mir in letzterer Beziehung beschieden war, mag den Schluß dieser Denk-Blätter bilden.

1839 am 15. Januar wurde mir das Diplom für Alterthum's Forschung und Geschichtskunde in Nassau ertheilt[379]. –

1840 mit Erlaß S[eine]r Hoheit des Herzog's d[e] d[ato] Wiesbaden 3. Februar wurde mir [72R] der Carakter als Herzogl[ich] Nassauischer Bergrath zu Theil[380]. –

1845 mit Erlaß Berlin den 7. Februar, wurde mir bei Gelegenheit der ersten Industrie Ausstellung in Berlin[381], der rothe Adler Orden IV. Classe, von Seiten der General Commission in Angelegenheiten der Königlich Preusischen Orden übersendet[382], dessen Anlegung mir seitens des Herzogs von Nassau laut Ministerial Erlaß vom 18 Merz 1845 gestattet wurde[383]. –

1846 mit Erlaß S[eine]r Hoheit des Herzogs von Nassau vom 24. Februar wurde mir für geleistete gute Dienste der Carakter Ober-Bergrath zu Theil[384]. –

1849 d[e] d[ato] Carlsruhe 13. April beehrte mich S[eine]r Durchlaucht Carl Egen Fürst zu Fürstenberg[302], unter Anerkennung der für ihn geleisteten Dienste mit einem schmeigelhaften Dank-Schreiben, mit der [73V] Uebersendung einer goldenen Anker Uhr nebst Kette, das Bildniß des Erzherzog Johann tragend, als Andenken. –

1850 mit Diplom vom 19. Januar wurde ich als Mitglied des Naturhistorischen Verein's für Rheinland und Westphalen ernannt[385]. –

1850 mit Decret Herzogl[ich] Nassauischen Staats-Ministeriums Abtheilung des Innern vom 13. Februar wurde mir die Wahl als Abgeordneter für das Volkshaus des von den verbündeten deutschen Staaten, behufs der Berathung und Vereinba-

Carl Maximilian Lossen mit dem 1845 erhaltenen preußischen Roten Adler-Orden
Stahlstich nach dem Gemälde von Christian Eduard Boettcher (TGC)

Der 1851 für Carl Maximilian Lossen geschaffene Silberpokal (Höhe 40 cm, Durchmesser des Deckels 15 cm)
(Familie Lossen)

rung des Verfassungs Werk's zu berufenden Parlamentes notificirt [386], ich mußte jedoch die Wahl der Geschäfts Verhältnisse wegen mit Schreiben vom 23. Februar 1850 ablehnen. –

1850 wurde mir Seitens des Vereines zum Schutze Vaterländischer Arbeit [387] ein Diplom, als Anerkennung meiner patriotischen Gesinnung und Verdienste [73R] zu Theil, datirt Francfurt 1 Juny 1850, und begleitet mit einem Dank-Schreiben des Verein's Präsidenten Felix, Fürst zu Hohenlohe Oehringen [331]. –

1851 im September erschien eine Deputation von fünf Werk-Besitzer aus Nassau, und überreichten mir im Namen von 13 Hütten Besitzern des Herzogthums und des Freiherrn von Wittgenstein [319] aus Lasphe, einen sehr werthvollen Silber Pocal mit Emblemen meiner Thätigkeit auf das sinnreichste verziert [388]. – Derselbe wird von mir als ein bleibendes Denkmal des Vertrauens so vieler achtbarer Männer betrachtet, worunter sich zu meiner besonderen Freude auch S[eine]r Kaiserliche Hoheit der Erzherzog Stephan von Schaumburg [354] als damaliger Besitzer der Holzappler Hütte [48], befindet, und sich auf mein Dankschreiben, in einer sehr huldvollen [74V] Weise (am 17. October 1851) dahin aussprach, die Idee für die Form des werthvollen Geschenkes gegeben zu haben. –

Concordiahütte im Januar 1860.
gez[eichnet] C[arl] Lossen.

Textkritische Anmerkungen

(zum einleitenden Abschnitt, S. 29)
a bis b nachträglich von fremder Hand als Widmung (Bleistift)
c bis e jeweils im unteren Teil der Seiten 2V bis 3R; Text selbst fährt S. 2R oben fort: „Die erste Zeit der Jugend...", s. unten Abschnitt „Jugend"
d Sf.: Jurispeutenz
e s. Anm. c

(zu Abschnitt „Jugend", S. 29–32)
a korr.: 1795
b korr.: Marodeur
c korrigiert aus: ein Professor
d marg.: $\begin{array}{r} 1806 \\ -1793^{1/2} \\ \hline 12^{1/2} \end{array}$
e marg.: Schulzeugniß von sämtlichen Lehrer 24. Sept[ember] 1807.
f marg.: Zeugniß des Dierector Engel v[om] 16. Sept[ember] 1808.
g marg.: $\begin{array}{r} 1808^{11/12} \\ 1793^{6/12} \\ \hline 14^{5/12} \end{array}$
h marg.: Matrikel 2 Novemb[e]r 1808.
i marg.: Zeugniß 11. Merz 1809.
j marg.: Zeugniß 24. Merz 1809.
k korr.: Suckow; marg.: Zeugniß 24. Merz 1809.
l marg.: Zeugniß 17. Septemb[e]r 1809.
m korr.: Suckow
n marg.: Zeugniß 13. Septemb[e]r 1809.
o marg.: Zeugniß 30. August 1812.
p marg.: Zeugniß 1. Sept[em]b[e]r 1812.
q marg.: Zeugniß 29 August 1812.
r marg.: Zeugniß fehlt, da Gay Lusac abwesend war.

(zu Abschnitt „Ausbildung...", S. 32–37)
a marg.: Zeuchniß 19. Dez[em]b[e]r 1813.
b marg.: Abschied 29. November 1814.
c korr.: Beust
d korr.: Zorge
e korr.: Brocken
f korr.: Roßtrappe
g Sf.: Striiesatz
h VDEh-Fassung handschriftliche Fußnote (Bleistift) von unbekannter Hand: „Irrtum! Vorwärmung im Flammofen, Frischen in Holzkohlenfeuer, vgl. Beck IV S. 357"
i korr.: sterilen
j korr.: Schneekoppe
k korr.: schon
l Sf.: Blegleitung
m marg.:
Eleven Geld Th[aler]	190: —
Reise n[ach] Gleiwitz [Thaler]	54:10.
[Reise] zurük	51: 6.
[Reisen] in Schlesien	15:16.
Zuschuß der Eltern	73: 2.

(zu Abschnitt „Tätigkeit...", S. 37–39)
a marg.: $\begin{array}{r} 1818^{1/2} \\ 1793^{1/2} \\ \hline 25 \text{ Jahre.} \end{array}$
b marg.: $\begin{array}{r} 1838 \\ 1793^{1/2} \\ \hline 44^{1/2} \text{ Jahre.} \end{array}$
c bis d marg.
e korr.: 9.
f marg.: $\begin{array}{r} 1820^{4/12} \\ 1793^{6/12} \\ \hline 26^{10/12} \text{Jahre.} \end{array}$
g marg.: Gerdrude Lossen[4] Peter Cathrein[128] Pathen
h marg.: Barbara Cathrein[135] und Joseph Lossen[118], Pathen.
i marg.: Pathen: W[ilhel]m Frorath[18] und Barbara Leukkel
j marg.: W[ilhel]m von Huene[136] und Charlotte Michels[137]
k marg.: Math[ias] Lossen[132] und Jacobine Seibert.
l marg.: Georg Leuckel und Mariane Cathrein[138].
m marg.: Charlotte von Huene[139] und Joh[ann] W[ilhel]m Lossen[140].
n marg.: Theresia Kreizener[141] [und] Valentin Lossen[142].
o marg.: C[arl] L[udwig] Bender[147] und Anna Grebert.
p marg.: Elise Lossen[151] Math[ias] Lossen[132].

(zu Abschnitt „Geschäfts-Ereignisse", S. 39–43)
a bis b marg.
c Sf.: wenig wenig (beim Zeilenwechsel)
d Sf.: und und (beim Zeilenwechsel)

(zu Abschnitt „Öffentliches Leben", S. 43–44)
a bis b marg.

(zu Abschnitt „Jahre 1839...", S. 44–46)
a marg.: Familien Ereignißе.
b marg.: Tauf Pathen.
c marg.: President Vollpracht[192] und Clara Lossen[193].
d marg.: Babette Lossen[194] und Chr[istian] Bender[195].
e marg.: Fried[rich] Lossen[166] und Sophie Lossen[196].
f marg.: Gertrude [Lossen][197] H[err] von Huene[198].
g marg.: General L[eutnant] von Huene[136] Therese Frorath[18].
h marg.: Anselm von Huene[199] (Patin nicht genannt – R. St.)
i Sf.: ß vertauscht geschrieben („sh")

(zu Abschnitt, „Geschäfts-Leben...", S. 46–49)
a bis b marg.
c Sf.: Anst-/strengung
d korr.: Patentes
e folgt Lücke, vermutlich für das dem Schreiber unbekannte Wort „Generatoren"
f Sf.: mäsig
g Sf.: Gründen

(zu Abschnitt „Öffentliches Leben...", S. 49–57)

ª bis ᵇ marg.
ᶜ Sf.: Nau
ᵈ Sf.: Menster
ᵉ folgt gestrichen: zu
ᶠ Sf.: beregten
ᵍ Sf.: ausländändischen

(zu Abschnitt „Commissarien...", S. 57–58)

ª Sf.: Commißorien
ᵇ bis ᶜ marg.
ᵈ Initialen nicht eindeutig, eventuell als G. S. oder A. I. zu lesen; VDEh-Fassung: R. I. d'Ester

(zu: Öffentliche Anerkennungen)

ª Sf.: Lahn (oder: Bahn)

Anmerkungen zum Text

[1] *Leopold* Maria L., 1845–1908, Dr. iur., zuletzt Oberlandesgerichtsrat in Colmar i. E., jüngster Sohn von Friedrich L. (s. Anm. 166) und Neffe des Autors

[2] *Karl* Wilhelm Adolf v. B., 1862–1945, Amtsgerichtsrat, zweites Kind von Hermann v. B. (s. Anm. 203), Enkel des Autors

[3] bei der Gründung der Sayner Hütte 1769/70 gehörte Sayn, heute Stadtteil von Bendorf, zu Kurtrier; es gelangte 1802/03 an Nassau und 1815 an Preußen

[4] Maria *Gertrud(e)* Petronilla L. geb. Hoffmann, 1768–1823, Tochter des Kaufmanns Philipp Hoffmann in Ehrenbreitstein und der Anna Theresia geb. Hartmann; das Hochzeitsdatum wird sonst mit dem 9. 5. 1791 angegeben

[5] wahrscheinlich Karl Ferdinand Freiherr (seit 1761: Graf) von H., Herr zu Wildenburg, Schönstein und Merten, 1712–1766, kurkölnischer Geheimer Rat und Oberhofmarschall

[6] 6. 2. 1701 in Kneblinghausen bei Meiste östlich von Rüthen Kreis Lippstadt (Westfalen), heute Ortsteil von Rüthen; Lossen wohnte seit 1743 in Bonn, jedoch nicht im Hatzfelder Hof in der Welschnonnenstraße, sondern zunächst am alten Zoll bzw. in der Fischergasse – Dietz, Joseph: Topographie der Stadt Bonn vom Mittelalter bis zum Ende der kurfürstlichen Zeit, in: Bonner Geschichtsbll. 16/17 (1962/63), S. 207 u. 330–, um 1750 in Beuel, 1754–60 wieder in Bonn in einem Haus am Markt

[7] Christina Elisabeth Stöpler, Tochter des kaiserlichen Notars St. und dessen Frau geb. Neuberger vom Hofheimer Hammer bei Höchst bzw. Frankfurt; Renkhoff S. 245 gibt als Vornamen Susanna Christina Elisabeth an; nach AT CTE S. 2, die die Vornamen wohl irrtümlich mit Charlotte Elisabeth angibt, war sie wegen ihres Übertritts zur katholischen Kirche von ihren Eltern enterbt worden; als Witwe soll sie später einen Herrn von Schwarz geheiratet haben, der das Hammerwerk in Hofheim heruntergewirtschaftet und die Familie in Armut verließ, allerdings beerbten die Kinder einen Onkel, Dr. Stöpler aus Frankfurt

[8] geb. in Bonn

[9] Rentmeister des Grafen Eltz in Eltville am Rhein, vermählt 1782 – AT CTE S. 2; vgl. Anm. 12

[10] gest. in Michelbacherhütte

[11] geb. in Bonn, Mechaniker, heiratete 1787 in Paris die Claude Therese geb. Capitain, gest. 27. 9. 1814 in Paris

[12] Graf Eltz, uradliges Geschlecht, Stammburg Eltz Kreis Mayen, seit 1733 (Reichs-) Grafen von und zu Eltz; zum Fideikommiß gehörte auch der Eltzer Hof in Eltville

[13] angeblich seit 1761 oder 62; Unterbringung im Waisenhaus auf Kosten des Kurfürsten von Mainz nach einer Bittschrift der zwölfjährigen Schwester Charlotte – AT CTE S. 3

[14] Christian Josef L., kurfürstlich-trierischer Geheimer Rat in Koblenz in den 1780er Jahren, gest. 1813, vgl. Rheinischer Antiquarius (Stramberg) III Bd. 5, Koblenz 1858, S. 180; sein Enkel Staatssekretär Wilhelm L. heiratete 1884 Maria von Braunmühl, Enkelin von Carl Lossen

[15] Bendorf wurde seit 1652 von den beiden Sayner Erbtöchtern Gräfin von Sayn-Altenkirchen und Gräfin von Sayn-Hachenburg verwaltet; rechtlich bestand dieses Kondominium bis 1803; durch Erbgang und Heirat kam Sayn-Altenkirchen 1741 an den Markgrafen von Brandenburg-Ansbach und 1791 an Preußen, Sayn-Hachenburg 1788 an Nassau-Weilburg; vor allem wegen der Neutralität Preußens seit dem Frieden von Basel 1795 konnte Bendorf als geschützt gelten, wurde aber trotzdem mehrfach von Truppen durchzogen und besetzt, allerdings im Gegensatz zu Sayn nicht geplündert – H. Müller in: Sayn S. 96–99 u. 204; Schröder S. 92–104

[16] Heinrich Daniel J., 1725–96, seit 1740 in der Bergverwaltung verschiedener deutscher Länder tätig, 1765 kurtrierischer Berginspektor in Koblenz, seit 1771 Leiter der Sayner Hütte, 1773 Bergrat – Herzog, Bodo: Gottlob Jacobi (1770–1823), in: Rhein. Vierteljahresbll. 40 (1976), S. 176–198, hier S. 176f

[17] nach dem Frieden von Lunéville 1801 und dem Reichsdeputationshauptschluß 1803 (Regensburg)

[18] Prof. Wilhelm F., gest. 1839, seit 1806 Professor für Philosophie und Mathematik am Gymnasium in Montabaur, 1817 Professor und Rektor des Pädagogiums in Hamadar – HSAWi 210 Nr. 6579; Nassovia 11 (1910), S. 59; verheiratet mit Therese Hoffmann, Schwester von Gertrude Lossen geb. Hoffmann und damit Tante von Carl Lossen – AT CTE S. 11

[19] 1804–06 errichtete Nassau in Montabaur ein neues Gymnasium mit 7 Lehrern und einer steigenden Schülerfrequenz, das 1817 aufgehoben wird; Nassau richtete 1817 4 Pädagogien=Progymnasien ein, vgl. unten Anm. 241; Frorath, der 1815 nach dem Tode des dortigen Rektors das Gymnasium in Montabaur provisorisch geleitet hatte, wurde – mitsamt der dortigen Schulbibliothek – nach Hadamar versetzt – Peters S. 28; Meister, K. A. A.: Geschichte der Stadt und Burg Montabaur, Montabaur 1876, Repr. 1977, S. 155–161

[20] 1768–1816, seit 1788 Fürst von Nassau-Weilburg, seit 1806 Mitregent des Herzogtums Nassau neben dem älteren Regenten der Linie Nassau-Usingen, Friedrich August (1738–1816, regierender Fürst seit 1803), dem 1806 vertragsgemäß die Herzogswürde zugefallen war

[21] Fürst Friedrich Wilhelm von Nassau-Weilburg richtete sich 1803 im ehemals kurfürstlichen Schloß Engers eine Residenz ein und ließ von dort eine Lindenallee zum Renneberg bei Sayn bauen; dieser wurde mit Spazierwegen, einer Grotte mit alten Säulen am Eingang und einer Waldgaststätte ausgestattet und erhielt den Namen Friedrichsberg – H. Müller in: Sayn S. 211

[22] 1792–1839, Sohn von Friedrich Wilhelm, studierte 1808–10 Staats- und Rechtswissenschaft in Heidelberg; 1816

Nachfolger nicht nur seines Vaters, sondern auch des kinderlos verstorbenen Herzogs Friedrich August (vgl. Anm. 20)

[23] Friedrich Heinrich Freiherr v. D., 1765–1858, Geheimer Rat und Oberstallmeister (1788), seit 1786 im nassau-weilburgischen Staatsdienst – Nassovia 10 (1909), S. 40; Spielmann III S. 264–266; Herzogtum Nassau S. 54 u. 72; Sauer, Wilhelm: Das Herzogtum Nassau in den Jahren 1813–1820, 1893, S. 47

[24] 1804 als „Karls-Universität" aus den Resten der 1798 aufgelösten Mainzer Universität entstanden; der erste allgemeine Studienabschnitt von 2 Jahren Dauer wurde als Philosophisches Lehrinstitut, Philosophische Klassen oder, bes. seit 1812, als Lyzeum bezeichnet; seit 1813/14 schrittweiser Abbau der Universität, 1818 von Bayern in ein Lyzeum umgewandelt – Scherg I S. 24–34, 180 u. 235; die Immatrikulationsliste von 1807/08 verzeichnet unter Nr. 13: Carl Lossen, 15 J., aus Sayn – Scherg II S. 13

[25] Michael E., 1755–1813, Prof. der Philosophie und Direktor der Philosophischen Klassen – Scherg I S. 184

[26] Bernhard Sebastian N., 1766–1845, Prof. der Naturgeschichte in Mainz seit 1788 und in Aschaffenburg – Scherg I S. 186f

[27] Karl Joseph Hieronymus W., 1775–1839, Prof. Dr., 1797 Priv.-Doz. in Mainz, 1802–18 Prof. in Aschaffenburg, danach in Bonn, für Geschichte, Philosophie und Medizin – Scherg I S. 187–200

[28] Konrad Ladrone, 1749–1824, Geistlicher Rat und Prof. für Ästhetik, 1782 Prof. in Mainz, 1818 Ruhestand – Scherg I S. 185

[29] Johann Joseph Ignaz H., 1777–1866, seit 1800 Lehrtätigkeit in Aschaffenburg, 1807 o. Prof. für Physik, später auch Mathematik, 1812–58 Direktor des Philosophischen Lehrinstituts (Lyzeums) in Aschaffenburg, 1858 Ruhestand – Scherg I S. 18f u. 458–470

[30] Karl Theodor von Dalberg, 1744–1817, 1802 Kurfürst und Erzbischof von Mainz bzw. Regensburg, 1803 Fürst von Aschaffenburg und Regensburg, 1806 Fürstprimas von Deutschland (Rheinbund), 1810 Großherzog von Frankfurt

[31] in der Immatrikulationsliste 1808/09 zum 2. 11. 1808: Nr. 201: Clemens L., Jura; Nr. 202: Carl L., Cameralwissenschaften, beide aus Saynerhütte, Vater Kommerzienrat und Hüttendirektor, katholisch – Toepke, Gustav, u. Paul Hintzelmann (Bearb.): Die Matrikel der Universität Heidelberg, Bd. 5, Heidelberg 1904, S. 24f

[32] Karl Wilhelm Gottlob K., 1783–1857, Prof. Dr., 1805–12 Prof. für Chemie in Heidelberg, später in Halle, Bonn und Erlangen

[33] Karl Christian von Langsdorff, 1757–1834, 1798 Prof. in Erlangen, 1804 in Wilna, 1806–27 in Heidelberg, für Rechtswissenschaft, Mathematik und Technologie

[34] Georg Adolf Suckow, 1751–1813, Prof. Dr., seit 1774 Prof. in Heidelberg für Physik, Chemie, Naturgeschichte und Kameralwissenschaften, 1805 Geheimer Hofrat

[35] Karl Friedrich Christian Wilhelm Graf von Sp., 1762–1827, Prof. Dr., Forstrat, o. Prof. der Forstwissenschaft in Heidelberg seit 1805

[36] Johann Christian Z., 1788–1853, Dr. phil. (1807), 1805–09 Priv.-Doz. in Heidelberg, dann in der Bergverwaltung tätig, zuletzt Oberbergrat in Clausthal-Zellerfeld

[37] Friedrich R., gest. 1817, Lehrer für Zeichnen in Heidelberg bis 1817, Vater des Malers Karl R. (1798–1850)

[38] G. Joseph A. R., 1782–1861, 1814 Steuerkontrolleur in Koblenz, 1818 Direktor des Katasterbüros Koblenz, 1819 Generalkommissar des Katasters in den westlichen Provinzen, 1822 Regierungsrat der Regierung Köln, 1836 (–1861) Oberregierungsrat und General-Inspector des Katasters – LHAK 403 Nr. 5318

[39] Hermann Sch., gest. 1830, jüngster Chorherr der 1802/03 aufgehobenen Prämonstratenserabtei Sayn, wurde Schloßkaplan der Grafen von Boos-Waldeck (s. Anm. 40) mit dem Titel Propst von Sayn – Kemp in: Sayn S. 87f

[40] Familie von Boos-Waldeck, seit 1790 Grafen, Hauptsitz in Koblenz (Waldecker Hof), besaß seit 1753/59 zwei Burgherrensitze in Sayn; Clemens Wenzeslaus Graf v. B.-W. kaufte 1802 einen weiteren und pachtete 1826 die Burgruine in Sayn, zog sich 1828 nach Böhmen zurück – Schabow in: Sayn S. 102 u. 104; Liessem ebd. S. 149

[41] René Juste H., 1743–1822, Abbé, Prof. für Mineralogie

[42] Louis Jacques de Thénard, 1777–1857, Prof. für Chemie

[43] früher Collège Royal de France, später Collège de France, gegründet 1520, seit 1773 mit 19 Instituten (chaires), einer deutschen Universität vergleichbar, Gebäude 1774 gebaut, im 19. Jh. weiter ausgebaut

[44] Normalschule, führte die Lehrerausbildung für die Sekundarschulen durch

[45] Louis Nicolas V., 1763–1829, Prof. für Chemie, seit 1801 in Paris, Entdecker der Elemente Chrom und Beryllium

[46] Jardin des Plantes oder Museum d'histoire naturelle de Paris, zeitweise Jardin du Roi, gegründet 1626/35, Unterrichtsanstalt mit botanischem und zoologischem Garten, Instituten (chaires), Laboratorien und seit 1794 einer öffentlichen Bibliothek

[47] Joseph Louis G.-L., 1778–1850, Prof. für Physik und Chemie, stellte die Alkalimetalle sowie Chlor und Jod dar, entdeckte die Ausdehnungsgesetze der Gase

[48] westlich von Diez an der Lahn, größte Anlage ihrer Art im Lahngebiet; zur Geschichte der Grube vgl. Slotta 4/II S. 955–977; eine Beschreibung von 1840 in HSAD OBB 1004 Bl. 44–70; Wulff S. 38f; Schüler S. 139; gehörte der mediatisierten Herrschaft (Anhalt-Bernburg-) Schaumburg, s. Münzing S. 102–104

[49] Heinrich *Ludwig* Karl Sch., 1778–1848, Bergrat, 1843 Geheimer Hofrat, als Gesprächspartner Goethes bekannt

[50] Abraham Gottlob W., 1749–1817, Mineraloge, Begründer des Faches Geognosie (s. Anm. 51), seit 1775 Lehrer an der Bergakademie Freiburg in Sachsen

[51] geognostisch, Geognosie = geologisch; Gebirgskunde, Geologie

[52] Nassau sagte sich im November 1813 von Frankreich los, trat der Allianz bei und stellte sofort neue Truppen zum Kampf gegen Frankreich zur Verfügung – Herzogtum Nassau S. 10 u. 80; Sarholz, Hans: Das Herzogtum Nassau 1813–1815, in: NA 57 (1937), S. 55–119, hier S. 72–74

[53] Ernst I. Herzog von Sachsen-Coburg-Saalfeld, 1784–1844, seit 1826 Regent von Sachsen-Coburg und Gotha

[54] Finthen, westlich von Mainz, heute Stadtteil von Mainz; Ingelheim und (Gau-) Algesheim, westlich von Mainz; Sauer-Schwabenheim bzw. Schwabenheim an der Selz, südwestlich von Mainz

[55] Johann *August* V., 1790–1860, Dr. med., 1819–36 Medizinalrat und Obermedizinalart in Bad Ems bzw. Amt Nassau, seit 1835/36 praktischer Arzt in Bad Ems – Moerchel S. 106–109

[56] 1789–1862, Kaufmann in Bendorf, Köln und Rotterdam, Sohn von Johann Friedrich R. (1749–1829) – Schröder S. 29

⁵⁷ Martin K., Hofkammerrat und Rezepturbeamter in Usingen, Kaub und Wallau 1827–49 – HSAWi 210 Nr. 3209
⁵⁸ Johann Wyg. *Ernst* M., 1786–1842, Bergmeister in Diez
⁵⁹ Wilhelm F., 1792–1883, seit 1810 im Forstdienst in Nassau, Forstmeister in Hachenburg und Weilburg 1835–58 – HSAWi 210 Nr. 6571
⁶⁰ Louis R., 1791–1850, Bruder von Adolf R. (s. Anm. 56), Leiter der Wendener Hütte bei Olpe; *Heinrich* Wilhelm R., Kaufmann in Bendorf, geb. 1787, Sohn von Johann Wilhelm „im Hof" Remy (1747–1814) – Schröder S. 30
⁶¹ Gustav Wilhelm Heß, Hofkammerrat, Leiter der Rezeptur (Rentei) Kaub 1842–65
⁶² Karl Johann Bernhard K., 1782–1853, Dr., Metallurg und Mineraloge, 1804–50 im preußischen Staatsdienst, seit 1821 als Geheimer Oberbergrat und Vortragender Rat oberster Leiter des preußischen Hütten- und Salinenwesens
⁶³ am 1. 11. 1815, wirksam zum 1. 1. 1816, wurde die Rheinische Oberbergamts-Kommission in Bonn organisiert und am 16. 6. 1818 in das Königliche Oberbergamt für die Niederrheinischen Provinzen umgewandelt; zuständig für das Berg-, Hütten- und Salinenwesen der Gebiete vom Saarland bis zum nördlichen Voreifelraum und Siegerland (einschließlich); nachgeordnet waren 3 Berg- und 5 Hüttenämter; vorgesetzte Dienststelle war die Oberberghauptmannschaft im Finanzministerium bzw. zeitweise im Innen- und im Handelsministerium – Arlt S. 15–24 u. 40f
⁶⁴ Ernst August Graf v. B., 1783–1859, Ende 1814 in die westlichen Provinzen übergesiedelt, vgl. Arlt S. 45f u. 111; Geheimer Oberbergrat, 1817 Berghauptmann, 1816–40 Leiter des Oberbergamtes Bonn, danach Oberberghauptmann und Direktor der Abteilung für das Berg-, Hütten- und Salinenwesen im Königreich Preußen
⁶⁵ Arlt S. 45f u. 65; das Protokoll des ersten Teils dieser Reise ist überliefert, der Name Lossen kommt darin aber nicht vor – HSAD OBB 5597
⁶⁶ Johann Philipp Becher, 1752–1831, Dr. h.c., seit 1773/76 in der Berg- und Hüttenkommission in Dillenburg, 1793 Bergrat, 1815–27 im preußischen Oberbergamt Bonn tätig, 1816 Oberbergrat
⁶⁷ Philipp *Friedrich* August S., 1793–1875, frühe berufliche Tätigkeit in der Stahlhütte in Lohe bei Müsen im nördlichen Siegerland, dort am 27. 9. 1816 Hüttenassistent, 1818 Rendant in Geislautern (Saarland), 1823–65 in Sayn (Sayner Hütte), 1854 Rechnungsrat – HSAD OBB 401 u. 927
⁶⁸ die 3 Gruben bei Horhausen belieferten die Sayner Hütte seit 1771 und wurden mit ihr zusammen 1865 an Krupp verkauft; zur Geschichte vgl. Slotta 4/II S. 997–999; Wolf, Gustav: Beschreibung des Bergreviers Hamm an der Sieg, Bonn 1885, S. 37–41, 61–68 u. 97–99; HSAD OBB 967a Bl. 114V; die Karten Carl Lossens sind nicht erhalten, auch seine schriftliche Ausarbeitung nicht „Ueber die im Kirchspiel Horhausen und Peterslahr aufgefundenen beachtenswerten Eisensteinpunkte", 1816, die sich noch 1885 im Büro des Bergreviers in Hamm a.d. Sieg befand – Wolf a.a.O. S. 137
⁶⁹ Heiligenstadt im Eichsfeld; Benneckenstein im Harz (DDR)
⁷⁰ Schiercke; alle genannten Hüttenwerke im östlichen Teil des Harzes
⁷¹ Johann Karl Ludewig G., 1768–1835, seit 1789 im preußischen Staatsdienst, 1810 Oberberghauptmann und Leiter des preußischen Berg-, Hütten- und Salinenwesens
⁷² bei Neustadt-Eberswalde (Eberswalde-Finow)

⁷³ Bad Freienwalde an der Oder
⁷⁴ Gleiwitz; 1794 Grundsteinlegung des staatlichen Hüttenwerkes, in dem 1796 der erste Kokshochofen des Kontinents in Betrieb genommen wurde
⁷⁴ᵃ Eisenschmelzofen für Gießereizwecke, ursprünglich in Form und Bauweise nach dem Vorbild des Hochofens gestaltet – vgl. allg. Pfannenschmidt
⁷⁵ staatliches Hochofenwerk und Eisengießerei, zwischen Oppeln und Kreuzburg gelegen, 1754–55 gebaut
⁷⁶ nicht überliefert
⁷⁷ Wieliczka bei Krakau, Standort des seit dem Mittelalter betriebenen Tiefbau-Steinsalzbergwerks, der größten Anlage ihrer Art in Österreich-Ungarn
⁷⁸ Slawentzitz östlich von Kosel an der Oder, 1752 Hochofen, 1756 erstmals als Blech- und Messingwerk erwähnt
⁷⁹ Jakobswalde westlich von Gleiwitz, 1740 Messingfabrik
⁸⁰ 1807 ein Hütteninspektor Schulte in Gleiwitz erwähnt
⁸¹ Johann Wilhelm Ottomar Schulze, 1771–1845, 1795 Englandreise, dann Hütten- und Betriebsdirektor der Eisengießerei in Gleiwitz, 1807 Hütteninspektor, 1819 Oberhütteninspektor, 1839 Oberbergrat
⁸² Vater des Eisengießers und Bildhauers August Kiß (1802–1865)
⁸³ August Friedrich Holtzhausen (Holzhausen), 1768–1827, aus dem Harz stammend, seit 1792 in Oberschlesien tätig, Dampfmaschinen-Ingenieur, seit 1808 Leiter der Maschinenwerkstätten der Gleiwitzer Hütte, zugleich zuständig für alle Dampfmaschinen der Berg- und Hüttenwerke in Oberschlesien
⁸⁴ gest. 1864, 1820 Leiter des Hochofenbetriebes in Gleiwitz, seit 1838 Direktor der Laurahütte; die 1835–39 bei Siemianowitz östlich von Königshütte gebaute Laurahütte des Grafen Karl Hugo Henckel von Donnersmarck war das zu ihrer Zeit größte und modernste Hochofen- und Walzwerk in Preußen
⁸⁵ 1813 ist ein Hüttenfaktor K. erwähnt – Das Goldene Buch von Tarnowitz, Anhang z. Festschr. zum XII. Allg. Deutschen Bergmannstage Bd. 5, Breslau 1913, S. 56; weitere Hinweise gibt die Literatur nicht
⁸⁶ 1807 ein Hüttenfaktor K. in Königshütte erwähnt, 1813 ein Hütteninspektor K. in Königshütte oder Lydogniahütte
⁸⁷ unklar, ob mit dem (Ober-) Hütteninspektor Schulze (s. Anm. 81) identisch
⁸⁸ Philipp Ferdinand E., geb. 1798 in Siegen, seit 1821/22 in der Sayner Hütte tätig, 1853 Hüttenbetriebsdirektor, 1854 Hüttenamtsdirektor und Oberhütteninspektor, 1862 Bergrat; 1865 beim Verkauf des Werkes pensioniert – HSAD OBB 401 u. 927
⁸⁹ *Karl* August Ludwig Freiherr von Oeynhausen, 1795–1865, 1816–64 im preußischen Staatsdienst, 1847 Berghauptmann und Leiter des Oberbergamtes Brieg (1850 Breslau), seit 1855/56 Leiter des Oberbergamtes Dortmund, Namensgeber von Bad Oeynhausen
⁹⁰ Ludwig W., 1797–1865, bis 1819 in Königshütte, dann in Gleiwitz tätig, 1824 Obermeister in Rybnik, 1828 oder 29 Hütteninspektor in Malapane, 1840 Leiter des dortigen Werkes und Oberhütteninspektor, 1858 Bergrat
⁹¹ staatliches Hüttenwerk, Kanonengießerei und Gewehrlauffabrik, östlich von Oppeln, 1753–54 gebaut – vgl. StuE 23 (1903), S. 434
⁹² 1813 wird in Königshütte ein im Bau- und Maschinenfach geschickter Baueleve Gardt erwähnt – Wutke, Konrad: Aus der Vergangenheit des Schlesischen Berg- und Hüttenle-

bens, Festschr. z. 12. Allg. Deutschen Bergmannstage Breslau 1913 Bd. 5, Breslau 1913, S. 522 u. 529
[93] Rybnik, südlich von Gleiwitz; Eisenwerk mit einem Hochofen seit 1756, seit 1788 staatlich; 1810 Umbau des Werks, zur Einsparung von Holzkohle sollte vermehrt Steinkohle beim Einschmelzen und Frischen des Roheisens verwendet werden; 1820 angeblich in einem „völlig verfallenen Zustand" – Beck 1899 IV S. 112 u. 356f; Fuchs 1970 S. 122
[94] 1813 Justizrat und Oberassistent, seit 1815 Oberbergrat im Oberbergamt Berlin, 1843/44 bis 1854 Geheimer Bergrat im Finanzministerium in Berlin, zuletzt auch Direktor des Bergamtes Eisleben
[95] Heinrich Friedrich K., 1755–1852, Hütteninspektor, 1815–38 Oberbergrat im Oberbergamt Berlin, zunächst auch Hüttenfaktor oder technischer Leiter der Königlichen Eisengießerei in Berlin, zwischen 1816 und 20 Leiter eines neuen Stahlwerks am Finowkanal (Hegermühle) bis 1825; 1839 Hüttenmeister in Hegermühle – Mieck S. 259; Berdrow I S. 70f; Schumacher S. 227
[96] die Englandreisen von Eckard (Eckardt) und Krigar dienten dem Studium der Dampfkraft-Technik und führten zu ersten Versuchen des Lokomotivbaus in Berlin – Mieck S. 87–89, Weber S. 187, Schumacher S. 16f; zu den in England erworbenen Kenntnissen der Stahlwerkstechnologie und den frühen Puddelversuchen in Hegermühle und Rybnik vgl. oben S. 3
[96a] Johann *Christian* Reil (!), 1792–1858, 1816–58 im Dienst des Oberbergamtes Breslau bzw. Brieg, 1817 Oberbergamtsassessor, 1819 Bergrat und Oberhüttenverwalter, 1822 Oberbergrat, 1846 Geheimer Bergrat
[97] in Zabrze Schürfungen seit 1790, 1795 Bergwerk „Zabrzer Kohlenförderung", seit 1811 „Königin-Luise-Grube" benannt; seit 1791 Verkokungsversuche, seit 1796 Kokereibetrieb – vgl. Kurt Vieth in Der Oberschlesier 21 (1939), S. 450
[98] bei Neudorf südwestlich von Königshütte, 1805 von Graf Lazarus III. Henckel von Donnersmarck erbaut, das erste private größere Eisenhüttenwerk mit Kokshochofen, der allerdings erst ab 1820 regelmäßig mit Koks betrieben wurde – Beck 1899 IV S. 181
[99] staatliches Hochofenwerk, 1797–1802 im Anschluß an eine Kohlengrube (seit 1800 „Königsgrube") bei Chorzow gebaut; seit 1809 3 Hochöfen; Keimzelle der späteren Großstadt – vgl. Glückauf 38 (1902), S. 997; Walter Krause in Der Oberschlesier 21 (1939), S. 336–339
[100] Lydogniahütte, staatliches Zinkwerk bei Königshütte, 1808 unter Leitung Karstens gebaut und nach dessen Gattin Adelaide, gerufen Lyda, benannt; stellte als erstes Unternehmen Zink unmittelbar aus dem Erz Galmei her
[101] John Baildon, 1772–1846, Schotte, kam 1793 nach Oberschlesien, baute in Gleiwitz den ersten Kokshochofen des europäischen Kontinents, der 1796 angeblasen wurde; beteiligt an der Planung der Königshütte und dem Bau der ersten beiden Kokshochöfen dort; baute 1823 das Puddelwerk „Baildonhütte" bei Kattowitz und eine der ersten Zinkhütten Oberschlesiens
[102] nördlich von Kattowitz, von Friedrich Ludwig Fürst von Hohenlohe-Ingelfingen (1746–1818) angelegtes Hüttenwerk mit dem 1805–09 von J. Baildon gebauten einzigen privaten Kokshochofen Oberschlesiens vor 1820
[103] Lucretienhütte, an der Brzenise südöstlich von Kattowitz; neben dieser Alaunhütte gab es damals nur noch eine zweite – kleinere – Anlage in Oberschlesien, die Sackhütte bei Czernowitz; Alaun benötigte man zum Färben von Textilien
[104] nördlich von Beuthen, alter Blei-Silber-Abbau; 1784–86 wurde hier die staatliche Friedrichsgrube angelegt, auf der 1788 eine der ersten Dampfmaschinen des europäischen Kontinents zur Wasserhaltung aufgestellt wurde
[105] staatliche Blei- und Silberschmelzhütte, 1785/86 gegründet
[106] Lazarushütte, Hüttenwerk der Grafen Henckel von Donnersmarck
[107] Kotten Kreis Tost, westlich von Tarnowitz, altes Hammerwerk und Frischhütte des Grafen Colonna, 1796–1800 mit einem Hochofen ausgebaut
[108] östlich von Malapane, Kreis Groß-Strelitz; 1783 und später als Hochofenwerk des Grafen Colonna erwähnt
[109] staatliches Stahlwerk und Drahthütte, 1775–76 erbaut, seit 1799 (Zink-) Blechwalzwerk;
[110] Krascheow, 1768 als staatliche Hütte (Stahlwerk) gebaut, später Gewehrlauffabrik
[111] als Hütte bzw. Stahlwerk nach 1800 erwähnt – vgl. Beck 1899 IV S. 176; Name „Reilswerk" geht wohl auf Johann Christian Reil (s. Anm. 96a) zurück
[112] südöstlich von Kreuzburg, 1782 angelegtes staatliches Stahlwerk; ob der Name „Paulshütte" auf Heinrich Paul (s. Anm. 115) zurückzuführen ist, konnte nicht geklärt werden
[113] Hochofen seit 1726 und Messing- und Blechfabrik seit 1738; seit 1782 im Besitz der Fürsten von Hohenlohe-Oehringen
[114] in Wengern an der Malapane, nordöstlich von Oppeln; Eisenwerk, durch A. H. Voß (s. Anm. 116) mit Hilfe einiger bergisch-märkischer Stahlschmiede zur Stahlwarenherstellung ausgebaut, 1789 „Königshuld" benannt, nach 1794 auch Blechherstellung
[115] Heinrich P., 1764–1840, Stahlschmied aus Plettenberg (Sauerland), kam 1783 nach Malapane, später Obermeister in Murow, Hütteninspektor in der Kreuzburger Hütte, 1824 Oberhütteninspektor, 1838 Ruhestand
[116] Arnold Heinrich Voß, 1753–1838, aus Plettenberg (Sauerland), kam 1784 nach Jedlitze, um 1790 Englandreise, 1800 Oberhütteninspektor und Direktor für Rybnik und Bosland, 1815 Leiter des Hochofenbaues der Kreuzburger Hütte – vgl. Kroker, Werner: Wege zur Verbreitung technologischer Kenntnisse zwischen England und Deutschland in der zweiten Hälfte des 18. Jahrhunderts, Berlin (W) 1971, S. 158
[117] seit 1815 Bezeichnung der neu erworbenen rheinischen Gebiete Preußens mit den späteren Regierungsbezirken Aachen, Koblenz und Trier, Oberpräsidium in Koblenz; daneben gab es bis 1822 den Oberpräsidialbezirk Köln bzw. Provinz Jülich-Kleve-Berg mit den Regierungen Düsseldorf, Kleve (1821/22 aufgelöst) und Köln; für den dann unter dem Oberpräsidenten in Koblenz vereinigten Verwaltungsbezirk bürgerte sich bis 1831 die Bezeichnung „Rheinprovinz" ein – Grundriß zur deutschen Verwaltungs-Geschichte A Bd. 7, 1978, S. 11; Joester, Ingrid (Bearb.): Das Hauptstaatsarchiv Düsseldorf und seine Bestände, Bd. 3: Die Behörden der Zeit 1794–1815, Teil 1, Siegburg 1987, S. 423–425
[118] *Joseph* Gotthard L., 1795–1866, Hüttendirektor
[119] zuständig für das Berg-, Hütten- und Salinenwesen Schlesiens, gegründet 1769 in Reichenstein, 1779 verlegt nach Breslau, 1818 nach Brieg, 1850 erneut nach Breslau – Fechner 1900 S. 312–317; Piontek S. 55
[120] Schweidnitz in Schlesien
[121] für die ortsansässige Leinwandweberei; Waldenburg be-

saß im frühen 19. Jahrhundert eine stark ausgebaute Organisation seines Textilgewerbes mit Leinwand- und Garnschauamt und Bleich-Gericht

[122] bizarre Sandsteinfelsen

[123] Hammerwerk Lauchhammer in der Niederlausitz, seit 1725 Hochofenwerk, kam 1776 durch Erbgang an die sächsischen Grafen von Einsiedel

[124] bei Völklingen im Saarland, 1734 errichtet

[125] Albert St., geb. 1783, gest. zwischen 1847 und 55, seit 1808 im westfälischen, hannöverschen und (1816) preußischen Staatsdienst, Oberhütteninspektor und Leiter des Hüttenamtes Lohe im nördlichen Siegerland – HSAD OBB 401

[126] Franz B., 1765–1844, Großkaufmann und Senator in Frankfurt a. M., Stiefbruder von Bettina und Clemens Brentano

[126a] Entwürfe des Pachtvertrages in HSAWi 212 Nr. 4035 Bl. 19–24 u. 40–48

[127] 1796–1831; das Hochzeitsdatum wird in der Regel mit dem 9. Mai 1820 angegeben

[128] *Peter* Anton Cathrein, verh. mit Anna Maria geb. Kraft

[129] Todesfall auch dargestellt in HSAWi 210 Nr. 4035 Bl. 310

[130] = volljährigen

[131] *Clemens* Philipp Joseph Maria L., 1792–1848, Postdirektor in (Bad) Kreuznach

[132] *Mathias* Aloisius L., 1797–1885, Hüttendirektor, s. Einleitung Anm. 116

[133] Name zu Ehren der Mutter Gertrud(e), s. S. 40

[134] = minderjährigen

[135] 1800–26, genannt Babette, Schwester von Carl Lossens Frau, heiratete 1823 Carls Bruder Joseph (s. Anm. 118)

[136] Heinrich Friedrich Ernst Georg *Wilhelm* Freiherr von Hoiningen gen. (von) Huene, 1790–1858, aus einem kurländischen Geschlecht, militärische Laufbahn im preußischen Ingenieur-Corps, zuletzt Generalleutnant in Koblenz; 1816–32 gemeinsam mit General von Aster Erbauer der Festung Ehrenbreitstein, des Sitzes des Generalkommandos des VIII. preußischen Armeekorps – A. Schmidt S. 152; verheiratet mit Charlotte Lossen (s. Anm. 139)

[137] *Charlotte* Auguste Michels geb. Lossen, 1749–1834, Tante von Carl L., s. oben S. 29

[138] Maria Anna C., genannt Marianne, 1806–87, Schwester von Carl Lossens Frau, heiratete 1828 Carls Bruder Joseph, den Mann ihrer verstorbenen Schwester Barbara (s. Anm. 135)

[139] *Charlotte* Franziska v. H. geb. Lossen, 1798–1869, Schwester von Carl Lossen, vgl. Anm. 136

[140] 1800–1877, Baurat in Wiesbaden

[141] Maria Theresia Kreizner geb. Lossen, 1807–1861, Schwester Carl Lossens, seit 1825 Gattin des Gymnasialdirektors Matthias Kreizner (1798–1857) in Hadamar, zu dessen Biographie s. Peters S. 63, 67 u. 84f

[142] 1803–1884, Dr. med., Arzt in Kirn und Bad Kreuznach

[143] Sebastian E., 1774 (oder 75)–1830, seit 1826 Landoberschultheiß oder Landrat in Hadamar; seine Witwe Gertrauda E. – HSAWi 210 Nr. 6535

[144] Anna Cathrein, Lebensdaten in den Unterlagen der Familie Lossen nicht überliefert

[145] 1816–1890, nach F. Keller II (22) S. 8 eine „sehr schöne(n) Dame von liebenswürdigem Charakter"

[146] 12 km südlich von Limburg a. d. Lahn

[147] Karl Leopold B., 1762–(ca.)1840, Schwiegervater Carl Lossens

[148] bei Rod a. d. Weil, nordöstlich von Camberg

[149] 1832 gegründete erste Mädchenbildungsanstalt in Nassau von Wilhelmine Magdeburg (gest. 1878)

[150] Philipp Leyendecker, 1801–66, war als Pädagoge am 1814 gegründeten Erziehungsinstitut für Knaben, Wiesbaden, des Pestalozzischülers Johannes de Laspée (1783–1825) tätig, das er seit 1825 führte; 1829–33 zugleich Prinzenerzieher am herzoglichen Hof, 1844 Hofrat

[151] *Elisabeth* Walburgis L., 1809–91, unverheiratet, ‚Verfasserin der „Chronik der Tante Elisabeth" (AT CTE)

[152] bei Michelbach, nahe bei der Michelbacher Hütte

[153] zu der bis 1821 andauernden Krise und Verschuldung der Firma Lossen vgl. HSAWi 212 Nr. 4035 Bl. 227ff; die großen Roheisenvorräte 1819/20 auch erwähnt in HSAWi 242 Nr. 992; vor allem Bestellungen im Juli 1820 scheinen die Firma endgültig gerettet zu haben – HSAWi 212 Nr. 4035 Bl. 274

[154] Christian Friedrich Philipp Blezinger, 1768–1829; Enkel von Johann Georg Blezinger, 1717–95, der mehrere Eisenwerke in Württemberg und Hohenlohe pachtete oder neu gründete, 1768 den Hammer in Ernsbach (am Kocher, Fürstentum Hohenlohe, heute Teil von Forchtenberg) erwarb und später zum Hüttenwerk ausbaute; während die gepachteten Werke (Königsbronn u.a.) später wieder vom Staat selbst betrieben wurden, blieb Ernsbach als Stammbetrieb bis 1853 im Besitz der Familie – Gäckle, Eugen, u. Hans Blezinger: Die Familie Blezinger, Uhingen 1928, S. 6f, 60 u. 126–128; Schwäbische Lebensbilder 1 (1940), S. 31–37; StuE 47 (1927), S. 991

[155] allerdings erst nach einem längeren Streit mit einer unterhalb gelegenen Papiermühle – HSAWi 242 Nr. 992; der Hammer war nicht gekauft, sondern in Erbleihe übernommen worden – HSAWi 210 Nr. 1028

[156] gemeint ist nicht die Einführung der Gießerei, sondern der Neu- oder Umbau der vorhandenen Gießerei, denn bereits vor 1818 wurden hier Eisengußwaren erzeugt, und bei der Übernahme waren Modelle, Formkästen, Formen und Formsand vorhanden – HSAWi 212 Nr. 4035 Bl. 101 (u. öfter); HSAWi 250/1 Nr. 130; Passavant S. 353f; auch in der Emmershäuser Hütte sind vor 1818 Gußwaren erzeugt und dafür Formlehm und Formsand verbraucht worden – HSAWi 211 Nr. 8009; Geisthardt S. 163; Nies-Haspe S. 17; Einecke S. 347

[157] z. B. Wasserleitungsröhren für Wiesbaden 1838 – Struck 1981 S. 178 – und Bad Ems 1844 – HSAWi 250/1 Nr. 130

[157a] Braunkohlen standen aus nahegelegenen Gruben des Westerwaldes zur Verfügung – Odernheimer; vgl. auch Anm. 183

[158] heute: Seitzenhahn Stadtteil von Taunusstein; Langenschwalbach = Bad Schwalbach

[159] für die schon 1821 angeregte Brücke in Nassau schlug Bauinspektor Johann Wilhelm Lossen (s. Anm. 140) den Typ der Kettenbrücke vor, den er in Paris kennengelernt hatte, und entwarf die Pläne; erste Kettenbrücke in Deutschland, Weite der Mittelöffnung 70,27 m; Firma Lossen übernahm die gesamte Eisenlieferung von 70 t Stabeisen, 30 t Gußeisen und 73.000 Nägel; erste Festigkeitsprüfungen für Eisenstäbe 1829 in der Sayner Hütte, ehe sich die Michelbacher Hütte Ende 1829 eine eigene Prüfmaschine anschaffte; Baubeginn 1828, behördliche Abnahme 1830; die Brücke bewährte sich gut, fand aber wegen der hohen Baukosten (104.000 Gulden) im Herzogtum Nassau keine Nachahmer; 1926 abgebrochen, obwohl noch nicht baufällig – Dickmann 1957; Herzogtum Nassau S. 489

¹⁶⁰ eine spätere Aufstellung nennt gerichtliche Grubeneintragungen seit 1825 – AT A/879/4; eine genaue Übersicht des Grubenbesitzes der Firma Lossen zu einem frühen Zeitpunkt fehlt; nach einem Vermögensinventar von 1835 besaß die Firma Lossen damals 21 Gruppen oder Grubenfelder überwiegend in einem relativ eng umgrenzten Gebiet südlich und östlich der Lahn zwischen Runkel und Weilburg bei den Dörfern Villmar, Aumenau und Elkerhausen – AT Familiengesch. Lossen, Inventar Michelbacher Hütte vom 6. 5. 1835; 1891 verfügten Gebr. Lossen von der Förderung des Bergreviers Weilburg über 9% oder 16.606 t Eisenerz – Wulff S. 71; noch beim Verkauf des Grubenbesitzes 1906 lag der größte Teil der Gruben in dem genannten Gebiet – AT A/879/4; Slotta 5/I S. 784, 883, 901, 977 u. 1002

¹⁶¹ bei Bendorf, Landkreis Koblenz

¹⁶² 1753–54 von dem kurtrierischen Kellnereibeamten Karl Kaspar Steitz (1714–99, 1783 geadelt) erbaut, nach dem Bau der Sayner Hütte 1769/70 wegen Wassermangels meist stilliegend und oft zum Kauf angeboten, 1794 oder 97 von französischen Truppen zerstört; Erbauseinandersetzungen seit 1795; für dieses Objekt hatte sich bereits Anselm Lossen 1805 interessiert – Kleber; vgl. Broecker S. 74f

¹⁶³ da Carl Lossen die Firma gelegentlich als Gewerkschaft bezeichnet, sind seine Brüder die „Mitgewerken"

¹⁶⁴ oder Champagner-Mühle

¹⁶⁵ vgl. Abb. S. 31; beide Werke streng genommen nicht an der Saynbach, die vom Zusammenfluß mit dem Brexbach auch als Hengelbach bezeichnet wurde, sondern am Mühlengraben, der etwas oberhalb der Brexbachmündung mittels eines Wehres von der Saynbach nach rechts abgeleitet und fast parallel zur Saynbach nach Mülhofen und in den Rhein geführt war; der Wasserlauf Saynbach gilt auch heute noch am Ort als weiblich („die" Saynbach)

¹⁶⁶ *Friedrich* Wilhelm L., 1805–48, Studium der Philologie, dann der Eisenhüttenkunde, Hüttendirektor

¹⁶⁷ nach den gedruckten preußischen Ranglisten: 1817 Seconde-Lieutenant, 1819 Premier-Lieutenant (Oberleutnant), 1824–42 Capitain, 1843 Hauptmann, jeweils bei der Garnison-Bau-Direction in Koblenz bzw. Ehrenbreitstein, 1844–54 Major, 1854–55 Oberstleutnant und Platz-Ingenieur in Köln

¹⁶⁸ an der Aare in den Berner Alpen

¹⁶⁹ Grimsel-Paß, Übergang vom Aare- ins Rhone-Tal

¹⁷⁰ Brig (Brigue) an der Rhone, am Aufstieg zum Simplon-Paß

¹⁷¹ Fariolo am Westende des Lago Maggiore

¹⁷² Laveno am Ostufer des Lago Maggiore

¹⁷³ Reihenfolge vermutlich: Brescia – Verona – Vicenza – Padua – Venedig

¹⁷⁴ nördlich von Padua

¹⁷⁵ Soleleitung Berchtesgaden–Bad Reichenhall (1816 gebaut) – Rosenheim (1808–10 gebaut)

¹⁷⁶ seit 1813 Obersteiger, 1826–41 Berg-Verwalter der Grube Bonscheuer (nordwestlich der Michelbacher Hütte gelegen) und Leiter der zu den Michelbacher, Emmershäuser und Löhnberger Hütten gehörenden staatlichen Eisenerzgruben; gest. 1841 – HSAWi 210 Nr. 6437; einschlägige Aktenvorgänge zur gutachtlichen Tätigkeit Carl Lossens im HSAWi nicht zu ermitteln; die genannten Gruben bei Weilburg wurden in den 1830er Jahren und später als staatliche Gruben betrieben – HSAWi 210 Nr. 2352; Wenckenbach S. 145

¹⁷⁷ Hahnstätten, 7 km südlich von Limburg a. d. Lahn

¹⁷⁸ *Ernst* Franz Ludwig Freiherr Marschall von Bieberstein. 1770–1834, seit 1791 im nassauischen Staatsdienst, 1803 Präsident, 1809–34 Staatsminister

¹⁷⁹ Schloß Biebrich, neben dem Wiesbadener Stadtschloß Sitz der Herzöge von Nassau bis 1866

¹⁸⁰ warum das für den Amtsbezirk ungünstig gelegene Dorf Wehen, heute Teil von Taunusstein, 1818 Amtssitz wurde, obwohl ihm zentrale Ausstattung und Funktionen weitgehend fehlten, ist unklar, allerdings lag der Ort günstig zur Landeshauptstadt, und der Reformer und Wiesbadener Regierungspräsident von Ibell war hier aufgewachsen und bis 1802 tätig gewesen – Zabel, Norbert: Räumliche Behördenorganisation im Herzogtum Nassau (1806–1866), Wiesbaden 1981, S. 88 f

¹⁸¹ 1818 war verordnet worden, daß in jedem Amt je 1 Medizinalrat, -assistent und Apotheker tätig sein sollte – Herzogtum Nassau S. 247f; 1823 waren verschiedene Anträge, eine Apotheke in Michelbach zu eröffnen, abgelehnt worden; in Wehen gab es seit 1818 einen Medizinalassistenten, der aber als „Chirurg" (und Gehilfe des Medizinalrats von Langenschwalbach) selbst nicht praktizieren durfte; tatsächlich hat sich der Herzog persönlich um die Auswahl sowohl des Arztes (seit Anfang März 1825) als auch des Apothekers (September 1826) für Michelbach gekümmert, spätestens seit 1827 ist hier als Arzt Medizinalrat Dr. Heinrich Reuter tätig, die Apotheke wurde 1827 eröffnet, 1841 kam die Zweigapotheke in Wehen hinzu – HSAWi 211 Nr. 7744, 7825 u. 16191; Pfeiffer, A.: Die Apothekenverhältnisse im vormaligen Herzogtum Nassau, in: NA 44 (1916/17), S. 69–106, hier S. 93 u. 101

¹⁸² gegründet 1829 in Anlehnung an das 1825 eröffnete Wiesbadener Museum, seit 1866 „Nassauischer Verein für Naturkunde" – Herzogtum Nassau S. 296, wo auch ein solches „Diplom" (= Mitgliedsurkunde) von 1830 abgebildet ist

¹⁸³ Braunkohlenabbau in Höhn (Westerwald), zwischen Bad Marienberg und Westerburg, durch Nassau seit 1780 – Einecke S. 405

¹⁸⁴ Christian *August* Sch., 1785–1862, 1807–60 im nassauischen Staatsdienst, 1818 Bergrat, 1833 Oberbergrat, 1849 u. 1854–60 technischer Referent für Berg- und Hüttenwesen im Staatsministerium – Nassovia 13 (1912), S. 295

¹⁸⁵ Johann Jacob Giebeler, 1787–1848, Bergrat in Dillenburg

¹⁸⁶ zu der relativ späten und zögernden Entscheidung Nassaus zugunsten des Zollvereins vgl. oben S. 18f; ob sich ein Gutachten von Carl Lossen 1834 und ein Promemoria 1833 in den Akten des Staatsministeriums befinden, müßte eine Durchsicht der umfangreichen Akten zum Zollwesen in HSAWi Bestand 210 zeigen

¹⁸⁷ Nachwahl eines Abgeordneten der Gewerbetreibenden in Weilburg 16.–21. 3. 1837 – Eichler S. 374; die Landstände, bestehend aus Herrenbank und Landesdeputiertenversammlung, tagten jährlich im Frühjahr; die Sitzungsprotokolle sind ab 1818 gedruckt, ab 1832 „Verhandlungen der Landes-Deputirten-Versammlung...", vgl. Eichler

¹⁸⁸ nach der ersten bescheidenen Flußregulierung der Lahn 1808–10 führte das Aufblühen des Eisenerzbergbaus zu einem Ansteigen der Lahnschiffahrt, die bis Weilburg für Schiffe von 18 t Tragfähigkeit möglich war; am Beginn der zweiten Ausbauphase steht der Bau der Kammerschleuse in Limburg; vgl. unten Anm. 240

¹⁸⁹ 1840 als erstes Bankinstitut in Nassau gegründet, vor

allem zur Unterstützung der Ablösung des Grundzehnten durch die Bauern, zugleich als Sparkasse und Notenbank, in enger Zusammenarbeit mit dem Frankfurter Bankhaus Rothschild, das bisher als Hofbank des Herzogtums Nassau tätig war; der „Zehnte" (Fruchtzehnte) lastete 1840 noch auf mehr als der Hälfte der landwirtschaftlichen Nutzfläche; die Landes-Credit-Kasse wurde 1849 ersetzt durch die Nassauische Landesbank, mit im wesentlichen gleichen Aufgaben – Lerner passim; Herzogtum Nassau S. 476 u. 494f; Eichler S. 312–316 u. 329

[190] Verhandlungen der Landes-Deputirten-Verslg. d. Herzogtums Nassau 1838 S. 67–80 u. 84–86; Eichler S. 286–290; vgl. S. 20

[191] s. S. 46; nach AT CTE S. 49 soll im ersten Jahr (1839) Friedrich L. (s. Anm. 166) den Bau geleitet haben, erst danach Carl L.

[192] Carl Hermann *Ferdinand* Vollpracht, 1799–1859, Jurist, seit 1821 im nassauischen Staatsdienst, 1848 Präsident der Generaldomänendirektion, 1854 Präsident des Finanzkollegiums, zeitweise Verhandlungsführer Nassaus bei den Zollvertragsverhandlungen im Zollverein und mit Österreich

[193] *Clara* Wilhelmine L. geb. Schnitzler, 1801–59, Frau von Johann Wilhelm L. (s. Anm. 140), des Bruders von Carl L., vermutlich nahe Verwandte des Offiziers Schnitzler (s. Anm. 167), den Carl L. als seinen Freund bezeichnet

[194] *Barbara* Josefa L., zweite Tochter Carl L.s

[195] *Christian* Karl B., 1806–51, Pfarrer, Bruder der Frau Carl L.s

[196] Sophie L. geb. Sachs, 1810–46, Frau von Friedrich L. (s. Anm. 166), des Bruders von Carl L.

[197] wahrscheinlich die älteste Tochter Carl L.s, Gertrude (1821–53), oder evtl. die Nichte gleichen Namens, 1819–1906, Tochter des Bruders Clemens (s. Anm. 131)

[198] wahrscheinlich der Generalleutnant Wilhelm v. H. (s. Anm. 136)

[199] *Anselm* August Ida Freiherr von Hoiningen gen. Huene, 1817–82, Bergrat, Sohn von Wilhelm v. H. (s. Anm. 136); Neffe von Carl Lossen, s. oben S. 12

[200] Studium der Philosophie – Verzeichnis der Studirenden auf der Königlichen Rheinischen Friedrich-Wilhelms-Universität in Bonn für das Winter-Halbjahr 1849–1850, hrsg. v. Joh. Aloys Odenkirchen, Bonn o. J. (1850)

[201] Studium der Berg- und Hüttenkunde, Dr. phil., nach 1878 Leiter der Gruben der Firma Gebr. Lossen in Weilburg, gest. 1881

[202] Société ... oder Dames du sacré Cœur, auch Dames de la doctrine chrétienne, 1800 in Paris gegründeter, der Mädchenerziehung gewidmeter weiblicher Orden mit Statuten nach dem Vorbild der Jesuiten, errichtete im 19. Jh. Internatsschulen im Ausland, u. a. 1844 in Blumenthal bei Vaals (Niederlande) nahe bei Aachen – Heimbucher, Max: Die Orden und Kongregationen der katholischen Kirche, Paderborn 1934, II S. 475; auch der Bruder Mathias L. ließ seine Töchter in Blumenthal erziehen – F. Keller II (22) S. 5f

[203] *Hermann* Johann Baptist Edler v. B., 1826–1902, Berg- und Hüttenmann, Ausbildung in Augsburg, München und Leoben, berufstätig in Niederalpe bei Mariazell, Donawitz und Thiergarten a. d. Donau, seit 1856 bei Gebr. Lossen, Concordiahütte, dort seit 1861 Gesellschafter und technischer Direktor, 1898 Ruhestand; vgl. unten Anhang II

[204] Chemiker, Dr. phil., berufstätig in Staßfurt, Halle und Wiesbaden, 1875/76 und nach 1882 in der Leitung der Concordiahütte und des Grubenbetriebes der Gebr. Lossen

[205] seit 1796 entwickelte sich aus dem Stuttgarter Gymnasium stufenweise eine Gewerbeschule, 1840 Polytechnische Schule, 1876/90 Technische Hochschule; hier studierte auch Wilhelm Carl L. Eisenhüttenkunde, s. Anm. 234

[206] später: Kaufmann in Dresden, Düsseldorf und Stuttgart

[207] 1851–1909; Jurist, Landgerichtsrat in Wiesbaden

[208] Dr. Rudolf von I., 1814–64, Medizinalrat des Amtes Nassau, 1843–49 auch Badearzt in Bad Ems – Moerchel S. 35; Sohn des Regierungspräsidenten Karl v. I. (1780–1834) und Vater des Wiesbadener Oberbürgermeisters Carl v. I. (1847–1924)

[209] Tuttlingen a. d. Donau

[210] westlich von Sigmaringen, heute: Stetten

[211] Rorschach (Schweiz)

[212] Clarens bei Montreux

[213] vgl. oben Anm. 162 u. 164; während die Champagner Mühle 1839 abgebrochen wurde (s. unten), ist über das weitere Schicksal der Roten Mühle oder des Roten Hammers nur bekannt, daß ihr Gelände später ebenfalls für den Ausbau der Concordiahütte verwendet wurde, vgl. Kleber S. 134

[214] vgl. oben S. 10

[215] gemeint ist das Wehr am Zusammenfluß von Saynbach und Brexbach in der „Goldkaulen" (Goldkuhl), bisher allein benutzt für die am Ende des Sayner Schloßparks gelegene Wolfs- oder Schloßmühle; von dort wurde jetzt ein Kanal zum Mühlengraben geführt – AT Braubach S. 2; auch das oberhalb in der Saynbach gelegene Wehr an der Ableitung des Mühlengrabens war seit den 1770er Jahren nur notdürftig unterhalten und oft zerstört worden – Kleber S. 132 f

[216] Clemens Wenzeslaus Graf von Boos-Waldeck, 1797–1865, Jurist; besaß seit dem Wegzug seines gleichnamigen Vaters (s. Anm. 40) 1828–48 den Familiensitz in Sayn; 1830–57 Landrat des Kreises Koblenz; seit 1851 Kammerherr am Hof des Prinzen Wilhelm von Preußen, 1861 Oberhofmeister der Königin Augusta – Schabow in: Sayn S. 102–106

[217] Carl Ludwig A. (NDB: Ludwig Karl A.), 1788–1864, Bautechniker, Berg- und Hüttenbeamter und Geologe, 1815–17 Baukonducteur in Bückeburg, 1817–62 Oberhüttenbauinspektor und zuletzt Geheimer Bergrat in Saynerhütte, Bauberater bei vielen Hüttenprojekten – HSAD OBB 401 u. 798

[218] ein Hinweis auf die Motive dieser Namensgebung fehlt, vermutlich war an die „Eintracht" innerhalb der Familie gedacht

[219] Achilles Christian *Wilhelm* Friedrich Faber du Faur, 1786–1855, Hütteningenieur, Bergrat, seit 1811 im württembergischen Staatsdienst, 1813–45 Leiter der staatlichen Hütte in Wasseralfingen bei Aalen, bekannt durch die Erfindung und Einführung kohlensparender Winderhitzer und Gasgeneratoren, vgl. oben S. 14

[220] vgl. Anm. 154

[221] Verordnungsblatt des Herzogthums Nassau 33 (1841), S. 71 f: „dem Bergrath Lossen zur Michelbacher Hütte ... auf die von dem Königlichen Württembergischen Bergrath von Faber du faur erfundenen Apparate"; einschlägige Aktenvorgänge im HSAWi nicht zu ermitteln

[222] Patentgesuch des Postdirektors Clemens Lossen, Kreuznach (s. Anm. 131), gemeinschaftlich mit seinem Bruder Carl, vom 1. 7. 1840, zur Einführung in die Preußische Monarchie; der Gutachter, Chemiker Dr. Friedrich Mohr, Koblenz, verwies auf die Veröffentlichung Robert Bunsens (s. Beck 1899 IV S. 438–443), was letztlich zur Ablehnung

des Antrags durch das Finanzministerium am 11. 11. 1840 führte; dadurch wurde die Mitteilung von Clemens Lossen an die Regierung Koblenz überholt, daß Faber du Faur auf die Patenterwirkung dringe – LHAK 441 Nr. 5504; zu der sehr zurückhaltenden Patenterteilungspraxis Preußens allgemein – Troitzsch, Ulrich: Die Auswirkungen der preußischen Patentbestimmungen auf die Eisenindustrie in den 50er und 60er Jahren des 19. Jahrhunderts, in: Tradition 17 (1972), S. 292–313; Heggen, Alfred: Erfindungsschutz und Industrialisierung in Preußen 1793–1877, Göttingen 1975

[223] vgl. oben S. 14–15

[224] *Gustaf* Henrik Ekman, 1804–76, Hüttenmeister, übernahm 1836 das Eisenwerk Lesjöfors in Wermland (Schweden), das bald als Versuchs- und Musterwerk galt; 1855 wurde sein verbesserter Gasschweißofen auf der Pariser Weltausstellung preisgekrönt – Nordisk Familjebok Bd. 6, Malmö 1952; Beck 1899 IV S. 553 u. 854f; Tunner, Peter: Das Eisenhüttenwesen in Schweden, Freiberg 1858, S. 63, der auf Tafel VI einen Schweißofen aus Lesjöfors abbildet

[224a] Herdöfen, in der Bauart einem Puddelofen ähnelnd, dienten dazu, Stahlblöcke im Walzwerk zur anschließenden Weiterverarbeitung wieder auf Weißgluthitze zu bringen

[225] Verordnungsblatt des Herzogthums Nassau 36 (1844), S. 5: „dem Bergrath Lossen zur Michelbacherhütte und dem G. Eckmann aus Philippstad in Schweden" auf deren „Gaserzeugungsofen"; einschlägige Aktenvorgänge im HSAWi nicht zu ermitteln

[226] vgl. S. 13 mit Anm. 68

[227] eisenhüttenkundlich: gattieren = Ausgangsstoffe in bestimmten Mengenverhältnissen fachgemäß mischen

[228] *Wilhelm* Karl Heinrich Mayer, geb. 1827, Chemiker, 1852 Dr. phil. in Gießen, 1856–57 Dozent an der Universität München, danach in der Privatwirtschaft tätig

[228a] Pachtvertrag vom 18. 2. 1847, Kopie in HSAWi 250/1 Nr. 130

[229] später: Verein zum Verkaufe von nassauischem Roheisen; Statuten in Vom Ursprung I S. 236–242

[230] Hayage (Hayingen) bei Metz

[231] vor allem die Konferenzen des Zollvereins 1852 in Berlin

[232] an der Donau zwischen Tuttlingen und Donaueschingen, Eisengießerei und Maschinenfabrik der 1806 mediatisierten Fürsten von Fürstenberg

[233] zweite Weltausstellung; Gebr. Lossen, Concordiahütte, stellten Eisenerze und Roheisen aus und erhielten eine Ehrenvolle Erwähnung, Lossen & Söhne, Michelbach-Emmershausen, zeigten Eisenerz, Guß- und Schmiedeeisen und errangen eine Bronze-Medaille – G. von Viebahn, u. Schubarth: Amtlicher Bericht über die Allgemeine Pariser Ausstellung von Erzeugnissen der Landwirtschaft, des Gewerbfleißes und der schönen Kunst im Jahre 1855, Berlin 1856, S. 79f; Preußens Vertretung in der Pariser Ausstellung von 1855, in: Archiv für Landeskunde der Preußischen Monarchie 3 (1856), S. 311–392, u. 4 (1856), S. 298–369, hier 3 (1856), S. 326

[234] *Wilhelm* Karl L., 1826–75, Sohn von Joseph G. L. (s. Anm. 118); seit 1861 neben Hermann von Braunmühl (s. Anm. 203) Leiter der Concordiahütte

[235] Familie der Cousine Maria Theresia J. geb. Lossen (1788–1849), der Tochter des Onkels Clemens Lossen (s. Anm. 11)

[236] verschrieben für bzw. verwechselt mit Capitain, Mädchenname der Frau von Clemens Lossen, Claude Therese (1767–1855)

[237] erste „Weltwirtschaftskrise", vgl. Rosenberg, Hans: Die Weltwirtschaftskrise 1857–1859, Stuttgart u. Berlin 1934, ²Göttingen 1974

[238] Siegener oder Siegerländer Kunstwiesenbau, von dem Siegener Bürgermeister und Fabrikanten Adolf Albert Dresler 1750–80 geschaffene oder weiterentwickelte Technik, bei der ein System von parallel geführten Be- und Entwässerungsgräben auf den ebenen Talflächen einen besonders hohen Grasertrag sichert

[239] 4.–9. 3. 1839 – Eichler S. 374

[240] s. oben Anm. 188; in der zweiten Phase der Lahnregulierung ab 1837, verstärkt seit dem Vertrag zwischen Preußen, Nassau und Hessen-Darmstadt von 1844, wurde die Lahn bis Gießen für Schiffe von 100 t Tragfähigkeit ausgebaut; allerdings war dies bis 1859 nicht ganz abgeschlossen und erwies sich danach wegen der Konkurrenz der Lahntal-Eisenbahn als Fehlschlag; die Länge der Schleusen war so gewählt, daß die auf der Ruhr üblichen Kohlennachen die Lahn nicht befahren konnten und deshalb keine Konkurrenz für die einheimischen Lahnschiffe darstellen konnten – Eckoldt; Goldsticker, Ernst: Die Lahn, Historische Entwicklung einer Wasserstraße, Bad Emser Hefte 24 u. 25, Bad Ems 1984; Fuchs, Konrad: Die Lahn als Schiffahrtsweg im 19. Jahrhundert, in: NA 75 (1964), S. 160–201; zur parlamentarischen Beratung in Nassau s. Eichler S. 248–251

[241] die 4 Pädagogien bauten auf 3–4 Jahren Elementarschule auf und führten in 4 Klassenstufen mit den Fremdsprachen Französisch, Latein und Griechisch zu einer Mittleren Reife; das einzige „Gymnasium" (= Oberstufengymnasium) des Herzogtums Nassau bestand in Weilburg; 1844 wurden die Schulen in Hadamar, Weilburg und Wiesbaden zu Vollgymnasien ausgebaut – Herzogtum Nassau S. 257 u. 458; Peters S. 24f

[242] 1838 war in Biebrich eine Anlegestelle für die Boote der Dampfschiffahrts-Gesellschaft für den Nieder- und Mittelrhein, Düsseldorf, gebaut worden, einer der beiden Vorgängerfirmen der „Köln-Düsseldorfer"; Herzog und Herzogin von Nassau waren mit Aktien an dieser Gesellschaft beteiligt; 1840 wurde in Biebrich eine Anschlußmöglichkeit für Pasagiere und Güter an die Taunus-Eisenbahn nach Frankfurt geschaffen; der Ausbau dieses „Hafens" am Rheinufer mit begleitendem Ausbau der Fahrrinne im Strom geschah in offener Konkurrenz zum Hafen Mainz – Herzogtum Nassau S. 498; Lerner S. 83–85; Struck S. 116–118; Der Rhein, Ausbau – Verkehr – Verwaltung, hrsg. v. d. Wasser- u. Schifffahrtsdir. Duisburg, Duisburg 1951, S. 347

[243] seit 1815 (Landes-) Irrenanstalt im Kloster Eberbach, 1844–49 Errichtung der neuen Anstalt auf dem Eichberg bei Eltville, wo die Unterbringung für damalige Verhältnisse vorbildlich gewesen sein soll – Herzogtum Nassau S. 469 u. 516

[244] eine nassauische Besonderheit, 1851 verbindlich eingeführt: beim Amt bzw. Amtsgericht und bei der Gemeinde geführte Bücher über das Immobilienvermögen der Einzelpersonen mit allen Rechten und Lasten einschließlich der Hypotheken, zugleich Steuerkataster; seit 1899 durch die Grundbücher ersetzt – Lerner S. 110; Übersicht S. 222; Spielmann III S. 438–442

[245] als Mitglied des entsprechenden Ausschusses der Deputiertenkammer gab Carl Lossen im Juni 1842 ein Sondervotum zum Konskriptionsgesetz ab, in dem er sich für eine Landwehr anstelle eines stehenden Heeres einsetzte – Eichler S. 197f

[246] 1843, mit einer längeren Rede Carl Lossens – Eichler S. 251–258, vgl. für 1845 ebd. S. 290–296; zu den Petitionskampagnen seit 1831 in Nassau s. Hahn 1981, bes. S. 108, u. Hahn 1982 S. 184–187
[247] 23.–28. 2. 1846 – Eichler S. 374f
[248] nach einem neuen Wahlsystem: nachdem 1848 die Herrenbank aufgehoben worden war, führte das Edikt vom 25. 11. 1851 wieder zwei Kammern ein, deren zweite (Volkskammer) aus 24 gewählten Abgeordneten bestand; die erste, der Carl Lossen angehörte, bestand aus den Prinzen des Herzoghauses, den Häuptern der nassauischen Standes- und Grundherrschaften, dem kath. und dem ev. Bischof sowie aus 6 bzw. 3 Vertretern, die von den höchstbesteuerten Grundbesitzern bzw. den höchstbesteuerten Gewerbetreibenden (dies waren 1852: 94 Personen) gewählt wurden; die letztere Wahl fand am 16. 2. 1852 statt – von Egidy S. 288–290; Toelle S. 44; Lerner S. 109
[249] obwohl Lossen und die anderen 1853 zurückgetretenen Abgeordneten sonst meist der Regierung gefolgt waren – Toelle S. 44
[250] Carl Lossen gehörte dem Ausschuß an, der 1852 den Gesetzentwurf über das Staatsministerium beriet – Vix, Ernst: Die Verwaltung des Herzogtums Nassau 1806–1866, Diss. Mainz 1950, S. 111
[251] zu Lossens Antrag 1852 für die Erhaltung und Erweiterung des Zollvereins und einen Zoll- und Handelsvertrag mit Österreich vgl. S. 18f
[252] 1817–1905, Herzog von Nassau 1839–66, Großherzog von Luxemburg 1890–1905
[253] Therese von Nassau, 1815–71, zweitälteste Tochter Herzog Wilhelms, heiratete 1837 Herzog Peter von Oldenburg (1812–81)
[254] im August 1839
[255] Elisabeth Michailowna, 1826–45, Tochter des Großfürsten Michael, heiratete in Petersburg am 31. 1. 1844 Herzog Adolf von Nassau, Einzug des Paares in Wiesbaden am 26. 3. 1844; sie starb 1845 bei der Geburt des ersten Kindes; Adolf heiratete 1851 Prinzessin Adelheid Maria von Anhalt-Dessau (1833–1916) – vgl. Struck, Wolf-Heino: Fürst und Volk im Herzogtum Nassau, in: NA 91 (1980), S. 105–130, hier S. 117f
[256] Karl Wilderich Graf von Walderdorff, 1799–1862, ab 1828 Mitglied der Herrenbank, 1834–42 nassauischer Staatsminister
[257] Emil August Freiherr v. D., 1802–62, Sohn des Oberstallmeisters v. D. (s. Anm. 23) und Schwiegersohn des Ministers Marschall von Bieberstein (s. Anm. 178), seit 1824 im nassauischen Staatsdienst, 1844–48 Staats- bzw. Innenminister, 1851–62 Gesandter beim Bundestag
[258] Friedrich Gerhard Freiherr von Wintzingerode, 1799–1870, Jurist, seit 1820 im nassauischen Staatsdienst, 1830 Direktor des Hof- und Appellationsgerichtes Wiesbaden, 1843–48 Präsident der Rechnungskammer, 1845 zugleich Abgeordneter beim Bundestag, 1848 Ruhestand, 1849–51 Ministerpräsident, danach in Preußen tätig (1853 Vizepräsident der Regierung Potsdam)
[259] August Ludwig Prinz zu Sayn-Wittgenstein-Berleburg, 1788–1874, General in Hessen-Darmstadt bis 1848, 1849 Ministerpräsident der Frankfurter Reichsregierung des Erzherzogs Johann, 1852–66 Ministerpräsident von Nassau
[260] Georg M., 1777–1860, Dr. iur. h. c., Dr. phil. h. c., 1832–48 Regierungspräsident in Wiesbaden, Geheimer Rat
[261] Karl Ludwig L., 1789–1858, Regierungsdirektor, 1850–58 Ministerialdirektor, zugleich 1845–58 Direktor (=Leiter) des Gewerbevereins für Nassau
[262] Franz Joseph Musset, 1786–1859, Dr. iur., 1822 Hof- und Appellationsgerichtsdirektor, 1836 Oberappellationsgerichtspräsident in Wiesbaden
[263] Christoph Balthasar F., 1789–1861, Dr. iur. h. c., ab 1812 im nassauischen Staatsdienst, 1854 Hofgerichts- und 1859 Oberappellationsgerichtspräsident in Wiesbaden
[264] Maximilian Freiherr von G., 1810–89, Dr. phil., 1837 Prof. für Geschichte in Bonn, 1843–54 Ministerialrat in Wiesbaden als Referent für auswärtige Angelegenheiten, 1848 Mitglied der NV (für Montabaur), 1850 Mitglied des Erfurter Parlamentes; ab 1885 in österreichischen Diensten
[265] Cäsar Gieße, 1787–1868, Jurist, 1810–61 im nassauischen Staatsdienst, 1842 Regierungsrat, zeitweise Ministerialrat, 1846 Geheimer Regierungsrat
[266] *Moritz* Karl Christian Ph. v. G., 1808–77, Bruder von Heinrich und Max v. G., Jurist, 1831–67 im nassauischen Staatsdienst, 1840–51 Regierungsrat, dann Kreisamtmann in Rüdesheim und St. Goarshausen, 1860–66 Direktor der Rechnungskammer
[267] Karl B., gest. 1857, seit 1810 im nassauischen Staatsdienst, 1842 Geheimer Regierungsrat, 1857 Ruhestand – HSAWi 210 Nr. 6449
[268] Johann Joseph v. T., 1800–85, Jurist, ab 1832 Geheimer Kammerrat in Wiesbaden
[269] Friedrich O., 1808–85, Mineraloge, bis 1867 Chef der nassauischen Bergverwaltung als Regierungsassessor, zuletzt Oberbergrat und Geheimer Bergrat
[270] Franz Joseph Moureau, gest. 1858, Jurist, seit 1803 im nassauischen Staatsdienst, 1828 Hofrat – HSAWi 210 Nr. 6821
[271] Ludwig Wilhelm C., gest. 1864, Jurist, seit 1814 im nassauischen Staatsdienst, 1838 Hofrat – ebd. Nr. 6474
[272] Karl Ludwig Wilhelm R., 1790–1867, 1828 Ministerialrat, 1840–63 Direktor der Landeskreditkasse bzw. Landesbank, 1863 Ruhestand als Geheimer Rat
[273] Christian Brück, 1796–1862, seit 1820 im nassauischen Staatsdienst, 1840–62 Direktionsrat der Landeskreditkasse bzw. Landesbank – Nassovia 13 (1912), S. 293f
[274] Friedrich H., 1794–1863, 1839 Obersteuerrat bei der Generalsteuerdirektion in Wiesbaden, 1859 Geheimer Obersteuerrat, 1863 Geheimer Rat
[275] Friedrich August H., 1781–1851, seit 1806 im nassauischen Staatsdienst, 1824 Oberforstrat – HSAWi 210 Nr. 6676
[276] Ludwig Christian (von) Rößler, 1785–1835, geadelt 1827, seit 1824 Generaldomänendirektor von Wiesbaden
[277] Friedrich Georg Karl Anton Freiherr von Bock-Hermsdorf, 1798–1866, 1835 Generaldomänendirektor, 1848 Oberkammerherr und Chef des Hofmarschallamtes (damit Leiter des herzoglichen Hofstaates), Geheimer Rat; die Familie nannte sich bis 1828: von Bock
[278] Karl F., (ca.) 1793–1856, seit 1817 in der Generaldomänendirektion tätig, 1836 Baurat, seit 1851 im Staatsministerium, 1852 Oberbaurat
[279] Theodor G., 1806–85, Architekt, Oberbaurat in Wiesbaden
[280] Georg Christian *Karl* B., 1806–83, Ingenieur und Architekt, seit 1835 im nassauischen Staatsdienst, 1842 Baurat, 1857 Oberbaurat
[281] Georg *Wilhelm* Christian O., 1800–71, D. theol. und Prof., 1837–67 Direktor am Theologischen Seminar Her-

born, Konsistorialrat, Präsident der Landesdeputiertenversammlung, 1848 Mitglied des Frankfurter Vorparlaments

[282] Ludwig Wilhelm W., 1796–1882, D. theol., 1841 Geheimer Kirchenrat, 1858 ev. Landesbischof in Nassau; 1840–47 Mitglied der Landesdeputiertenversammlung, 1848 Mitglied des Frankfurter Vorparlaments, 1851–66 Mitglied der Ersten Kammer von Nassau

[283] Friedrich Theodor Götz, 1799–1862, seit 1821 im nassauischen Staatsdienst, 1836 Kabinettssekretär des Herzogs, 1842 Geheimer Kabinettsrat, 1854 Geheimer Regierungsrat

[284] Wilhelm F., 1801–80, Dr. med., 1833 herzoglich nassauischer Hof- und Leibarzt, 1842 Geheimer Hofrat, 1843 außerordentliches Mitglied der nassauischen Regierung

[285] Reinhard K., 1786–1864, spätestens seit 1808 Oberkellermeister in der Domänenverwaltung in Biebrich, Hofkammerrat

[286] Friedrich Freiherr von Preen, 1787–1856, 1809–48 im nassauischen Militärdienst, 1840 Generalmajor, zuletzt Generalleutnant

[287] entweder Franz v. H., 1809–78, 1828–66 im nassauischen Militärdienst, 1842 Hauptmann, 1862–66 Chef des Kriegsdepartements und Mitglied des Staatsrats, 1865 Generalmajor; oder Karl Wilhelms v. H., 1803–70, 1843 Hauptmann, 1862 Oberst, 1867 Ruhestand

[288] vermutlich August Adam v. S., 1816–90, 1831–61 im nassauischen Militärdienst, zuletzt Major

[289] Friedrich Wilhelm Wenckenbach, 1792–1845, 1842 Kriegskommissär, 1843 Intendant der Militärverwaltung

[290] diese und die im folgenden aufgeführten Eingaben bis 1859, überwiegend an das Staatsministerium, sind eventuell in den umfangreichen Akten zum Zollwesen erhalten in HSAWi Bestand 210

[291] Wilhelm L., 1792–1864, seit 1823 technischer Leiter der Gutehoffnungshütte in (Oberhausen-) Sterkrade

[292] erhalten in ARP Nr. 732; in der handschriftlichen Fassung von Carl Lossen für „Gebr. Lossen von der Concordiahütte bei Sayn" unterschrieben; 1841 soll außerdem ein Ausschuß, dem neben anderen bekannten Eisenindustriellen der Rheinprovinz auch „Bergrat Lohse zu Sayn", also sicherlich Carl Lossen, angehörte, eine Bittschrift an Friedrich Wilhelm IV. in Ehrenbreitstein gerichtet haben – Kruse S. 146

[293] vgl. Buck III S. 103 f

[294] ebd.; nach Sering S. 64 sprach sich dabei eine Mehrheit gegen, eine Minderheit für einen Roheisen-Einfuhrzoll aus; hierzu und zum Folgenden auch Salewski

[295] *Eduard* Hermann Karl Graf von Bethusy, früher Graf d'Huc de Bethusy, seit 1859 Graf von Bethusy-Huc, 1799–1871, aus einem im Zink- und Eisenhüttengewerbe engagierten Geschlecht aus Wziesko (Oberschlesien), 1841/42 Capitain der Ersten Ingenieur-Inspektion in Berlin, 1843 Major in Breslau – nach den gedruckten Ranglisten der preußischen Armee

[296] Karl Friedrich St., 1798–1848, Leiter des Eisenwerks in Neunkirchen an der Saar, das seit 1806 im Besitz der Familie Stumm war, sowie anderer saarländischer Werke, Schwager von Heinrich Böcking (s. Anm. 308)

[297] Wilhelm Gideon R., 1783–1850, Leiter der Firma Remy, Hoffmann & Cie. in Bendorf

[298] Eisenwerke der 1806 mediatisierten badischen Fürsten von Fürstenberg bei Donaueschingen, das wichtigste in Thiergarten an der Donau (Hohenzollern)

[299] seitdem unterschreibt Carl Lossen entsprechende Schriftstücke häufig mit dem Zusatz „Bevollmächtigter der Eisenwerksbesitzer von Nassau" oder ähnlich

[300] bei der 5. Generalkonferenz des Zollvereins in Stuttgart 1842 beantragten Württemberg, Baden und Nassau die Einführung eines Roheisen-Einfuhrzolls, Preußen stellte sich dagegen – Sering S. 63–65; Hahn 1982 S. 185 u. 1984 S. 117

[301] Ferdinand von St. 1807–93, Dr., 1830 Fürstlich Fürstenbergischer Hüttendirektor, 1842 Generaldirektor der Stummschen Eisenwerke in Neunkirchen (Saar), seit 1848 im württembergischen Staatsdienst (Bergrat, Regierungsrat, 1856–80 leitende Stellung in der Centralstelle für Gewerbe und Handel und der Kommission für die gewerbliche Fortbildungsschule); 1848 Direktor des ADV, später ein Vorkämpfer des Freihandels

[302] Karl Egon II. Fürst v. F., 1796–1854, mit Besitzungen in Baden und Hohenzollern (s. Anm. 232 u. 298) sowie in Böhmen, 1818 Schwiegersohn des Großherzogs von Baden, 1842 Präsident der badischen Ersten Kammer – Platen, Alexander von: Karl Egon II, Fürst zu Fürstenberg, Stuttgart 1954

[303] Karl Friedrich N., 1785–1857, Jurist, seit 1807 im badischen Staatsdienst, 1831 Staatsrat und Ministerialdirektor, 1838–39 Präsident des Innenministeriums, 1844 Präsident des Staatsrates, 1848 Ruhestand

[303a] König Friedrich Wilhelm IV. von Preußen (1840–61)

[304] 6. Generalkonferenz des Zollvereins in Berlin 1843; die Anträge zum Roheisen-Einfuhrzoll wurden wiederholt und blieben unwidersprochen, allerdings endete die Konferenz ohne Beschluß; erst auf schriftlichem Wege wurden anschließend die Zollsätze vom 1. 9. 1844 vereinbart – Sering S. 65–67; Hahn 1982 S. 186 u. 1984 S. 118 f

[305] erwähnt im Zollvereinsblatt im Zusammenhang mit der Initiative Heinrich Böckings – Best S. 91 f u. 353; Salewski S. 31–35

[306] Ernst Heinrich Karl v. D., 1800–89, 1821–64 im preußischen Staatsdienst, seit 1841 Leiter des Oberbergamtes Bonn, nebenamtlich a. o. Professor in Berlin

[307] (Oberhausen-) Sterkrade

[308] Heinrich B., 1785–1862, 1816–44 Mitglied des Bergamtes Saarbrücken, zuletzt als Oberbergrat, zugleich 1814 und 1832–38 Bürgermeister, Schutzzollpolitiker (u. a. im ADV)

[309] Ludwig Karl St., 1795–1882, 1831–40 Amtsbürgermeister von Ferndorf im nördlichen Siegerland (heute: Kreuztal), danach Verwalter der Burgholdinghäuser Stahlhütte im Amt Ferndorf

[310] vgl. Buck III S. 104 f

[311] für belgisches Eisen war ein Zoll in Höhe von 50% des üblichen Tarifs zu zahlen – Sydow S. 72–95; Hahn 1984 S. 123; das Urteil Carl Lossens ist allerdings einseitig, denn für Preußen waren allgemeine außen- und handelspolitische Gesichtspunkte ausschlaggebend

[312] vgl. Sydow S. 97

[313] möglicherweise identisch mit der zwischen dem 16. 9. und 4. 10. 1844 von 10 Firmen unterschriebenen Eingabe, s. HSAWi 210 Nr. 7697a

[314] List (1789–1846, Hauptwerk „Das nationale System der politischen Ökonomie" 1841) suchte seit 1841 eine Stellung im Staatsdienst in Süddeutschland, befürwortete zunehmend eine Schutzzollpolitik; seit Juli 1845 war er in Augsburg tätig und erhielt in dieser Zeit finanzielle Zuwendungen von rheinländischen und süddeutschen Industriellen – vgl. Best S. 41 u. 331; Salewski S. 30

[315] vgl. Moldenhauer-Schenk S. V f u. 21 ff; Best S. 246–254 u. 262–277; Facius, Friedrich: Wirtschaft und Staat, Boppard 1959, S. 53 f

[316] gegründet Anfang 1848 auf Initiative von Friedrich Diergardt; schutzzöllnerisch orientiert, mit dem Sitz seines Zentralkomitees in Elberfeld – Finger S. 8; Best S. 94–96, 158 u. 320

[317] Daniel von der Heydt, 1802–74, Bankier, 1827–57 Teilhaber der Firma von der Heydt-Kersten & Söhne; Bruder des preußischen Handelsministers August Frhr. v. d. H. (1801–74)

[318] Der Schutz der Eisen-Industrie vor der verfassungsgebenden deutschen Nationalversammlung, Wiesbaden August 1848, 35 S.; am Ende ist Carl Lossen als Autor angegeben; handelt das Thema volkswirtschaftlich-statistisch ab, fordert den Schutzzoll und die Beseitigung der Begünstigung Belgiens mit dem Argument, das materielle Wohl der Menschen müsse durch lohnende Arbeit gesichert werden

[319] *Karl* Franz Adolf Freiherr v. W., 1809–66, Besitzer des Eisenwerks Friedrichshütte bei Laasphe im preußischen Kreis Wittgenstein (Berleburg)

[320] gemeinnütziger Verein, 1841 angeregt, Gründungsversammlung 1843, Statuten 1844 genehmigt, wirkte ähnlich wie später die Handelskammern durch Vorträge, Gutachten, Ausstellungen und die Gründung von Gewerbeschulen; bis 1866 mit 32 Lokalvereinen – Lautz, Th.: Geschichte des Gewerbevereins für Nassau, Festschr. z. 50jähr. Jubil.feier 1895, Wiesbaden 1895, S. 2f; Lerner S. 86 u. 338; Best S. 94; Herzogtum Nassau S. 298, 300 u. 483; Eiler S. 38; im Januar 1849 trat der Verein gemeinsam mit Carl Lossen als Bevollmächtigtem der Eisenwerksbesitzer Nassaus mit einer Eingabe an das Reichshandelsministerium in Frankfurt hervor, die eine Erhöhung der Roheisenzölle forderte – Best S. 159 u. 367

[321] Straßenkämpfe in Frankfurt ab 18. 9. aus Protest gegen die Mehrheit der NV, die Preußens Verhalten in Schleswig-Holstein, vor allem den Waffenstillstand von Malmö 26. 8. 1848, am 16. 9. gebilligt hatte; blutiger Höhepunkt war die Ermordung der Abgeordneten General Hans von Auerswald und Felix Fürst Lichnowsky; preußische und österreichische Truppen stellten die Ruhe wieder her, doch die Autorität des Parlaments war erschüttert

[322] Carl Lossen war eines der Gründungsmitglieder; der Entwurf eines Zolltarifs war sein wichtigster Verhandlungsgegenstand; zeitweise hatte der Verein 1500 bis 2000 zahlende Mitglieder, außerdem wurde er von einigen süddeutschen Staaten geldlich unterstützt; 1852/53 löste er sich auf – Finger; Best; Hahn 1982 S. 186 f

[323] Carl Lossen war Teilnehmer – Best S. 314

[324] ständiges Büro in Frankfurt a. M. – Best S. 137

[325] 2. Generalversammlung, Carl Lossen und drei seiner Brüder nahmen teil – Best S. 316

[326] „Das Zollvereinsblatt", zeitweise „Deutsches Zollvereinsblatt", redigiert von Friedrich List, erschien 1843–45 bei Cotta in Stuttgart; 1846 war List bis zu seinem Tode selbst Herausgeber, danach bis Juni 1849 waren Lists Schüler und Freund Tögel (s. Anm. 333) Redakteur und Rieger in Augsburg Herausgeber; Nachfolgerin wurde im Juli 1849 das „Vereinsblatt für deutsche Arbeit, Zollvereinsblatt Neue Folge, Organ des Allgemeinen deutschen Vereins zum Schutze der vaterländischen Arbeit", das bis 1851 erschien – Finger S. 8 u. 47

[327] „Frankfurter Ober-Post-Amts-Zeitung", vor 1806 unter anderen Titeln, ab 1. 4. 1852 „Frankfurter Postzeitung"; um 1850 Organ der österreichfreundlichen Konservativen

[328] vgl. Finger S. 60–64; Buck III S. 106

[329] gedruckte Petitionen mit beigefügten Unterschriftenlisten, in denen auch die Zahl der Familienmitglieder angegeben wurde; von den ursprünglich vorhandenen Petitionen und Listen ist ein großer Teil erhalten in BAF DB 51 u. 58, vgl. Best, bes. S. 125–150; Moldenhauer-Schenk; für Nassau vgl. die Auswertung von Klötzer

[330] in der Regel über die Bürgermeister oder Schultheißen; Best (S. 195) konnte für Nassau noch 17.522 Unterschriften ermitteln, wodurch Lossens Zahlenangabe der Größenordnung nach als realistisch erscheint; vgl. auch die Gesamtzahlen bei Best S. 125–150

[331] Felix Prinz zu Hohenlohe-Oehringen, 1818–1900, württembergischer Oberst; sein Bruder war der Schwiegersohn des Fürsten zu Fürstenberg (s. Anm. 302)

[332] Anton Ch., Richter aus Bruchsal in Baden – Best S. 314

[333] Theodor Tögel, Dr., Journalist aus Augsburg, Schüler und Freund von Friedrich List – Finger S. 14, Best S. 315

[334] Wilhelm Oechelhäuser, 1820–1902, Dr. phil. h. c., Industrieller, 1848–50 Sekretär und Assessor im Reichshandelsministerium in Frankfurt a. M., später Bürgermeister von Mülheim a. d. Ruhr, Generaldirektor der Deutschen Continental-Gas-Gesellschaft, Mitglied des Reichstages

[335] Friedrich Ferdinand von Kerstorf, Dr., Spinnereibesitzer in Augsburg – Best S. 208, 225 u. 316

[336] Karl F., Textilfabrikant in Augsburg – Best S. 314 u. 316

[337] Friedrich Wilhelm Otto Ludwig Freiherr von R., 1804–57, 1824–41 im hannoverschen Staatsdienst, dann Direktor einer Eisenbahngesellschaft und Leiter von Ausstellungen sowie 1843–49 Regierungsrat im preußischen Außenministerium; Mitglied der NV 1848/49; reiche schriftstellerische Tätigkeit

[338] Karl D., 1796–1862, Textilfabrikant in Eilenburg Kreis Delitzsch, Mitglied der NV 1848/49

[339] Friedrich B. W. von Hermann, 1795–1868, Nationalökonom, 1839 Leiter des bayrischen Statistischen Bureaus, 1845 Ministerialrat im bayrischen Innenministerium, 1848 Mitglied der NV

[340] 1782–1859, von der NV am 19. 6. 1848 zum Reichsverweser gewählt

[341] Heinrich Freiherr v. G., 1799–1880, März 1848 Staatsminister in Hessen-Darmstadt, Mai 1848 Präsident der NV, 1848–49 Reichs-Ministerpräsident; 1864–72 hessen-darmstädtischer Gesandter in Wien

[342] Druckschrift „Eisen-Schutz-Zoll", Frankfurt a. M. 1848

[343] BAF DB 58 Nr. 61, rote Nr. 438 Bl. 167–200, mit Begleitschreiben Bl. 166, handschriftlich; eine volkswirtschaftlich-statistische Studie, die das Arbeitsplatzargument betont; bereits am 29. 1.–1. 2. 1849 hatte Carl Lossen eine Eingabe gegen dieselbe Druckschrift eingereicht mit den Unterschriften von 13 Firmen vom Mittelrhein und aus dem Siegerland – ebd. rote Nr. 269

[344] Protokoll ebd. rote Nr. 643 Bl. 219–223, unterschrieben von 7 Bevollmächtigten, an erster Stelle Carl Lossen; vgl. Best S. 160f u. 367

[345] möglicherweise in Verbindung mit einer Versammlung in Kassel Anfang Mai 1850 – vgl. Finger S. 71f, Best S. 283 u. Sydow S. 117f; Buck III S. 105f

[346] 1799–1871, seit 1827 Leiter des Eisenwerks in Alf an der Mosel, das sein Bruder Ferdinand (1788–1848) unter Beteiligung der Stammfirma Remy, Hoffmann & Cie., Bendorf, seit 1825 aufgebaut hatte – Schröder S. 118–122

[347] Hermann Wilhelm von Eicken, Mülheimer Kaufmann, übernahm 1846 den dritten Teil der Firma Deus, Moll & von Eicken (=Friedrich Wilhelms-Hütte) – AT 142-02, F.W.H.-Chronik, masch.-schr., S. 54

[348] Die Eisenindustrie Preußens, ihre Wichtigkeit und ihr Schutzbedürfnis mit Hinblick auf den Vertrag des Zollvereins mit Belgien vom 1. 9. 1844, Berlin 1850 – Buck III S. 105

[349] Sydow S. 118 mit Quellenangabe

[350] vgl. Sydow S. 118–120, der die Ausnahmestellung der Walzwerksfirma T. Michiels in Eschweiler herausstellt; Buck III S. 106

[351] vgl. Anm. 345; über Namen und weiteres Schicksal dieses „Separatvereins" ist praktisch nichts bekannt

[352] Generalkonferenz des Zollvereins in Kassel 1850, fortgesetzt Anfang 1851 in Dresden und Wiesbaden

[353] Tögel, s. Anm. 333

[354] *Stephan* Viktor Erzherzog von Österreich, 1817–67, 1844 Landeschef in Böhmen, 1847 Palatin (=Vizekönig) von Ungarn, nach seiner Abdankung 1848 auf seinem mütterlichen Erbteil Schloß Schaumburg ansässig, vgl. Anm. 48 u. 363; vgl. Münzing S. 154–156

[355] zur angeblich proösterreichischen Haltung Carl Lossens vgl. S. 18 f

[356] eigentlich ein preußisch-österreichischer Handelsvertrag, er ermöglichte die Verlängerung der Zollvereinsverträge weitgehend nach preußischen Vorstellungen – Hahn 1984 S. 149–151

[357] gegründet in Halle, schutzzollorientiert, Geschäftsführer war W. Oechelhäuser (s. Anm. 334), später nach Düsseldorf verlegt und in Zollvereinsländischer Eisenhüttenverein umbenannt, ging 1874 im Verein deutscher Eisen- und Stahlindustrieller auf – Best S. 283; Erdmann, Manfred: Die verfassungspolitische Funktion der Wirtschaftsverbände in Deutschland 1815–1871, Berlin (W) 1968, S. 213 f; 75 Jahre Verein deutscher Eisenhüttenleute 1860–1935, in: StuE 55 (1935), H. 48, S. 1253–1450, hier S. 1262

[358] Vorläufer des „Vereins zur Wahrnehmung der gemeinsamen Wirtschaftlichen Interessen in Rheinland und Westfalen" (Langnam-Verein) von 1871; wollte u. a. die Interessen der Kohleverbraucher organisieren, schlief aber bald ein – Winschuh, Josef: Der Verein mit dem langen Namen, Geschichte eines Wirtschaftsverbandes, Berlin 1932, S. 13; Henning, Friedrich Wilhelm: Düsseldorf und seine Wirtschaft Bd. 2, Düsseldorf 1981, S. 497

[359] Eduard Ferdinand Haas, 1803–64, seit 1825 im nassauischen Staatsdienst, seit 1829 für den Flußbau an Rhein, Main und Lahn zuständig, 1830 in Diez, 1840 Wasserbauinspektor (für die Lahnkanalisierung), 1851 Baurat in Wiesbaden, 1854 Mitglied der Landesregierung – Eckoldt 1979 S. 115 Anm. 52; ders. 1980 S. 21

[360] Ausschußbericht vom 23. 3. 1840, abschriftlich in HSAWi 211 Nr. 8022b Bl. 39–72

[361] Gutachten nicht überliefert; vermutlich bezieht sich der Hinweis betr. Unfälle auf die Probefahrt vom 23. 6. 1839, bei der sich die Lokomotive als zu schwach erwies – Eiler S. 77; die „Taunus-Eisenbahn" von Frankfurt nach Wiesbaden wurde abschnittsweise zwischen dem 11. 9. 1839 und dem 13. 4. 1840 eröffnet, die Zweigstrecke nach Biebrich (zuerst für kurze Zeit als Pferdebahn) am 3. 8. 1840 – Orth, Peter: Die Kleinstaaterei im Rhein-Main-Gebiet und die Eisenbahnpolitik 1830–1866, Diss. Frankfurt a. M., Limburg a. d. Lahn 1938, S. 28–39; Lerner S. 53–55; Herzogtum Nassau S. 500; Struck S. 118

[362] vom 28. 7. 1840, in: HSAWi 211 Nr. 8022b Bl. 233–239; die Anlage A (Beschreibung der Schiffahrtsverhältnisse auf der Ruhr) hat Carl Lossen selbst geschrieben, ebenso die Legenden auf einer Karten-, einer Bauplan- und einer Schiffsskizze, ebd. Bl. 241–260; Lossen hatte sich selbst darum bemüht, mitfahren zu dürfen – ebd. Bl. 213, vgl. Eckoldt 1979 S. 109

[363] Erzherzog Joseph von Österreich, 1776–1847, seit 1795 Palatin (=Vizekönig) von Ungarn, heiratete 1812 Prinzessin Hermine von Anhalt-Bernburg-Schaumburg (gest. 1817) und wurde dadurch Herr dieser 1806 mediatisierten Standesherrschaft und Besitzer von Grube und Hütte in Holzappel

[364] Karl Ludwig Heusler, 1790–1851, Geheimer Oberbergrat und Leiter des Bergamtes Siegen

[365] Tamines, Steinkohlengrube bei Charleroi (Belgien)

[366] Moignelée, desgl.

[367] Carl Lossens ausführlicher Bericht vom 1. 2. 1846 (Umfang 30 Blätter) ist enthalten in HSAWi 210 Nr. 2337; er wurde begleitet von Bergmeister Horstmann, Diez, und Bergmeister Bauer, Düren; zur Bewilligung seiner Reisekosten ebd. Nr. 9338

[368] Maschinenfabrik und Gußwarenhandlung, 1830 von Fr. Seb. Menn mit Hilfe von Althans (s. Anm. 217) gegründet zur Belieferung der privaten Hüttenwerke; 1839–53 unter der Firma Q. J. d'Ester bezeugt; 1856: Fr. Ferd. von Bleul; 1865 an Krupp verkauft; die Familie d'Ester betrieb vor allem eine bekannte Lederfirma in Vallendar – LHAK 441 Nr. 17677 u. 17791; LHAK 655,64 Nr. 724; Althans S. 173; A. Schmidt S. 210 u. 212; Kemp, Franz Hermann, u. Udo Liessem: Bendorf-Sayn, Rheinische Kunststätten H. 294, 1984, S. 28 f; die Vornamen Quirin Joseph sind bezeugt in LHAK 655,64 Nr. 724

[369] zur Nieverner Hütte, seit 1817 im Besitz der urspr. wallonischen Familie Grisar, 1849 mit dem ersten Kokshochofen in Nassau, vgl. Ortseifen S. 10–15; F. Keller II (22) S. 10–30; Keller, Ferdinand: Bericht über die Entstehung der Gießerei 1849–1860, Verein für Geschichte, Denkmal- und Landschaftspflege e. V. Bad Ems, Sonderausgabe Nr. 7 der Vereinsnachrichten aus Anlaß des 50. Jahrestages der Schließung der Nieverner Hütte am 9. Januar 1932, Bad Ems 1982; Brand, Ute: Mariot und Grisar, Hüttenbesitzer zu Nievern, desgl. Nr. 4, Bad Ems 1982, S. 11 u. 21–23

[370] die Ernennung Odernheimers (s. Anm. 269) ist belegt in HSAWi 212 Nr. 3658 Bl. 1; zur Weltausstellung allg. – Schumacher S. 178–193; Haltern, Utz: Die Londoner Ausstellung von 1851, Münster 1971; unter den Ausstellern war auch Mathias Lossen, Michelbacher Hütte, der mit einer „ehrenvollen Erwähnung" belohnt wurde – LHAK 403 Nr. 8250 Bl. 270

[371] Friedrich *Ludwig* W., 1809–73, 1832–67 im Staatsdienst als Bergmeister in Dillenburg und seit 1840 in Weilburg, 1862 Bergrat – HSAD OBB 1348

[372] Rudolf W., 1847–66 Distriktsbaumeister in Limburg, vorher Landbaumeister für die Stadt Wiesbaden

[373] vermutlich der 1850/51 verkaufte Domanialhammer bei Haiger, der 1856 zur Holzkohlen-Eisenhütte umgebaut wurde (Leopoldshütte, Haiger Hütte AG; 1865 auf Koks umgestellt) – Nies-Haspe S. 9 f; Einecke S. 392; Vom Ursprung I S. 208 u. 214

[374] die von Preußen geplante und 1855 der Köln-Mindener Eisenbahngesellschaft konzessionierte Linie (Köln-)Deutz–Betzdorf–Dillenburg–Gießen sollte auf etwa 22 km nassauisches Gebiet benutzen, Nassau hielt jedoch die 1851

weitgehend abgeschlossene Lahnkanalisierung für ausreichend und wollte nur zustimmen, wenn Preußen seinerseits die Eisenbahnlinie auf dem rechten Rheinufer von Niederlahnstein bis (Köln-) Deutz genehmigen würde; die Verhandlungen waren 1855 abgebrochen worden; zeitweise hatte Nassau auch die Lahntal-Eisenbahn mit einer zusätzlichen Stich-Strecke nach Dillenburg ausbauen wollen; erst 1860 kam es zu einer Einigung über das preußische Projekt und am 12. 1. 1862 zur Eröffnung der letzten Teilstrecke Dillenburg–Gießen – Lerner S. 123–125; Fuchs, Konrad: Eisenbahnprojekte und Eisenbahnbau am Mittelrhein 1836–1903, in: NA 67 (1956), S. 158–202, hier S. 179–187; ders.: Die Erschließung des Siegerlandes durch die Eisenbahn (1840–1917), Wiesbaden 1974, S. 70f

[375] Ludwig Völkel (Louis Völckel) aus Haiger beantragte 1841 den Bau eine Puddel- und Walzwerks auf der Lahninsel beim Kloster Altenberg bei Wetzlar; das Werk wurde gebaut und bestand bis 1857 – Porezag, Karsten: Bergbaustadt Wetzlar, Geschichte von Eisenerzbergbau und Hüttenwesen in historischer Stadtgemarkung, Wetzlar 1987, S. 88–90 u. 204–206; ob der Prozeß 1856 der Grund für den Abbruch des Werkes 1857 war, ist unbekannt

[376] Eisen- und Hüttenwerk bei Sonneberg bzw. Hüttensteinach in Thüringen

[377] vermutlich Christoph B., 1782–1863, Naturforscher, Techniker und Nationalökonom, 1835 Prof. für industrielle Wissenschaften in Basel

[378] 1850 von dem Engländer John Player gegründete Weißblechfabrik mit Puddel- und Walzwerk; 1854 auch die Konzession zum Bau zweier Hochöfen beantragt, aber 1856 Konkurs; das Werk wurde 1857 von einem Mitglied der Familie Buderus erworben und in „L. Fr. Buderus Germania" bzw. „Germaniahütte" umbenannt – Vom Ursprung I S. 274f, 294 u. 299; Diesterweg S. 88; Broecker S. 108

[379] = Mitgliedsurkunde des 1812/13 erstmals gegründeten und 1821 wiederbelebten „Vereins für Nassauische Alterthumskunde und Geschichtsforschung" in Wiesbaden – Herzogtum Nassau S. 294, wo auch ein solches Diplom von 1822 abgebildet ist; die in den Annalen des Vereins (später: NA) 3 (1839), H. 1, S. 127 abgedruckte Mitgliederliste führt die Brüder Mathias und Carl, Hüttenbesitzer, sowie Johann Wilhelm L., Bau-Accessist, auf; vgl. Struck, Wolf-Heino: Gründung und Entwicklung des Vereins für Nassauische Altertumskunde und Geschichtsforschung, in: NA 84 (1973), S. 98–144

[380] Entwurf des Schreibens in: HSAWi 210 Nr. 9338

[381] zweite allgemeine deutsche Gewerbeausstellung in Berlin, ab 15. 8. 1844 (nach der ersten 1842 in Mainz) – Schumacher S. 176; Carpenter, Kenneth E.: European Industrial Exhibitions before 1851 and their Publications, in: Technology and Culture 13 (1972), S. 465–486, hier S. 479; Gebr. Lossen, Michelbacher und Emmershäuser Hütte, hatten ein Wagenradmodell und andere Exponate ausgestellt; die Auszeichnungen wurden im Februar 1845 verliehen, Gebr. Lossen erhielten eine eherne Preismedaille – LHAK 441 Nr. 5483

[382] wie alle anderen Ehrungen zur Gewerbeausstellung 1844 im Februar 1845 bekanntgemacht, z. B. in der Allgemeinen Preußischen Zeitung vom 21. 2. 1845 – LHAK 441 Nr. 5483; der 1705 gestiftete Rote Adlerorden, 1792–1918 der zweite preußische Orden, wurde in 5 Klassen (Großkreuz und 1. bis 4. Klasse) und insgesamt 41 Abstufungen verliehen; er bestand aus einem weißen, in der 4. Klasse mattsilbern emaillierten achteckigen Kreuz, auf dem weißen Mittelschild vorn ein gekrönter roter Adler, hinten „F. W." mit Krone; die 4. Klasse wurde an einem schmalen weiß-orangenen Band im Knopfloch oder an der linken Brust getragen

[383] Antrag Lossens vom 9. 3. und Entwurf des Erlasses vom 18. 3. 1845 in HSAWi 210 Nr. 9338 sowie HSAWi 211 Nr. 8133 Bl. 5; einen nassauischen Verdienstorden gibt es erst seit 1858

[384] Entwurf des Erlasses vom 24. 2. sowie Dankschreiben Lossens vom 6. 3. 1845 an den Herzog und an den Staatsminister in HSAWi 210 Nr. 9338

[385] „Naturhistorischer Verein der preußischen Rheinlande", 1849/50 mit dem Zusatz: „und Westfalens", zeitweise auch „... für die preußischen Rheinlande" („... und Westfalen"), 1843 aus dem „Botanischen Verein am Nieder- und Mittel-Rhein" hervorgegangen, mit einem gedruckten Correspondenzblatt (seit 1843); wichtige Mitglieder waren die leitenden Beamten des Oberbergamtes Bonn, vor allem als Vorsitzender um 1850 Berghauptmann von Dechen (s. Anm. 306) – HSAD C 322

[386] die Urwahl (= Wahl der Wahlmänner) war am 20. 1. 1850, der Wahlmännerentscheid am 31. 1. 1850; Carl Lossen wurde überraschenderweise im zweiten Wahlgang zu einem der vier nassauischen Abgeordneten des Erfurter Parlamentes gewählt, da er ablehnte, wurde in der Nachwahl am 11. 3. 1950 Fürst Hermann zu Wied an seiner Stelle gewählt – von Egidy S. 276–281

[387] ADV, s. Anm. 322–326 bzw. S. 20

[388] s. Abb. S. 60

Anlagen

I Prüfungsarbeit über den Hochofen der Concordiahütte, 1845
(Nordrhein-Westfälisches Hauptstaatsarchiv Düsseldorf, Oberbergamt Bonn 999c Nr. 1)

[1] Beantwortung der Aufgabe ad N°. 1.
Aufnahme und Auszeichnung des Hohofens auf der Concordiahütte nach seiner Konstruction.

Die beiliegenden Zeichnungen[a] stellen die Konstruction eines Hohofens auf der Concordiahütte dar, und zwar enthält Tab[ula] I zwei Vertical-Durchschnitte eines der beiden gleich construirten Oefen im Maßstabe 1 : 48 der natürlichen Größe, wobei der Luftheizungsapparat wegen dem kleinen Maßstabe in [2] den betreffenden 2 Ansichten gegeben, und zur Darstellung seines Innern auf Tab[ula] II, im Maßstabe von 1 : 24, in drei Durchschnitten aufgezeichnet ist.

Die beiden Hohofen liegen nebeneinander in demselben Hohofenthurme, und stehen durch die zwischen den Rauhmauern geschlagenen Gewölbe G und H mit einander in Verbindung.

Die Fundamente der Oefen sind nicht massiv aufgeführt, sondern die Pfeiler P sind durch Kreuzgewölbe A überspan[n]t, [3] und unten auf die Fundamentmauern U gesetzt, deren oberste Lage v die äußersten Widerlagen P gegeneinander abspannt.

Die Fundamentmauern sind nur an den Begrenzungen bis zur Hüttensohle aufgeführt, in der Mitte dagegen ist der Raum von dem Gewölbe A bis zur Hüttensohle mit Lehm ausgestampft, auf welchem der Bodenstein des Gestelles[389] liegt.

Zum Abzug der Feuchtigkeit gehen 4 Kanäle unter dem Bodenstein her, welche in den Formgewöl-[4]ben[390] und dem hinteren Arbeitsgewölbe münden, wie dies in Fig[ur] 1 und 2 durch die punktirten Linien angegeben ist.

Der Schacht wird durch die Rauhmauern R umschlossen, die nicht massiv bis zur Grenze des Thurmes geht, sondern durch den ringsum laufenden überwölbten Gang D durchbrochen ist, wodurch an Material erspart, und die auf die Fundamente drückende Last vermindert wird. Aus demselben Grunde ist der Raum über dem überwölbten Gang D bis zu den Gußeisen-Plat-[5]ten des Gichtbodens[391] mit Bimsstein ausgefüllt.

Die Rauhmauer wird von 4 Pfeilern S getragen, zwischen welchen die hintern und vordern Arbeitsgewölbe, und die beiden Formgewölbe liegen; – erstere sind durch die Muschel- (¼ Kugel-) Gewölbe X, und letztere durch die Gewölbe Y überbaut. – Zu dem Schutze dieser Gewölbe gegen die darauf drückende Last, sind in die Rauhmauer R, vier Gurtbogen W und V geschlagen.

Die Schildmauern m. m in den Formge-[6]wölben, und n. n in den Arbeitsgewölben werden von den eisernen Balken e getragen, welche in den Pfeilern S aufliegen.

Durch das vordere Arbeitsgewölbe geht ein Canal E zum Abzug des Dampfes und Staubes, welcher vom Walle aufsteigt, und durch das Schild s verhindert wird, in die Hütte zu ziehen. –

B ist ein Verbindungsgang des rechten Formgewölbes mit dem hinteren und vorderen Arbeitsgewölbe.

In den Rauhschacht ist das Schachtfutter [7] F mit 3 Zoll Entfernung von den Wänden aus Bendorfer Sandstein aufgeführt, – und an dieses der durch feuerfeste Ziegeln gebildete Kernschacht K gesetzt. Aus demselben Material besteht die Rast[392], welche auf das Gestell[389] aufgemauert ist.

Das letztere wird ganz aus Quadern von Grauwackensandstein gebildet.

Das vor dem Timpelstein[393] liegende Timpeleisen t ist hohl, um es durch durchströmende Luft kühl zu erhalten.

Die gußeisernen [8] Wasserformen[394] f liegen so, daß die eine 9 [Zoll] von der Rückwand, die andere 9 [Zoll] von der Timpelseite[393] entfernt ist; die beiden Mittellinien gehen rechtwinkelig gegen die Backensteine.

Ueber der Gicht[391] wird ein Theil der Gase durch den Kanal H zu dem Heitzapparat abgeleitet, welchen Tab[ula] 1 in der Ansicht von vorne und von der Seite, Tab[ula] 2 in den beiden entsprechenden Vertical-Durchschnitten darstellt.

Der Apparat besteht aus sechseckten Röhren, welche zu [9] drei in 8 Reihen über einander liegen, und durch Kniestücke verbunden sind[395].

Der kalte Wind strömt aus dem Gebläse in die Gewölbe N, welche durch gute Vertrassung der Wände als Trockenregulator des Gebläses benutzt werden.

Aus diesen Gewölben kann der kalte Wind direkt durch das zwischen beiden Oefen aufsteigende Rohr d nach den Formen geleitet werden, oder man läßt ihn durch die Windleitung O zu dem Apparate aufsteigen [10] und durch die Leitung Q zwischen beiden Oefen herunter gehen.

Unter dem Gewölbe theilt sich die Röhrenfahrt in 2 Theile zur Versorgung beider Oefen. Ein Theil des Windes geht durch die Düse a, ein anderer durch die Röhren c unter dem Bodenstein[389] durch nach der Düse b.

Die Absperrungen des Kalten oder warmen Windes, erfolgen durch die 3 Ventilstücke v.

Concordiahütte im März 1845

v[on] Huene[b]

II Brief Carl Lossen an Hermann von Braunmühl, 1856
(Thyssen-Archiv/Familienarchiv Lossen, Schatulle „Concordiahütte, Quellen")

[2R = Außenseite]

An Fürstlich Fürstenbergischen Hütten Assistenten Herrn von Braunmühl[203] Woh[lgeboren]
Thiergarten p[ost] Moeskirch bei Sigmaringen
frei

[Poststempel:]
[1] BENDORF 12/5 8 9
[2] K. WÜRTT. FAHRE . .[a] POSTAMT 13 5 Z. 7
[3] FRIEDRICHSHAFEN 14 5 . .[a]
[4] MÖSKIRCH 15 Mai

[1V] Concordiahütte 11 May 1856

Werthester Herr:

Ihr geehrtes Schreiben vom 27 April ist mir zugekommen, und freut es mich, daß Sie Ende May eintreten können. Die Arbeiten für den Neubau häufen sich sehr und ich kann nicht alle bestreiten; auserdem ist vieles zu berathen, um keine Anordnungen zu treffen, die man bereut. Nicht weniger läßt der gegenwärtige Betrieb vieles zu wünschen; meine Hülfe ist der Sache nicht vollkom[m]en gewachsen und es fehlt an dem Verwaltungs Glied, welches speciell Alles überwacht und das Ineinandergreifen des Betriebs leitet. Ich schiebe den Neubau deshalb auch hinaus, soviel als möglich, fürchte aber[b] sehr zum Nachtheil der Zeit.

Der Maschinen-Fabrik habe ich nach Immendingen[232] geschrieben, daß ich ihre Absprache mit Herrn Wolf billige, habe jedoch noch keinen Plan erhalten – zur Dampfmaschine. Der Monteur ist hier um den zweiten Dampfham[m]er zu montieren; alle andern Sachen zur zweiten Walzlinie sind ebenfalls bestellt.

Die Esse für die zwei Schweisöfen ist im Bau; diese Ofen eilen der Hammer und der Scheeren wegen am meisten. Ich war in Achen, wegen der Dampfkessel[396]. – Für die zwei [1R] Schweißöfen, habe ich einen Kessel von 50 Pferden Heizfläche bestellt, bestehend aus 2 Kessel à 29 [Fuß] lang, 42 [Zoll] D[iameter], mit unten liegenden Vorwärmröhren von 30 [Zoll] D[iameter]:

Dasselbe Kessel System sollte, nur einfach, für je zwei Puddel Ofen in Anwendung kommen à 30 Pferd K[raft] Heizfläche für jeden Kessel. Diese würden dann 48 [Zoll] D[iameter], 31 [Fuß] lang mit Vorwärmröhren von 32 [Zoll] –. (siehe die Anlage[c])

Ich sah nun in Achen Locomotiv Kessel mit Röhren in Arbeit, für einen Cupol-Ofen[397], und weiter waren solche Kessel für Puddelöfen bestellt.

Man hat mir unbedingt dazu gerathen, für den Fall unser Wasser keinen Pfannenstein ansezt, was nur in sehr geringem Grade der Fall ist –. Ich habe nur den Anstand, daß[d] Proben mit diesen Kessel noch wenige vorliegen, und bin unsicher, ob der Zug durch die Röhren von 3 [Zoll] Weite nicht zu gehemmt ist.

Ein Kessel nach der Anlage, wiegt 14.500[e] [Pfund] und kostet frei Coeln Th[aler] 95 p[er] m[ille] 1377 Th[aler].

Ein Röhrenkessel von 30 Pferden K[raft] wird nur 12 [Fuß] 3 [Zoll] lang 4 [Fuß] 6 [Zoll] D[iameter] mit 64 Röhren à 3 [Zoll] und soll 1500 T[haler] kosten, wobei an Raum und an Maurung vieles erspart wird.

Es ist sehr verführerisch darauf einzugehen; da die Kosten sich nahezu[b] ausgleichen, nur würde der bestehende Kessel von 22 [Fuß] Länge und 4 [Fuß] D[iameter], den man aber[b] auf 31 [Fuß] erlängen müßte, nicht verwendet werden.

[2V] Ich glaube, der Beschluß läßt sich bis zu Ihrer Ankunft verschieben, da wir vorerst noch andere Dinge zu machen haben, und ich schreibe nur deshalb, um Sie zu fragen, ob Sie von der Anwendung dieser Kessel noch keine Erfahrung haben oder erlangen können? Für die Dauer und den Effect der Kessel, die niemals an Dampf Kraft nachließen, will man garantiren.

Ihre Mobilien besorgt meine Frau bestens, nach ihrer Angabe. Chabott[398] und Ambos lasse ich auch noch im Guß ausgestellt, für den Fall Sie noch Abänderungen wünschen –.

Empfehlen Sie mich dem Director Herrn Wever und seiner Frau bestens, und empfangen Sie meine herzlichen Grüße Ihr
C[arl] Lossen

[3V] Zwischen dem Herrn v[on] Braunmühl[203], dermal Assistent bei dem Fürstlich Fürstenbergischen Hütten Amte zu Thiergarten[298], und dem gesetzlich bestellten Representanten der Hütten-Gewerkschaft, Gebr[üder] Lossen zu Concordiahütte, im Regierungsbezirk Coblenz, Oberbergrath Carl Lossen daselbst, wurde nachstehender Vertrag abgeschlossen.

§ 1. Herr v[on] Braunmühl tritt in die Dienste vorbenannter Gewerkschaft, als Betriebs-Beamter des Werk's.

§ 2. Die Functionen des Dienstes bestehen:
a. in der Leitung des Hohofen Betriebs, in sofern der Representant dafür keine andere Bestimmung trifft.
b. des Puddel- und Walzwerk-Betrieb's, auf die Produktion von drei bis vier Puddelöfen berechnet.
c. in Beaufsichtigung der dazu erforderlichen Werkstätten und Maschinen, einschließlich der Projectirung und Leitung neuer Baueinrichtungen.
d. in Führung der betreffenden Betriebs Tabellen, des Bestellungs-Buchs, der Lohn Bücher nebst Aufstellung der monatlichen Lohnlisten, der Inventar Bücher des Werk's –.

§ 3. Als Beihülfe dienen, der Platz Meister, und der Material Verwalter, in allen einschlagenden Fällen.

§ 4. Buchhalter und Material Verwalter, sind dem Betriebs Beamten zuordinirt, Platz Meister und Werkmeister subordinirt.

[3R] § 5. Dem Betriebs-Beamten steht es zu die Löhne der Arbeiter zu fixiren, die Ordnung und den pünktlichen Gehorsam der Werkleute zu handhaben, ungehorsame Arbeiter zu bestrafen oder zu verabschieden, die Meister dagegen nur zu suspentiren, und dem Representanten die weitere Entscheidung vorzubehalten.

§ 6. Der Betriebs-Beamte ist dem Representanten, als verantwortlichem Dierigenten des Werkes subordinirt und verantwortlich, hat mit demselben alle Dienstsachen zu berathen, ihm die Resultate des Dienstes jederzeit vorzulegen. -

§ 7. Alle perodischen Abschlüsse des Betriebes erfolgen monatlich, der Haupt Schluß mit Ende des Jahres, wenn nicht anders darüber bestimmt wird –.

§ 8. Eine Tadellose Dienstführung, ein einheitliches Zusammen Wirken mit dem übrigen Verwaltungs-Personal wird als selbstverstanden vorausgesetzt.

§ 9. Der Representant sichert namens der Gewerkschaft dem Herrn v[on] Braunmühl zu:

a. einen Jahres Gehalt von Ein tausend thaler pr[eußisch] C[ouran]t zahlbar in Monat Raten zu Th[aler] 800 aus der Werk-Casse und Th[aler] 200 aus der General Casse der Gewerkschaft –.
[4V] b. Freie Wohnung beim Werk, bestehend in einem oberen Stock mit 6 Zimmer, Küche Keller und Speicher, nebst Garten beim Haus.
c. Nach 1½ Jahr Dienst, soll auf die Quantität des Waaren Verkaufs aus dem Walzwerks Betrieb, eine Gehalts Erhöhung von zwei hundert thaler jm Jahr eintreten, und als Tantieme Norm [b], sowohl für das vorhergegangene eine Jahr, als auch für die nachfolgenden Dienst Jahre gelten, wie sich auch immer die Produktion heben oder verringern mag –. Diese Tantieme soll statt aus der Hütten Casse, aus der General Casse der Gewerkschaft zahlt werden –.

§ 10. Der vorstehende Vertrag ist auf die Dauer von drei Jahre abgeschlossen, mit Vorbehalt einer beiderseitigen Kündigungs Frist von einem halben Jahr, vor dem Ablauf jener Vertrags Dauer. Eine frühere Entlassung aus dem Dienst, ohne Entschädigung soll nur durch gravirende Dienstvergehen bedingt, der Gewerkschaft zustehen –. Sollte dagegen die Gewerkschaft veranlaßt sein aus irgend einem anderen Grunde das Dienstverhältniß vor Ablauf der vertragsmäsigen Dienstzeit zu lösen, so soll dem Herrn von Braunmühl der Gehalt eines halben Jahres, als Entschädigung von der Gewerkschaft zahlt werden.

[4R] § 11 Der Vertrag und mit ihm die Dienst Zeit, tritt in Kraft, mit dem Eintritt des Herrn v[on] Braunmühl der von dessen Austritt aus seinem dermaligen Dienste abhängig ist. Sollte dieser Austritt sich länger verzögern als es für die vorliegenden Werks Einrichtungen auf Concordiahütte erwünscht ist, so unterzieht sich Herr v[on] Braunmühl den Berathungen die etwa nothwendig sein sollten durch Correspondenz.

§ 12. Vorstehender Vertrag wurde zweifach ausgefertigt, beiderseits unterzeichnet, und jedem Contrahenten ein Exemplar davon eingehändiget –.

Concordiahütte am 1 Merz 1856.

C[arl] Lossen
Representant der Gewerkschaft
Gebr[üder] Lossen.

Anmerkungen

(zu Anlage I, S. 75)
[a] nicht überliefert
[b] eigenhändige Unterschrift

(zu Anlage II, S. 76–77)
[a] verwischt
[b] ü. Z.
[c] nicht überliefert
[d] folgt gestrichen: der
[e] korrigiert aus: 14.000

(zu beiden Anlagen, S. 75–77)

[389] „Gestell" = die unterste Zone des Hochofenschachtes, der Schmelz- und Reduktionsraum; sein Boden wird aus einem einzigen großen Stein, dem „Bodenstein", gebildet
[390] die Umfassung des Hochofens, das „Rauhgemäuer", wies unten 2 bis 4 mannshohe Gewölbe auf, Aussparungen, von denen eine als Arbeitsraum diente (Arbeits-, Schmelz- oder Abstichgewölbe) und die anderen, meistens 2 einander gegenüberliegende, der Zuführung des Gebläsewindes durch „Formen" = Düsen in der Wand des Gestelles
[391] ein Hochofen wird durch die obere Öffnung des Schachtes, die „Gicht", beschickt, wobei die Arbeiter auf dem „Gichtboden" oder der „Gichtbühne" stehen
[392] „Rast" = Teil des Hochofenschachtes oberhalb des Gestells, wo sich der Schacht schräg nach außen erweitert („Kohlensack", Kohlungs-Zone)
[393] „Timpelstein" oder „Tümpelstein" = Stein über dem Vorherd oder der Abstichöffnung des Hochofens; auf der Außenseite wurde er durch das „Timpeleisen" („Tümpeleisen") gegen die unter ihm hervorschießende Flamme geschützt
[394] wassergekühlte Düsen für die Gebläseluft in der Wand des Gestelles
[395] ähnlich dem Wasseralfinger Apparat mit Schlangenröhren; in den 1860er Jahren verbesserte Winderhitzer, die die Gebläseluft auf 300–400 °C vorwärmten – AT Braubach S. 4
[396] vermutlich bei den Dampfkessel-Herstellern Neumann & Esser, die bei der Pariser Weltausstellung 1855 eine „ehrenvolle Erwähnung" für ihre Hochdruck-Dampfmaschinen erhielten – v. Viebahn/Schubarth a.a.O. (s. Anm. 233) S. 79 – oder bei J. Piedboeuf (Kesselfabrik, später in Düsseldorf) – vgl. Bruckner, Clemens: Zur Wirtschaftsgeschichte des Regierungsbezirks Aachen, Köln 1967, bes. S. 161–172; übrigens wurde die 1863 von der Concordiahütte angeschaffte Dampfmaschine von der Maschinenfabrik von Bleul (s. Anm. 368) im benachbarten Sayn gebaut – AT Braunbach S. 4; zur Entwicklung des Dampfkesselbaus allgemein – Matschoss, Konrad: Die Entwicklung der Dampfmaschine, 2 Bde., Berlin 1908, bes. I S. 454–459 u. 608–617, danach müßte es sich bei den angebotenen Lokomotiv- oder Wasserrohrkesseln um ausländische Fabrikate gehandelt haben; diese Bauart wurde in Preußen 1855 behördlich zugelassen – Buck II S. 109
[397] Eisenschmelzofen für Gießerei, ursprünglich in Form und Bauweise nach dem Vorbild des Hochofens gestaltet, vgl. allg. Pfannenschmidt
[398] Schabotte = Unterlage oder Block, in den der Amboß des Hammerwerks eingelassen ist; von lateinisch caput = Kopf

150 Jahre Concordiahütte
1838 – 1988

Die Concordiahütte in Bendorf am Rhein kann im Jahre 1988 auf ihr 150jähriges Bestehen zurückblicken.

Heute ist die Concordiahütte ein Werk der Thyssen Guss AG, die mit ihren insgesamt 13 Werken und Beteiligungen im In- und Ausland über praktisch alle gießtechnischen Fertigungsverfahren verfügt. Die Lieferungen und Leistungen der Thyssen Guss AG auf dem Gebiet des Serieneisengusses, insbesondere für den Kraftfahrzeugbau, stellen heute den Produktionsschwerpunkt der Concordiahütte Bendorf und ihres Schwesterwerkes Bergische Stahl-Industrie Remscheid dar.

Zur Zeit erwirtschaften die rund 450 Mitarbeiter der Concordiahütte einen Jahresumsatz von etwa 70 Mio DM; sie produzieren in der Seriengießerei jährlich etwa 17000 t maschinengeformte Eisengußteile – zum Teil als einbaufertige Komponenten – und nach dem Handformverfahren 3600 t Gußstücke. Hinzu kommt die Fertigung der Bearbeitungswerkstatt, vor allem Stahlbau und Verbundkonstruktionen für den Maschinen- und Anlagenbau.

Die Concordiahütte ist vor 150 Jahren als Eisenhütte und Stahlwerk gegründet worden. 25 Jahre später kam die Eisengießerei als wichtiger Betriebszweig hinzu, und seit 1926 sind die Gießereibetriebe der Hauptbestandteil des Werkes.

In ihrer wechselvollen Geschichte hat die Concordiahütte Zeiten großer Erfolge und schwerer Krisen erlebt. Immer wieder waren Umstellungen und Investitionen in großem Umfang erforderlich. Leistungen und Erfindungsgeist der Mitarbeiter haben jedoch alle Schwierigkeiten überwunden, und die Güte ihrer Erzeugnisse hat den Bestand und den guten Namen der Concordiahütte über nunmehr 150 Jahre gesichert.

Seit der Gründung war die Concordiahütte in der Stadt Bendorf und ihrer Umgebung ein beachtlicher Wirtschaftsfaktor. Seit über 60 Jahren ist sie mit Abstand der größte Arbeitgeber am Ort.

Stolz und Anerkennung für die Leistungen der Vergangenheit, Vertrauen und Zuversicht für die Zukunft erfüllen Leitung und Belegschaft der Concordiahütte in ihrem Jubiläumsjahr 1988.

Gründung und Aufbau der Concordiahütte 1838-1861

Über die Gründung der Concordiahütte sind wir durch einige erhalten gebliebene Behördenakten, vor allem aber durch ein Schriftdokument unterrichtet, das in diesem Buch erstmals im Druck veröffentlicht wird: die Lebenserinnerungen ihres Gründers, des Unternehmers und Wirtschaftspolitikers Carl Maximilian Lossen (1793 – 1861).

Gemeinsam mit seinen Brüdern Joseph, Mathias und Friedrich betrieb Carl Maximilian Lossen in den Jahren um 1830 einige kleine Hochöfen, Hammerwerke und Eisengießereien in den nördlichen Tälern des Taunus in Domanial-Werken, die man von der damaligen Landesherrschaft, dem Herzogtum Nassau, gepachtet hatte. Der Plan der Brüder Lossen, ein Unternehmen auf eigenem Grund und Boden aufzubauen, bestand schon früh. Sie wollten in eigenen Gruben Eisenerz gewinnen, dieses Erz verhütten und in einem Stahlwerk weiterverarbeiten, das die in der deutschen Eisenindustrie jener Zeit neuartigen Techniken des Puddelns und Walzens einsetzte. Der Standort des Werkes mußte verkehrsgünstig sein, d.h. nicht zu weit entfernt von den Erzgruben liegen und zugleich nahe am Rhein, um den kostengünstigen Wasserweg für die Anlieferung der im Stahlwerk benötigten Steinkohle nutzen zu können.

Der Erwerb von Eisenerzgruben und -grubenfeldern im Lahngebiet sicherte die Rohstoffbasis für das geplante Unternehmen. 1832 wurden mit zwei Mühlen in Mülhofen bei Bendorf das benö-

Concordiahütte um 1870, von Süden, mit den beiden neuen Hochöfen (rechts) und dem Gleisanschluß von 1869
Zeitgenössischer Druck (TGC)

tigte Werksgelände und die dazugehörigen Wasserrechte an der Saynbach gekauft. Am 12. Juli 1838 – dieses Datum gilt als der Beginn der Werksgeschichte – reichte die Firma Gebr. Lossen das Gesuch um die behördliche Genehmigung der Werksanlage ein. Im Sommer 1839 begannen die Arbeiten an den Wasserläufen, und am 29.10.1839 wurde der Grundstein des Hochofenwerkes gelegt, das an diesem Tage den Namen „Concordiahütte" erhielt und am 27.06.1842 seinen Betrieb aufnehmen konnte.

Die beiden Hochöfen arbeiteten, wie alle entsprechenden Anlagen jener Zeit in West- und Süddeutschland, noch mit Holzkohle. Steinkohle benötigte man dagegen für das von Anfang an auch geplante Puddel- und Walzwerk, das aus konjunkturellen Gründen aber erst 1854 in Betrieb kam.

Vor diesem Zeitpunkt dürfte die Concordiahütte etwa 50 bis 60, danach zwischen 130 und 200 Arbeiter beschäftigt haben. Angetrieben wurden die Werksanlagen bis 1853 allein durch Wasserkraft, dann kam schrittweise die Dampfkraft hinzu.

Weitere Einzelheiten der Werksgeschichte bis 1860 enthalten die Lebenserinnerungen von Carl Maximilian Lossen.

Das Familienunternehmen Gebr. Lossen bis 1898

Noch zu Lebzeiten von Carl Maximilian Lossen begann für die Concordiahütte eine Phase des Ausbaus und der Erweiterung. Die beiden Hochöfen wurden von 1860 bis 1862 auf Koks umgestellt und dadurch erheblich leistungsfähiger. Anfang der 70er Jahre kamen zwei neue Hochöfen hinzu, die nicht nur größer, sondern auch technisch besser ausgestattet waren. Der Gleisanschluß an die rechtsrheinische Eisenbahnlinie 1869 verbesserte die Verkehrslage entscheidend.

Zu der bis dahin vorherrschenden Erzeugung von Eisenblech trat seit 1863 die Eisengießerei. Sie wurde zunächst in geringem und ab 1868 in größerem Umfange betrieben, nachdem die Concordiahütte etwa 30 Gießereifacharbeiter der Emmershäuser Hütte übernommen hatte, eines jener nassauischen Pachtwerke, die die Gebr. Lossen bisher noch geführt hatten, nun aber aufgaben. Die Gießerei fertigte anfangs fast ausschließlich Konsumwaren, wie Öfen, Herde und Töpfe. Die überlieferten Musterbuch-Blätter der Concordiahütte aus der Zeit um 1880 zeugen von der Vielfalt des Angebots.

In den wirtschaftlich guten Jahren vor 1870/71 baute man ein neues Verwaltungsgebäude sowie am Nordrand des Werksgeländes die „Zwölf Apostel", eine durchgehende Straßenzeile von zwölf zweigeschossigen Wohnhäusern für jeweils vier Familien. Diese Wohnanlage besteht noch heute und zählt zu den ältesten Arbeitersiedlungen des Bundeslandes Rheinland-Pfalz. Für die Concordiahütte war dies der Beginn des umfangreichen Wohnungsbaus, der bis in die Gegenwart eine herausragende Leistung der Firma auf sozialem Gebiet geblieben ist.

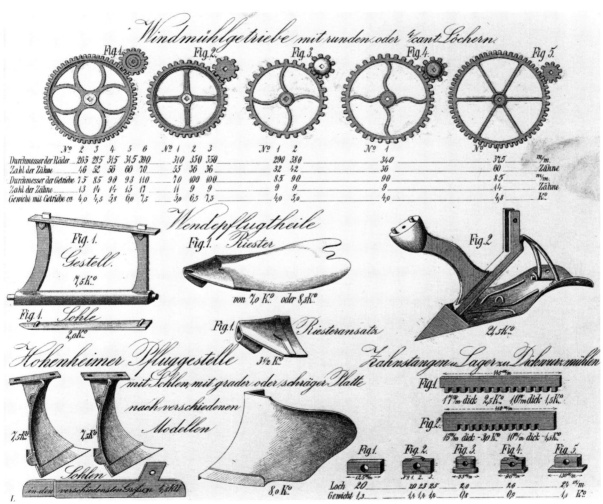

Erzeugnisse der Concordiahütte für Maschinenbau und Landwirtschaft
Musterbuch der Concordiahütte 1880 (TGC)

Nach dem Tod des Gründers Carl Maximilian Lossen 1861 war sein Schwiegersohn Hermann von Braunmühl bis 1898 technischer Direktor der Concordiahütte. Als kaufmännischer Leiter folgten nacheinander Carl Maximilians Neffe Wilhelm Lossen, sein Sohn Ferdinand und ein weiterer Neffe Karl Lossen.

Bis 1874 war das Werk mit bis zu 600 Mitarbeitern voll beschäftigt. Dieser Hochkonjunktur folgte die Depression: Die Zahl der Beschäftigten ging zurück und lag bis 1900 zwischen 400 und 500. Nach 1880 wurden die beiden alten Hochöfen abgebrochen, und zeitweise arbeitete nur noch ein einziger Hochofen; auch das Puddelwerk stand still.

Dennoch wurde weiter investiert, wie der Dampfkompressor zur Druckluftversorgung der Hämmer und Stampfer in der Gießerei, Cowper-Winderhitzer und andere Verbesserungen an einem der Hochöfen, Emaillier- und Vernickelungsanstalten für die Ofenproduktion, elektrische Beleuchtung im ganzen Werk. 1890 nahm man eine Siemens-Martin-Ofenanlage in Betrieb, legte sie aber aus konjunkturellen Gründen 1893 wieder still. Das Produktionsprogramm wurde ergänzt durch schweren Maschinenguß. Eine Kleinbahn, anfangs mit Pferden, dann mit Dampflokomotiven betrieben, übernahm den Transport innerhalb des Werkes sowie zwischen der Hütte und der Schiffslände am Rhein.

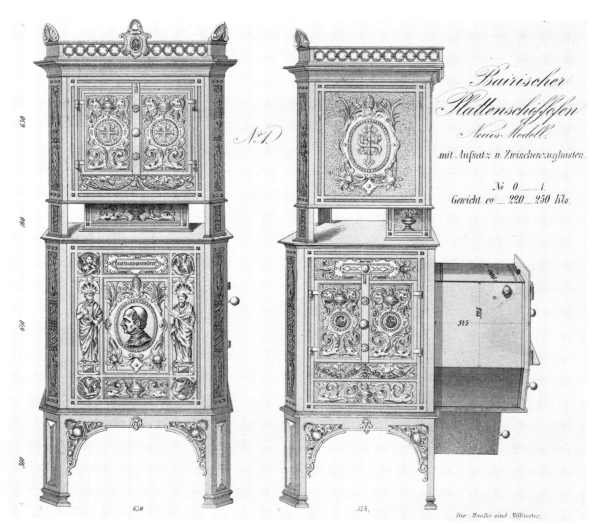

Bayerischer Plattenschiffofen mit christlichen Symbolen und dem Reliefporträt von Papst Leo XIII
Musterbuch der Concordiahütte 1880, Nachtrag von ca. 1886 (TGC)

Die Direktoren Karl Lossen und Hermann von Braunmühl (sitzend, 2. und 3. von links) im Kreise der Hütten-„Beamten", um 1895 (Familie Lossen)

Mitarbeiter der Gießerei um 1895 (Familie Lossen)

Mitarbeiter der Putzerei um 1895 (Familie Lossen)

Mitarbeiter des Bearbeitungs- und Instandhaltungsbetriebes um 1895 (Familie Lossen)

Mitarbeiter der Ofenmontage um 1895 (Familie Lossen)

Die Concordiahütte als selbständige Kapitalgesellschaft 1898–1921

Schon Mitte der 1890er Jahre hatte die Firma Lossen neue Teilhaber gesucht, um das für notwendige Investitionen erforderliche Kapital aufzubringen. Daher war die Umwandlung der bisherigen offenen Handelsgesellschaft in die „Concordiahütte vorm. Gebr. Lossen GmbH" im Jahre 1898 lediglich eine Zwischenlösung, weil die neue Gesellschaft immer noch ausschließlich aus Familienmitgliedern bestand und mit 800 000 Mark Stammkapital eine zu schmale finanzielle Grundlage hatte.

So erwies sich die Bildung der Aktiengesellschaft „Concordiahütte vorm. Gebr. Lossen AG" im Jahre 1900, die dem Werk sofort eine halbe Million Mark Eigenkapital sowie einen größeren Bankkredit zuführte, als dringend notwendig. Neuer Miteigentümer wurde die Pfälzische Bank in Mannheim. Der Familie Lossen verblieben zunächst noch der weitaus größere Teil des auf 1,7 Mio Mark festgesetzten Stammkapitals sowie zwei Sitze, zeitweise auch nur ein Sitz von insgesamt fünf Sitzen im Aufsichtsrat. Bereits ab 1899, nach dem Tode des kaufmännischen Direktors Karl Lossen, war kein Mitglied der Gründerfamilie mehr im Vorstand der Hütte vertreten.

Ein Jahr vorher, 1898, war Bernhard Osann als Nachfolger Hermann von Braunmühls zum technischen Direktor berufen worden. Er hatte bisher Gießereien in Niedersachsen und Oberschlesien geleitet und war einer der bekanntesten Eisenhüttenmänner in dieser Zeit. In den wenigen Jahren seiner Tätigkeit bei der Concordiahütte bis 1901 plante er ein umfangreiches Programm an Investitionen, leitete sie ein und führte sie zum Teil auch selbst durch.

Neben dem Ausbau der Kraftzentrale und anderen Modernisierungsmaßnahmen befaßte er sich ganz besonders mit der Gießerei, für die er gute Entwicklungsmöglichkeiten sah, wenngleich er mahnend anmerkte: „Nur soll man sich nicht zu der Annahme verleiten lassen, daß diese gutmilchende Kuh unerschöpflich ist." Die Eisengießerei wurde erweitert und eine Stahlfacongießerei mit einem Siemens-Martin-Ofen eingerichtet. Der Stahlformguß galt zu dieser Zeit als neu und zukunftsträchtig.

Es folgten weitere Investitionen, allein in den Jahren 1900 bis 1908 für 3,8 Mio Mark. Die beiden

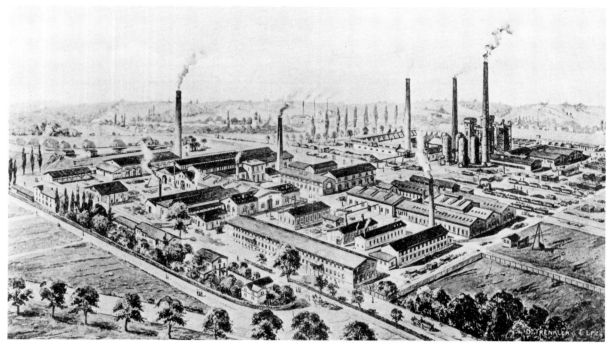

Gesamtansicht der Concordiahütte von Südwesten um 1905, Lithographie (TGC)

Hochöfen wurden umgebaut und ein dritter kam hinzu; allerdings waren nie mehr als zwei gleichzeitig in Betrieb. Ausgebaut und modernisiert wurden auch die Stahlgießerei – jetzt mit zwei größeren Siemens-Martin-Öfen und einem zusätzlichen Bessemer-Konverter – sowie die Eisengießerei. Eine neue Kraftzentrale versorgte das gesamte Werk mit elektrischem Strom, den man mit einer Wasserturbine und mehreren Dampfmaschinen und -turbinen selbst erzeugte; die Strom-Eigenversorgung wurde bis 1941 beibehalten.

Seit 1887 hatte man die bei der Concordiahütte anfallende Hochofenschlacke zu einem zunächst kleinen Teil für die Fertigung von Schlackesteinen verwertet. Wichtiger als die Steinfabrik, die mehrfach umgebaut und mechanisiert wurde, sollte die 1908 errichtete Zementfabrik werden, die jährlich 25 000 t Eisenportlandzement herstellen konnte. 1913 wurde eine Kokerei mit 41 Regenerativ-Kammeröfen gebaut; sie versorgte die Concordiahütte mit Koks und belieferte außerdem große Teile der Kreise Koblenz und Neuwied mit Leuchtgas.

Der Erfolg aller dieser Investitionen waren erhebliche Produktionssteigerungen. Kurz vor Ausbruch des Ersten Weltkrieges stellte die Concordiahütte jährlich 60 000 t Roheisen, über 8000 t Gießereiprodukte, davon etwa die Hälfte als Stahlformguß, und 21 000 t Zement her. Der Umsatz stieg im Rekordjahr 1912 auf 6,7 Mio Mark. Die ungefähr 1000 Beschäftigten verdienten zwischen 3,– und 4,75 Mark pro Schicht, Lehrlinge und Jugendliche 85 Pfennige am Tag. Diese Lohnsätze entsprachen ziemlich genau den Durchschnittswerten der damaligen deutschen Industrie.

Trotz der erheblichen Produktions- und Umsatzsteigerungen konnten jedoch vor 1914 keine nennenswerte Gewinne erzielt werden. Im Gegenteil: Die enormen Summen, welche die vielen Investitionsprojekte verschlangen, brachten immer neue finanzielle Probleme. Mehrfach wurde über Verkauf oder sogar über Konkurs gesprochen. Ein erheblicher Zuschuß der Familie Lossen 1902, zwei für die Aktionäre schmerzhafte Zusammenlegungen des Stammaktienkapitals 1905 und 1910 sowie der Verkauf des Grubenbesitzes 1906 waren die Opfer, um diese schwierige Phase zu überstehen.

Die Lossenschen Erzgruben, überwiegend im Gebiet südlich und südöstlich von Weilburg und Limburg an der Lahn gelegen, hatten in der Krisenzeit seit 1874 einen hohen Wert für die Firma Gebr. Lossen besessen. Ihre Betriebsüberschüsse hatten der Concordiahütte geholfen, einige Perioden mit schlechter Beschäftigungslage und Produktionsein-

Schaft für ein Schiffsruder um 1924 (TGC)

Sektor eines Schwungrades aus Eisenguß auf einer Fräsmaschine um 1900 (TGC)

schränkungen durchzustehen. Bis etwa 1890 förderten die Gruben jährlich zwischen 12 000 und 20 000 t Eisenerz. Um die Jahrhundertwende waren die erschlossenen Erzvorkommen der eigenen Gruben weitgehend abgebaut. Da die Hütte selbst jedoch zunehmend phosphorarmes ausländisches Hämatiterz einsetzte, bestand aus der Sicht des Hüttenbetriebes kein Grund mehr, neue Aufschließungsarbeiten vorzunehmen. Die Gruben galten nicht länger als unentbehrliche eigene Rohstoffbasis, sondern nur noch als eine Reserve für Zeiten höherer Erzpreise. Der 1906 vorgenommene Verkauf an den Thyssen-Konzern für 1,1 Mio Mark, die man zur Abtragung von Schulden dringend benötigte, bedeutete nur noch die endgültige Abwendung von der eigenen Erzversorgung, die praktisch schon längst vollzogen worden war.

Während des Ersten Weltkrieges wurde die Concordiahütte, wie so viele andere deutsche Fabriken, in die Kriegs- und Rüstungswirtschaft einbezogen. Die traditionelle Produktion ging zurück, während für andere Zweige, vor allem für kriegsnotwendige Güter, neue Anlagen errichtet wurden. Das Werk erlebte eine Scheinblüte mit zeitweise etwa 2500 Beschäftigten, darunter Kriegsgefangene, Frauen, Pensionäre und Jugendliche.

Bereits vor dem Ersten Weltkrieg hatte die Rombacher Hüttenwerke AG erhebliche Aktienanteile der Concordiahütte erworben. Hauptaktionär dieses großen Lothringer Montankonzerns war die Koblenzer Eisenhandelsfirma Carl Spaeter, die seit längerem in Geschäftsbeziehungen mit dem Bendorfer Werk stand.

In den letzten Kriegsjahren bahnte sich das Ende der Selbständigkeit der Concordiahütte an. 1917 wurde der Zusatz „vorm. Gebr. Lossen" im Firmennamen gestrichen. Die Pfälzische Bank verkaufte ihre Aktienanteile.

Die Firma Carl Spaeter unterbreitete den Mitgliedern der Familie Lossen Kaufangebote, die nach langen Verhandlungen zum Abschluß führten. Im Hintergrund der Verhandlungen stand insbesondere die Steinkohleversorgung der Concordiahütte. Angesichts der allgemeinen Kohleknappheit jener Zeit drohte ein Lieferstopp des Rheinisch-Westfälischen Kohlensyndikats. Dagegen konnte der Rombach-Spaeter-Konzern, sobald ihm mindestens 81% der Concordiahütte gehörten, aus seiner eigenen Zeche in Oberhausen liefern. Dieser Konzern verfügte außerdem seit 1919 über große Geldmittel aus den Entschädigungszahlungen des Deutschen Reiches für die 1918/19 in Lothringen und Luxemburg erlittenen Vermögensverluste, die man rasch wieder in Sachwerten anlegen wollte.

Die Concordiahütte im Konzernverbund 1921–1952

Im Jahre 1921 wurde die Concordiahütte in die Rombacher Hüttenwerke AG eingegliedert und wird seither im Konzernverbund geführt. Die neue Geschäftsführung sorgte für eine Reihe von Investitionen. Dazu zählte eine Großschmiede mit einer für damalige Verhältnisse außerordentlich starken

Hochofenwerk in den 1920er Jahren (AT)

Putzen von gegossenen Ofenteilen um 1925 (TGC)

Ofenmontage um 1925 (TGC)

Köln-Mülheimer Hängebrücke (Luftbild vom Mai 1931) mit Stahlguß-Kabelschuhen der Concordiahütte (HSAD RW 261 Nr. 128)

3000 t-Schmiedepresse, errichtet 1923 (TGC)

hydraulischen Schmiedepresse; hier ließen sich Einzelstücke bis zu 30 t Gewicht bearbeiten.

Während die Inflationszeit ohne größere Probleme überstanden wurde, folgte bald in einer für die gesamte deutsche Industrie sehr schwierigen Phase ein tiefer Einschnitt. Als nämlich 1926 große Teile der Rombacher Hüttenwerke AG, darunter auch die Concordiahütte, in den neu gebildeten Großkonzern Vereinigte Stahlwerke AG eingingen, kam ein umfassendes Programm der Strukturbereinigung und Schrumpfung der deutschen Schwerindustrie zur Durchführung. Für die Concordiahütte bedeutete dies die Stillegung und den Abbruch der Hochöfen, der Zement- und der Steinfabrik, des Press- und Walzwerkes sowie der Großschmiede mit Bearbeitungsstätten und dem aus der Kriegszeit stammenden Eisenbahnradsatzwerk. Die Kokerei wurde aus dem Werk ausgegliedert und unter Regie der Ruhrgas AG bzw. ihrer Rechtsvorgängerin als Gasfabrik für die Ferngasversorgung bis 1942 weiterbetrieben.

Die Stillegungen des Jahres 1926 sind wohl die einschneidensten Ereignisse in der gesamten Geschichte der Concordiahütte gewesen. Für die Mitarbeiter bedeuteten sie Massenentlassungen; von den bisherigen 2000 Arbeitsplätzen blieben nur ungefähr 900 erhalten. Für Bendorf und Umgebung war dies ein harter Schlag, denn zur selben Zeit stellten auch andere hier ansässige Hüttenwerke den Betrieb ein. So schlossen die Hermannshütte bei Neuwied 1925, die Mülhofener Hütte bei Bendorf 1926/30 und die Gießerei der Sayner Hütte ebenfalls 1926. Der Bergbau bei Bendorf war schon 1915 eingestellt worden. Damit hatte das Wieder Becken aufgehört, als Hüttenrevier zu existieren. Bestehen blieben im wesentlichen nur das Walzwerk des Rasselsteins bei Neuwied und die Gießerei der Concordiahütte in Bendorf.

In der Concordiahütte wurden nun die Gießereibetriebe weiter ausgebaut. Neben die Ofenproduktion, für die man Emaillierwerk, Schleiferei und Vernickelei teilweise erneuerte, trat vermehrt die Kundengießerei. Dünnwandiger Präzisionsguß für die Elektro- und die Automobilindustrie wurde eine Spezialität des Werkes.

Als neuen Betriebszweig nahm die Concordiahütte um 1930 den Maschinen- und Anlagenbau in die Bearbeitungswerkstatt hinein. Im großen Maßstab wurden Schweißkonstruktionen hergestellt, unter anderem für Hütten- und Walzwerke. Die eigene Stahlgießerei stellte gegossene Bauelemente her. Beispiele sind Walzenständer, Kammwalzen und auch Brückenlager. Für die 1927 bis 1929 gebaute Köln-Mülheimer Hängebrücke, mit 315 m seinerzeit die weitestgespannte Brücke des europäischen Kontinents, lieferte das Bendorfer Werk die Kabelschuhe. Von besonderer Wichtigkeit war Ende der 20er Jahre die Produktionsaufnahme von Erzsinterbändern und Schwefelabröstapparaten für die Lurgi Chemie GmbH, Frankfurt a. M.; 1958 baute man in Bendorf die damals größte Sintermaschine der Welt.

Die Weltwirtschaftskrise, von der auch die gesamte deutsche Wirtschaft seit Ende 1929 schwer betroffen war, führte in der Concordiahütte zu einem außerordentlichen Beschäftigungs- und Umsatzeinbruch und zum Stillstand ganzer Betriebsabteilungen. Im Januar 1932 erreichte die Belegschaft mit 184 Beschäftigten ihren Tiefpunkt.

Im Zuge einer Umorganisation und Dezentralisierung der Vereinigte Stahlwerke AG zum 1. 1. 1934 erhielt das Werk als „Concordiahütte GmbH" wieder rechtliche Selbständigkeit und eine eigene Geschäfts- und Betriebsführung. Alleiniger Eigentümer blieben jedoch die Vereinigten Stahlwerke, so daß sich an der tatsächlichen technischen, organisatorischen und personellen Leitung nur wenig änderte.

Allmählich wurde die Weltwirtschaftskrise überwunden; die Investitionen nahmen zu, und der Markt belebte sich wieder. Seit 1936 beschleunigte sich der Aufschwung. Gußteile für den Automobilbau, beispielsweise Nockenwellen, und bald danach Rüstungsgüter, wie Teile für Panzerwagen und Granaten, wurden in das Produktionsprogramm der Concordiahütte aufgenommen. 1938/39 erwirtschafteten die etwa 900 Mitarbeiter einen Umsatz von 6,8 Mio RM.

Auch im Zweiten Weltkrieg sorgten die Rüstungsaufträge der Kriegswirtschaft für eine Scheinblüte des Werkes mit zuletzt 1670 Beschäftigten und 14,3 Mio RM Umsatz in 1943/44.

Ende 1944 kam die Produktion zum Erliegen. Während das Werk bis dahin keine Luftangriffe erlebt hatte, geriet es am Ende des Krieges unter Artilleriebeschuß und erlitt Zerstörungen.

Im Frühsommer 1945 stand das Werk mit 120 Mitarbeitern vor einem Neubeginn. Die Folgen des Krieges, insbesondere die Demontage von 338 Maschinen und Einrichtungen, belasteten das Werk in einzelnen Abteilungen sehr stark. Mit der Freigabe der Montagehalle durch die Besatzungsmacht wurde 1951 die letzte Beschränkung aufgehoben. Neue Investitionen und die hohe Nachfrage, vor allem nach Öfen und Herden, sorgten nach 1945 für einen raschen Aufschwung. Bereits 1950 überstieg die Zahl der Beschäftigten wieder die Grenze von 1000.

Die Concordiahütte als Teil des Rheinstahl-Konzerns 1952–1974

Im Zuge der Entflechtung der deutschen Montanindustrie nach dem Zweiten Weltkrieg ging das Werk zum 29. 10. 1952 von der Vereinigte Stahlwerke AG auf die Holdinggesellschaft Rheinstahl-Union Maschinen- und Stahlbau AG in Düsseldorf über. Diese Gruppe fusionierte 1957 mit der Muttergesellschaft Rheinische Stahlwerke in Essen. Dabei wurde die Concordiahütte Tochtergesellschaft der Rheinischen Stahlwerke. Sie firmierte zunächst als „Rheinstahl Concordiahütte GmbH" und nach Umgruppierungen innerhalb des Konzerns als „Rheinstahl Gießerei AG, Werk Concordiahütte".

Anfang der 50er Jahre verfügte die Gießerei der Concordiahütte über drei Kupolöfen für Eisenguß und einen 4 t-Elektro-Ofen für Stahlformguß, dazu neben den Modellen und Formkästen über etwa 60 Formmaschinen, deren Zahl in den folgenden Jahren rasch anstieg. Eine vorhandene Bessemer-Anlage mit zwei Bessemerbirnen und zwei Kupolöfen wurde 1953 wieder in Gang gesetzt.

Die Investitionen seit 1950 betrafen vor allem die Mechanisierung der Gießereien und den Ausbau der Bearbeitungswerkstätten. 1961/62 wurden die veralteten Kupolöfen durch eine neue Kupolofenanlage mit automatischer Begichtung, Staubabscheider und mechanisierter Entladeeinrichtung ersetzt. An deren Stelle wiederum trat 1974 ein zentraler Schmelzbetrieb mit zwei Netzfrequenz-Induktions-Tiegel-Öfen – hinsichtlich der darstellbaren Guß-Qualitäten, der Wirtschaftlichkeit und des Umweltschutzes die wichtigste Investition der letzten Jahrzehnte.

Wie in jedem lebenden Betrieb kam – im jährlichen Wertvolumen schwankend – eine ununterbrochene Reihe weiterer Neuanschaffungen hinzu, wie die zentrale Sandaufbereitung, neue Putzanlagen, ölbeheizte Kerntrockenöfen, das Plattenfließband für die Ofenmontage, Enstaubungsanlagen, ein neuer 6 t-Elektroofen in der Stahlgießerei, die Altsandrückgewinnung in der Großstückformerei, die kastenlosen Formautomaten und andere.

Sintermaschine um 1930 (TGC)

Als die bedeutendste Neuerung in der Eisenguß-Erzeugung seit dem Kriege gilt die Einführung des Gußeisens mit Kugelgraphit, auch Sphäroguß genannt. Zu seiner Herstellung wird dem erschmolzenen, flüssigen Eisen Magnesium zugesetzt – es wird mit Magnesium „geimpft" – mit der Folge, daß sich der in der Schmelze enthaltene Kohlenstoff bei der Erstarrung nicht in Lamellenform, sondern kugelförmig ausbildet und der Werkstoff in Festigkeit und Dehnung stahlähnliche Eigenschaften bekommt. Auch die Concordiahütte griff diese technische Entwicklung auf und investierte in entsprechende Anlagen und know how; in der heutigen Eisenguß-Fertigung der Concordiahütte ist Gußeisen mit Kugelgraphit etwa zur Hälfte beteiligt und hat steigenden Anteil.

Bei handgeformtem Einzelguß konnte die Concordiahütte die Grenze für das höchste darstellbare Stückgewicht ständig nach oben verschieben. Die Investitionen zu Beginn der 50er Jahre erlaubten die Verdopplung des Stückgewichtes von bisher 12 auf 25 t. Auf der Hannover-Messe 1965 zeigte die Concordiahütte ein Gußstück von 27 t, und 1967 wurde ein neuer Höchstwert erreicht, als man drei Teile von je 33 t für eine Presse herstellte.

Montage von Kohleöfen am Taktband um 1954
(TGC)

Kopfstück für eine Presse, Eisenguß, Gewicht 18 t, um 1954
(TGC)

Die Produktion von Öfen und Herden hatte in der Concordiahütte seit Beginn der Eisengießerei in 1863 einen besonderen Stellenwert. Dabei mußte sich die Hütte stets auf die Mode und den sich wandelnden Geschmack des Käufers einstellen. Hatte man um 1900 noch geschwärztes Gußeisen bevorzugt, so war um 1950 braune Emaille gefragt, während Nickelverzierungen zu dieser Zeit bereits als unmodern galten. Nachdem die Concordiahütte 1948 auch die Herstellung von Blechherden für Kohle, Elektrizität und Gas aufgenommen hatte, beschäftigte die Ofen- und Herdfabrik ein Drittel der Gesamtbelegschaft und erwirtschaftete zunächst noch die Hälfte und dann gut ein Drittel des Umsatzes. Trotz der Konkurrenz von etwa 150 Herstellern in Westdeutschland war diese Produktion um 1950 äußerst lohnend; ein befriedigender Absatz schien für viele Jahre gesichert zu sein. Geworben wurde auf Messen und Ausstellungen, mit Prospekten und Katalogen und einem Vorführ- und Ausstellungswagen, der reihum die Fachhändler besuchte.

Die rasche Veränderung des Lebensstandards, vor allem der Wohnungsausstattung und der Heizungsweise innerhalb weniger Jahre führte dazu, daß der Bedarf an Öfen plötzlich einbrach. Die Stillegung der Ofen- und Herdfabrikation einschließlich des Emaillierwerks im Frühjahr 1961 wurde unausweichlich. Für die Concordiahütte bedeutete dies das Ende der Konsumgüterproduktion.

In Belegschaftsgröße und Umsatz trat jedoch kein Rückgang ein. Es gelang, durch die Verlagerung der Gießereiproduktion vom dünnwandigen und kernlosen Guß verstärkt hin zum Maschinen- und Getriebeguß in der Serienfertigung und durch vermehrtes Engagement im Industrieanlagenbereich den Ausfall der Ofen- und Herdfabrikation auszugleichen. Seit 1958 – dies ist ein äußeres Zeichen für diesen Wandel – trat die Concordiahütte als Aussteller auf der Hannover-Industriemesse auf. Die Produktion größerer Anlagenteile für die Hüttenindustrie wurde aufgenommen, wie beispielsweise Umsteueranlagen und wassergekühlte Ofentüren für Siemens-Martin-Öfen. Um 1965 baute man die Schweiß- und Blechkonstruktionswerkstatt aus. Während die Belegschaft 1957 mit 1533 Mitarbeitern ihren Nachkriegshöchststand erreichte und 1968 bei rund 1000 Mitarbeitern lag, stieg der Jahresumsatz von rund 7 Mio DM in den

Jahren von 1948 bis 1950 auf 25 bis 30 Mio DM in den Jahren von 1955 bis 1960 und weiter auf 47 Mio DM in 1969.

1961/62 wurde die Metallgießerei Fritz Völkel KG in Wuppertal-Langerfeld als Tochtergesellschaft erworben. Man hoffte, durch dieses auf Aluminiumverarbeitung spezialisierte Werk jenen Markt zurückzugewinnen, dessen Produkte vom Eisen- an den Leichtmetallguß verloren gegangen waren. Das Wuppertaler Werk, das bis 1974 der Bendorfer Geschäftsführung unterstellt blieb, ist heute wie die Concordiahütte eines der Werke der Thyssen Guss AG.

Die Concordiahütte heute

Die Übernahme des Rheinstahl-Konzerns durch die August Thyssen-Hütte AG im Jahre 1974 führte auch die Concordiahütte in den Thyssen-Verbund. Um die Zugehörigkeit zu Thyssen nach außen sichtbar zu machen, änderte die Rheinstahl Gießerei AG, die Muttergesellschaft der Concordiahütte, 1976 wie die übrigen Rheinstahl-Gesellschaften ihren Firmennamen. Sie nannte sich „Thyssen Gießerei AG". Nach Umgruppierungen im Konzern erfolgte 1984 eine erneute Namensänderung in „Thyssen Guss AG". Seither heißt das Bendorfer Werk „Thyssen Guss AG, Concordiahütte".

Die Concordiahütte besitzt heute drei Produktionsbereiche
- die Seriengießerei
- die Handformgießerei
- die Bearbeitungswerkstatt mit Maschinen- und Anlagenbau.

Schwerpunkt ist die Seriengießerei, in der jährlich rund 17000 t Eisengußteile mit Stückgewichten zwischen wenigen Gramm und 200 kg erzeugt werden, davon etwa die Hälfte in Grauguß, die andere Hälfte in Sphäroguß. Hauptkunde ist die Fahrzeugindustrie mit einem Anteil von ungefähr 80% am Umsatz des Werkes, wobei allein 60% auf Lieferungen in den PKW- und LKW-Bereich und 20% auf Zulieferungen für andere Straßen- und Schienenfahrzeuge sowie Ackerschlepper entfallen. Millionen von Automobilen sind mit Gußkomponenten der Concordiahütte für Motoren, Getriebe, Kupplungen und Fahrwerke ausgerüstet und bestätigen Tag für Tag das hohe Leistungsvermögen der Seriengießerei.

Hauptsächliche Produktionseinrichtungen der Seriengießerei sind innerhalb der Formerei und Gießerei eine automatische Hochdruckformanlage und eine automatische kastenlose Formanlage, im vorgelagerten zentralen Schmelzbetrieb zwei 17 t-Netzfrequenz-Induktions-Tiegel-Schmelzöfen, die auch die Handformgießerei mit flüssigem Eisen versorgen.

In der Handformgießerei werden im Einzelguß größere Gußteile hergestellt bis zu einem maximalen Stückgewicht von 35 t. Zum Kundenkreis gehört vor allem die Werkzeugmaschinenindustrie, beispielsweise mit Gußteilen für den Pressenbau, aber auch der allgemeine Maschinenbau. Die Concordiahütte ergänzt in diesem Bereich das Programm ihres Schwesterwerkes Friedrich Wilhelms-Hütte in Mülheim a.d. Ruhr.

Die Stahlgießerei wurde 1984 als Werksabteilung geschlossen. Rückläufiger Bedarf und die immer stärkere Substitution durch Schmiede- und Preßteile sowie durch Sphäroguß, der seine Eigenschaften laufend verbessern und zum niedrigeren Preis angeboten werden konnte, zwangen dazu.

Hingegen gewinnt die Bearbeitungswerkstatt und der Maschinen- und Anlagenbau an Wichtigkeit. Hervorgegangen aus der Bearbeitung handgeformter Gußteile und aus dem Einsatz von Schweißern und Schlossern für Stahlkonstruktionen im Lohnauftrag, ist ein Fertigungssystem entstanden, das Vor- und Fertigbearbeitung der Einzelteile, Endmontage und Probelauf umfaßt und in Kooperation mit Ingenieurbüros durchgeführt wird. Der Hauptumsatz dieses Bereiches liegt im Stahlbau mit den drei Schwerpunkten Schmelzöfen und Stranggießanlagen für Aluminiumhütten, Mühlen und Trommeln der Zerkleinerungsindustrie und Anlagen für die Automation in Stahlwerken. Immerhin konnte im Geschäftsjahr 1986/87 ein Großauftrag einer norwegischen Aluminiumhütte im Werte von mehr als 20 Mio DM abgerechnet werden.

Qualitätsstelle und Musterinspektion haben in allen Betriebsabläufen der Concordiahütte hohe Bedeutung. Moderne Labor- und Prüfeinrichtungen für Spektralanalyse, Röntgen- und Durchstrahlungsprüfung, Ultraschallprüfung, Härteprüfung – um nur einige angewendete Verfahren zu nennen – sind Bestandteil einer umfassenden Qualitätssicherung. Die EDV-gestützten Qualitätssicherungssysteme der Automobilindustrie kommen zunehmend zum Einsatz. Bei allen namhaften Klassifikationsgesellschaften ist die Concordiahütte zugelassen. Diese Einrichtungen und Maßnahmen sowie vor allem das erfahrene Fachpersonal der Concordiahütte sichern den gleichmäßig hohen Qualitätsstand ihrer Erzeugnisse.

Von den 450 Mitarbeitern der Concordiahütte arbeiten ungefähr 260 in der Seriengießerei, 80 in der Handformgießerei und 80 in der Bearbeitungswerkstatt, die übrigen im überbetrieblichen Bereich.

Die Concordiahütte, früher am Ort „Lossens Hett" genannt, ist in der Bendorfer Bevölkerung fest verwurzelt. Viele Familien haben heute in der dritten und vierten Generation Angehörige in der Concordiahütte, ein Zeichen ihrer Verbundenheit mit dem Werk. Diese Verbundenheit kommt auch in einem besonders regen Vorschlagswesen für betriebliche Verbesserungen zum Ausdruck, mit dem die Mitarbeiter der Concordiahütte innerhalb des Thyssen Industrie-Bereiches einen Spitzenplatz einnehmen.

Der Lehrlingsausbildung wurde in der Concordiahütte immer hohe Aufmerksamkeit geschenkt. An der Spitze stehen die Lehrberufe Gießereimechaniker (früher Former), Schlosser und Industriekaufmann, daneben Modellschlosser und -schreiner, Dreher und Technischer Zeichner. Außerdem werden Mitarbeiter im Anlernberuf zum Schweißer ausgebildet. Vom Thyssen-Konzern werden weiterbildende Seminare und Kurse angeboten. So wird verständlich, daß die 20 Meister der Concordiahütte überwiegend aus den eigenen Reihen stammen.

Seit einigen Jahren befindet sich die Concordiahütte in einer Phase der Umstrukturierung, die bis heute nicht abgeschlossen ist und im Geschäftsjahr 1988/89 einem neuen Höhepunkt zustreben wird.

Marktanalysen lassen eine weitere Steigerung der Seriengußproduktion erwarten, die in zunehmendem Maße geprägt wird durch neue Gußwerkstoffe für Automobilkomponenten. So sind neue Sphäroguß-Sorten in der Entwicklung, beispielsweise für einen hitzebeständigen Auspuffkrümmer. Für das Schwesterwerk Bergische Stahl-Industrie in Remscheid soll die Fertigung von Gußkomponenten für Schienenfahrzeuge ausgeweitet werden.

Um ihre Fertigungstiefe und die eigene Wertschöpfung zu vergrößern und den erkennbaren Trend der Automobilindustrie zum Bezug einbaufertiger Komponenten zu folgen, beabsichtigt die Concordiahütte, ihren Rohguß in wachsendem Umfang selbst zu bearbeiten. Der Anfang ist gemacht. Von einem namhaften Automobilhersteller hat die Concordiahütte Teile für ein automatisches Getriebe in Auftrag, die ab Mitte 1989 in großen Stückzahlen komplett bearbeitet einbaufertig zu liefern sind. Zur Zeit laufen die vorbereitenden Arbeiten.

Das Erreichen der derzeitigen Kapazitätsgrenzen, vor allem im Bereich des Schmelzbetriebes, und die Forderung der Kunden nach sicherer Prozeßfähigkeit in Qualität und Quantität – „just in time" heißt das Stichwort – machen bei der Concordiahütte eine erhebliche Erweiterung und Verbesserung der technischen Ausrüstung, der Qualitätssicherungssysteme und der Terminverfolgung erforderlich. „Just in time" bedeutet die pünktliche Anlieferung in einwandfreier Qualität direkt in die Produktionslinie des Abnehmers ohne ein Zwischenlager als Puffer. Genaueste Abstimmung der Produktionsprozesse bei Lieferant und Abnehmer ist dafür unabdingbare Voraussetzung. Die volkswirtschaftliche Arbeitsteilung erreicht so höchsten wirtschaftlichen Effekt.

Hinzu kommen die Belange des Umweltschutzes. Staubentwicklung und Lärmbelästigung stellen für alle Gießereien nach wie vor die schwierigsten Problemkreise in dieser Hinsicht dar. Die Stäube werden in der Concordiahütte entsprechend der „Technischen Anweisung Luft" aufgefangen; an weiteren Verbesserungen wird gearbeitet.

Auch dem in der Gießerei-Industrie traditionellen Recycling-Prinzip, wenngleich früher nicht so benannt, wird ständige Aufmerksamkeit gewidmet. Nach Fertigstellung einer neuen Formsand-Regenerierungsanlage in der Handformgießerei werden in der Concordiahütte bereits zwischen 90 und 98% des eingesetzten Formsandes wiederaufbereitet; eine neue Sandaufbereitungsanlage für die Seriengießerei ist vorgesehen

Für die Umstrukturierung des Werkes besteht eine Planung für mehrere Jahre, in der die einzelnen Maßnahmen und Etappen festgeschrieben sind. In ihrem Mittelpunkt steht die Seriengießerei, wenngleich auch die anderen Produktionsbereiche und die gesamte Infrastruktur des Werkes davon berührt werden.

Parallel zu den Sachinvestitionen laufen Qualifizierungskonzepte für die Mitarbeiter, damit das Wissen zur Führung und Bedienung der neu zu installierenden maschinellen Einrichtungen und Logistik-Systeme vorhanden ist.

Die Concordiahütte und ihre Mannschaft bereiten sich darauf vor, auch die Herausforderungen der Zukunft erfolgreich zu meistern.

Die Firmenbezeichnung der Concordiahütte im Wandel der Zeit

1838   Gebr. Lossen (seit 1883 Gebr. Lossen oHG)
1898   Concordiahütte vorm. Gebr. Lossen GmbH
1900   Concordiahütte vorm. Gebr. Lossen AG
1917   Concordiahütte AG
1921   Rombacher Hüttenwerke AG, Abteilung Concordiahütte
1926   Vereinigte Stahlwerke AG, Abteilung Concordiahütte
1934   Concordiahütte GmbH (als Betriebsgesellschaft der Vereinigte Stahlwerke AG, seit 1952 der Rheinstahl Union Maschinen- und Stahlbau AG, seit 1957 der Rheinischen Stahlwerke)
1958   Rheinstahl Concordiahütte GmbH
1970   Rheinstahl Gießerei AG, Werk Concordiahütte (seit 1974 zur Thyssen Gruppe gehörend)
1976   Thyssen Gießerei AG, Werk Concordiahütte
1984   Thyssen Guss AG, Werk Concordiahütte

Werksleiter und Direktoren der Concordiahütte

Technischer Direktor	*Werksleiter*	*Kaufmännischer Direktor*
	Carl Maximilian Lossen 1838–61	
Hermann von Braunmühl 1861–98		Wilhelm Lossen 1861–75
		Dr. Ferdinand Lossen 1875–76
		Karl Lossen 1876–99
Bernhard Osann 1898–1901		Johannes Theisen 1899–1901
Jonas Schmidt 1901–12		F. Otto Schmidt 1901–03
		Schnock 1903–05
		Max Wieland 1906–10
Ignaz Löser 1913–21		Fritz Berg 1910–20
(Hermann Berg, 2. Technischer Direktor, 1915–20)		Fritz Nürnberg 1920–21
Alfred Wefelscheid 1922–26		Gustav Lepin 1921–26
	Alfred Wefelscheid 1926–45	
	Hermann Hollmann 1945–65	
Günther Weigt 1955–69		Hubert Heumüller 1965–69
	Günther Weigt 1970–74	
	Karl Wagner 1974–82	
	Ferdinand Kolberg 1983–87	
	Helmut Ewens seit Dezember 1987	

Seriengießerei heute (TGC)

Zentraler Schmelzbetrieb mit zwei 17 t-Netzfrequenz-Induktions-Tiegel-Öfen (TGC)

Automatische Hochdruckformanlage mit Formen für Bremsscheiben des Schwesterwerks Bergische Stahl-Industrie Remscheid (TGC)

Schwungräder für Zwei-Massen-Schwungrad eines Pkw-Motors (TGC)

Bremsgehäuse aus Gußeisen mit Kugelgraphit für Pkw-Scheibenbremse (TGC)

Getriebegehäuse (TGC)

Verladung von drei Aluminium-Schmelzöfen im Überseehafen (TGC)

Abkürzungen

ADV	Allgemeiner Deutscher Verein zum Schutze der vaterländischen Arbeit	marg.	marginal, Eintragung am linken Seitenrand in blauer Tinte
ARP	Archivberatungsstelle Rheinland Pulheim-Brauweiler, Bestand Provinzialarchiv	NA	Nassauische Annalen
		NV	Nationalversammlung, Frankfurt a. M. 1848
AT	Archiv der Thyssen AG Duisburg	OBB	Oberbergamt Bonn, Archivbestand in: HSAD
BAF	Bundesarchiv Außenstelle Frankfurt a. M.	R	Rückseite
CE	Concordia Echo	Sf.	Schreibfehler in der Vorlage
CTE	Chronik der Tante Elisabeth, in: AT Familiengesch. Lossen	StuE	Stahl und Eisen
		TGC	Thyssen Guss AG Concordiahütte Bendorf
DB	Deutscher Bund, Archivbestand in: BAF	ü. Z.	über der Zeile eingefügt
HSAD	Nordrhein-Westfälisches Hauptstaatsarchiv Düsseldorf	V	Vorderseite
HSAWi	Hessisches Hauptstaatsarchiv Wiesbaden	VDEh-Fassung	maschinenschriftliche Fassung der Lebenserinnerungen im Besitz der Bücherei des Vereins deutscher Eisenhüttenleute Düsseldorf, Signatur Rh 251
korr.	nachträgliche Korrektur mit Bleistift		
LHAK	Landeshauptarchiv Koblenz		

Quellen- und Literaturverzeichnis

(weitere Hinweise in einzelnen Anmerkungen)

A Archivalien

Düsseldorf, Nordrhein-Westfälisches Hauptstaatsarchiv (HSAD) Bestand Oberbergamt Bonn (OBB)
Duisburg, Archiv der Thyssen AG (AT)
   A/879/4 – Grubenbesitz der Gebr. Lossen
   VSt/3698 – Wasserrechte der Concordiahütte (u.a)
   Bestand Lossen (Eigentum der Familie Lossen, vorübergehend im Archiv der Thyssen AG), darin vor allem:
     Ordner Familiengeschichte Lossen, darin u. a.:
       Chronik, aufgezeichnet durch Tante Elisabeth 1888, abgeschrieben 1905, masch.-schr. (CTE)
       Stamm-Tafeln der Familie Lossen, Druckschrift o. O. o. J. (nach 1920)
       Gustav Braubach: Werdegang der Concordiahütte, Nov. 1921, masch.-schr.
     Ordner Firmenschriften Lossen, darin u. a.:
       Gesellschaftsverträge und Geschäftsberichte der Concordiahütte vorm. Gebr. Lossen AG bzw. Concordiahütte AG von 1900–1920
       Referat Erich Bauermann 1965, masch.-schr.
Frankfurt a. M., Bundesarchiv Außenstelle (BAF)
   DB 51 – Volkswirtschaftlicher Ausschuß
   DB 58 – Reichshandelsministerium
Koblenz, Landeshauptarchiv (LHAK)
   403 – Oberpräsidium der Rheinprovinz
   441 – Regierung Koblenz
   655, 64 – Gemeinde Bendorf
   702 – Karten
Pulheim-Brauweiler, Archivberatungsstelle Rheinland (ARP)
   Bestand Provinzialverband
Wiesbaden, Hessisches Hauptstaatsarchiv (HSAWi)
   210 – Staatsministerium des Herzogtums Nassau
   211 – Landesregierung
   212 – Finanzkollegium
   221 – Amt Diez
   242 – Amt Usingen
   244 – Amt Wehen
   250/1 – Rezeptur Bleidenstadt
   3011 – Karten

B Gedrucktes Schrifttum

Aarbergen mit Ortsteilen Kettenbach, Michelbach/Nassau, Hausen..., Bilder aus vergangenen Tagen, bearb. v. Karl Löhr, Horb a. Neckar 1984.
Althans, Ernst: Karl Ludwig Althans, in: StuE 2 (1882), S. 169–177.
Arlt, Hans: Ein Jahrhundert Preußischer Bergverwaltung in den Rheinlanden, Berlin 1921.
Baumann, Carl-Friedrich: Die Eisenindustrie im Wieder Becken und die Concordiahütte in Bendorf, in: Die Eisen- und Stahlindustrie im Wieder Becken, VDEh-Fachausschußbericht 9.010, Düsseldorf 1987, Teil 1.
Baur, Ernst: Faber du Faur und die Verwendung der Gichtgase, in: StuE 24 (1904), S. 562–567.
Beck, Ludwig: Die Geschichte des Eisens in technischer und kulturgeschichtlicher Beziehung, 5 Bde., bes. Bd. 4, Braunschweig 1899.
ders.: Die Familie Remy und die Industrie am Mittelrhein, in: NA 35 (1905), S. 1–127.
ders.: Die Einführung des englischen Flammofenfrischens in Deutschland durch Heinrich Wilhelm Remy u. Co. auf dem Rasselstein bei Neuwied, in: Beitr. z. Gesch. d. Technik u. Industrie 3 (1911), S. 86–130.
Berdrow, Wilhelm: Alfred Krupp, 2 Bde., Berlin 1927.
Best, Heinrich: Interessenpolitik und nationale Integration 1848/49, Handelspolitische Konflikte im frühindustriellen Deutschland, Göttingen 1980.
Brandt, Otto (Hrsg.): Zur Geschichte der deutschen Eisengießereien, Festschrift zur fünfzigsten Hauptversammlung des Vereins Deutscher Eisengießereien, Gießereiverband, 1869–1920, Düsseldorf 1920.
Broecker, E.: Die Eisenindustrie im vorderen Westerwald und Neuwieder Becken, Diss. Köln 1921.
Buck, Herbert (Bearb.): Zur Geschichte der Produktivkräfte und Produktionsverhältnisse in Preußen 1810–1933, Spezialinventar des Bestandes Preußisches Ministerium für Handel und Gewerbe, Bd. 1, 2 Teilbde., Weimar 1966 u. 1968; Bd. 2, Berlin (O) 1960; Bd. 3, Weimar 1970.
Concordia Echo, Werkszeitung der Concordiahütte Ben-

dorf, 19 Bde. 1951–1969, Jg. 1 (1951/52) unter d. Titel „Concordia, Neues aus der Hütte"; vorhanden in AT.

Custodis, Paul-Georg: Bergbau und Hüttenwesen in Bendorf am Rhein, in: Rhein. Heimatpflege 23 (1986), S. 110–116.

Dickmann, Herbert: Die Gründung des ersten deutschen Roheisenverbandes, in: StuE 49 (1929), S. 1871 f.

ders.: Werkstofffragen beim Bau einer Stahlbrücke vor 130 Jahren, in: StuE 77 (1957), S. 581–586.

Diesterweg, Karl: Beschreibung des Bergreviers Wied, Bonn 1888.

Eckoldt, Martin: Die Geschichte der Lahn als Wasserstraße, in: NA 90 (1979), S. 98–123.

ders.: Die Lahn als Wasserstraße in ihrer geschichtlichen Entwicklung, in: Beitr. z. Rheinkde. 32 (1980), S. 15–26.

Egidy, Berndt von: Die Wahlen im Herzogtum Nassau 1848–1852, in: NA 82 (1971), S. 215–306.

Eichler, Volker (Bearb.): Nassauische Parlamentsdebatten, Bd. 1: Restauration und Vormärz 1818–1847, Wiesbaden 1985.

Eiler, Klaus (Hrsg.): Hessen im Zeitalter der industriellen Revolution, Frankfurt a. M. 1984.

Einecke, Gustav: Der Berg- und Hüttenbetrieb im Lahn- und Dillgebiet und in Oberhessen, Eine Wirtschaftsgeschichte, Wetzlar 1932.

Eversmann, Friedrich August Alexander: Übersicht der Eisen- und Stahlerzeugung auf Wasserwerken in den Ländern zwischen Lahn und Lippe (mit Beilagen-Band), Dortmund 1804.

Fechner, Hermann: Geschichte des Schlesischen Berg- und Hüttenwesens in der Zeit Friedrich's des Großen, Friedrich Wilhelm's II. und Friedrich Wilhelm's III. 1741 bis 1806, in: Zschr. f. d. preuß. Berg-, Hütten- u. Salinenwesen 48 (1900), S. 279–401, 49 (1901), S. 1–86, 243–288, 383–446, 487–596, 50 (1902), S. 140–228, 243–310, 415–506 u. 691–796.

Finger, Adolf: Die Schutzzollfrage 1848/49 und der Allgemeine deutsche Verein zum Schutze der vaterländischen Arbeit, Diss. Gießen 1937.

Fremdling, Rainer: Die Ausbreitung des Puddelverfahrens und des Kokshochofens in Belgien, Frankreich und Deutschland, in: Technikgesch. 50 (1983), S. 197–212.

Fuchs, Konrad: Vom Dirigismus zum Liberalismus, Die Entwicklung Oberschlesiens als preußisches Berg- und Hüttenrevier, Wiesbaden 1970.

Geisthardt, Fritz: Landesherrliche Eisenindustrie im Taunus, in: NA 68 (1957), S. 156–174.

Gerlach, Georg: Die wirtschaftliche Entwicklung des Eisenhüttenwesens an der Lahn und Dill im XIX. Jahrhundert, Stuttgart 1911.

Hahn, Hans-Werner: Einzelstaatliche Souveränität und nationale Integration, in: NA 92 (1981), S. 91–123.

ders.: Wirtschaftliche Integration im 19. Jahrhundert, Die hessischen Staaten und der deutsche Zollverein, Göttingen 1982.

ders.: Geschichte des Deutschen Zollvereins, Göttingen 1984.

Herzog, Eduard: Die Arbeiten und Erfindungen Faber du Faurs auf dem Gebiete der Winderhitzung und Gasfeuerung, Diss. TH Aachen, Halle 1914.

ders.: Faber du Faurs Arbeiten und Erfindungen auf dem Gebiete der Winderhitzung und Gasfeuerung, in: StuE 37 (1917), S. 102–106 u. 129–133.

Herzogtum Nassau 1806–1866. Politik, Wirtschaft, Kultur, Wiesbaden 1981.

Johannsen, Otto: Geschichte des Eisens, ³Düsseldorf 1953.

Kaethner, R. H.: Die Eisenindustrie in Emmershausen, Ihre Entwicklung und die Beziehungen der Familien Sorg, Bäppler und Lossen zu ihr, in: Usinger Land, Heimatbeilage zum Usinger Anzeiger 1960/61, Sonderdruck 1961.

Keller, Ferdinand: Erinnerungen aus meinem Leben, hrsg. v. Ute Brand, 2 Teile, Bad Emser Hefte 21 u. 22, Bad Ems 1983.

Keller, Gerhard: Die technikgeschichtliche Entwicklung des Puddelverfahrens im Ruhrgebiet, in: Technikgesch. 29 (1949), S. 95–111.

Kleber, Hans-Peter: Der Steitz'sche oder auch Rothe Hammer in Mülhofen, Zur Entwicklung der Eisenindustrie im Bendorfer Raum, in: Heimat-Jahrbuch 1988 Kreis Koblenz-Mayen, S. 131–134.

Klötzer, Wolfgang: Die nassauischen Petitionen an die Frankfurter Nationalversammlung 1848/49, in: NA 70 (1959), S. 145–170.

Klotzbach, Arthur: Der Roheisenverband, Ein geschichtlicher Rückblick auf die Zusammenschlußbestrebungen in der deutschen Hochofenindustrie, Düsseldorf 1926.

Köhne-Lindenlaub, Renate: Die Sayner Hütte in Bendorf als Kunstgießerei und Baudenkmal, in: Die Eisen- und Stahlindustrie im Wieder Becken, VDEh-Fachausschußbericht 9.010, Düsseldorf 1987, Teil 2.

Kruse, Hans: Die Einfuhr ausländischen Eisens nach Rheinland und Westfalen 1820–1844, in: Glückauf 51 (1915), S. 141–148.

Lange-Kothe, Irmgard: Die ersten Kokshochöfen in Deutschland, besonders im Rheinland und in Westfalen, in: StuE 85 (1965), S. 1053–1061.

Lerner, Franz: Wirtschafts- und Sozialgeschichte des Nassauer Raumes 1816–1964, Wiesbaden 1965.

(Lossen, Carl:) Der Schutz der Eisen-Industrie vor der verfassunggebenden deutschen Nationalversammlung, o.O. o.J. (Wiesbaden 1848).

Mieck, Ilja: Preußische Gewerbepolitik in Berlin 1806–1844, Berlin (W) 1965.

Moerchel, Joachim: Die nassauischen Badeärzte in ihrer wissenschaftlichen und praktischen Tätigkeit 1816–1866, Frankfurt a. M. 1977.

Moldenhauer, Rüdiger, u. Hans Schenk (Bearb.): Bestände DB 50 und DB 51: Vorparlament, Fünfzigerausschuß und Deutsche Nationalversammlung 1848/49, Findbücher zu Beständen des Bundesarchivs Bd. 18, Koblenz 1980.

Münzing, Harry: Die Mediatisierung der ehemaligen reichsunmittelbaren Standesherren und Reichsritter im Herzogtum Nassau, Diss. Mainz 1980.

Nies-Haspe, Rudolf: Nassauische Hütten- und Hammerwerke vor 100 Jahren, in: Nassovia 20 (1919), S. 9–11 u. 17–19.

Odernheimer, Friedrich: Das Berg- und Hüttenwesen im Herzogthum Nassau, 4 Hefte in 2 Bden., Wiesbaden (1863–) 1865 u. 1867.

Ohlig, Peter Pius: Heimat in vergangenen Tagen, Bendorf 1951 (Sonderdruck aus Bendorfer Ztg. 1950).

Ortseifen, Peter Wilhelm: Die Nieverner Hütte, Ein Beitrag zur Geschichte der Eisenhütte, Verein für Geschichte, Denkmal- und Landschaftspflege e. V. Bad Ems, Sonderausgabe Nr. 3 der Vereinsnachrichten, Bad Ems 1982.

Passavant, W.: Aus der Vergangenheit der Michelbacher Hütte, in: Gießerei 9 (1922), S. 352–355.

Paulinyi, Akos: Die Erfindung des Heißwindblasens in Schottland und seine Einführung in Mitteleuropa, Ein Beitrag zum Problem des Technologietransfers, in: Technikgesch. 50 (1983), S. 1–33 u. 129–145.

Peters, Lorenz: Geschichte des Gymnasiums zu Hadamar, Frankfurt a. M. 1894.

Pfannenschmidt, Carl Wilhelm: Die Anwendung des Holzkohlenhochofens seit Ende des 16. Jahrhunderts zur Erzeugung von Gußwaren erster Schmelzung und die spätere zweite Schmelzung in Flamm- und Kupolöfen bis Mitte des 19. Jahrunderts, VDEh-Fachausschußbericht 9.007, Düsseldorf 1977.

Piontek, Walter: Die Eisenhüttenindustrie und ihr Brennmaterial beim Übergange vom Holzkohle- zum Koksverfahren mit besonderer Berücksichtigung Oberschlesiens, Diss. Frankfurt a. M. 1925, masch.-schr.

Plumpe, Gottfried: Standortproblem und technische Entwicklung – die württembergische Eisenindustrie 1800–1850, in: Technikgesch. 49 (1982), S. 132–158.

Renkhoff, Otto: Nassauische Biographie, Wiesbaden 1985.

Röder, Josef: Zur Geschichte der Sayner Hütte und der Sayner Gießhalle, in: Jahrb. f. westdeutsche Landesgesch. 1 (1975), S. 309–335.

Salewski, Wilhelm: Die Vorgeschichte der deutschen Eisenverbände, Ein Beitrag zur Geschichte des Wirtschaftspolitischen Verbandswesens im 19. Jahrhundert, Schriftenreihe der Wirtschaftsvereinigung Eisen- u. Stahlindustrie zur Wirtschafts- und Industriepolitik H. 13, Düsseldorf 1974.

Sayn, Ort und Fürstenhaus, hrsg. v. Alexander Fürst zu Sayn-Wittgenstein-Sayn, Bendorf-Sayn 1979.

Scherg, Theodor Josef: Dalbergs Hochschulstadt Aschaffenburg, 3 Bde., Aschaffenburg 1954 u. 1951.

Schmidt, Aloys: Heimatchronik der Stadt und des Landkreises Koblenz, Köln 1955.

Schröder, Brigitte: Der Weg zur Eisenbahnschiene, Geschichte der Familie Remy und ihre wirtschaftliche und kulturelle Bedeutung, Neustadt a. d. Aisch 1986.

Schüler, Winfried: Wirtschaft und Gesellschaft im Herzogtum Nassau, in: NA 91 (1980), S. 131–144.

Schuhmacher, Martin: Auslandsreisen deutscher Unternehmer 1750–1881 unter besonderer Berücksichtigung von Rheinland und Westfalen, Köln 1968.

Die Schwereisenindustrie im deutschen Zollgebiet, ihre Entwicklung und ihre Arbeiter, hrsg. v. Deutschen Metallarbeiter-Verband, Stuttgart 1912.

Sering, Max: Geschichte der preußisch-deutschen Eisenzölle von 1818 bis zur Gegenwart, Leipzig 1882.

Slotta, Rainer: Technische Denkmäler in der Bundesrepublik Deutschland, Bd. 4: Der Metallerzbergbau, Teil II, Bochum 1983; Bd. 5: Der Eisenerzbergbau, Teil I, Bochum 1986.

Spiegel, Hans: Eisenkunstguß – Plastik, Schmuck und Gerät, in: Kunst des 19. Jahrhunderts im Rheinland, Bd. 5: Kunstgewerbe, Düsseldorf 1981.

Spielmann, Christian: Geschichte von Nassau, Bd. 3: Quellenstücke und Bearbeitungen, Wiesbaden 1912.

Struck, Wolf-Heino: Wiesbaden im Biedermeier, Geschichte der Stadt Wiesbaden Bd. 5, Wiesbaden 1981.

Sydow, Helmut: Die Handelsbeziehungen zwischen Belgien und dem Zollverein 1830–1885, 2 Bde. (Bd. 1: Text, Bd. 2: Anlagen) Köln u. Wien 1979.

Toelle, Hermann: Das Herzogtum Nassau und die deutsche Frage 1852–1857, in: NA 43 (1914/15), S. 1–102.

Übersicht über die Bestände des Hessischen Hauptstaatsarchivs Wiesbaden, Wiesbaden 1970.

Vom Ursprung und Werden der Buderus'schen Eisenwerke Wetzlar, 2. Bde. München 1938.

Wagenblass, Horst: Der Eisenbahnbau und das Wachstum der deutschen Eisen- und Maschinenbauindustrie 1835 bis 1860, Stuttgart 1973.

Weber, Wolfhard: Preußische Transferpolitik 1780 bis 1820, in: Technikgesch. 50 (1983), S. 181–196.

Wefelscheid, Alfred: Die Bendorfer Eisen-Industrie, in: Coblenzer General-Anzeiger, Ausstellungs-Ausgabe zur Mittelrheinischen Industrie-Ausstellung 24.6–13.7. 1924.

Wenckenbach, Fr.: Beschreibung des Bergreviers Weilburg, Bonn 1879.

Wick, Wilhelm: Die Umgestaltung Bendorfs zum Industrieort und die Bedeutung der Familie Remy für die mittelrheinische Eisenindustrie, in: Bendorfer Heimatblatt v. 5.9.1930 (Jg. 1, H. 1 u. 2).

Wuest, Curt: Eine Hütte und ihr Gründer, Zum hundertjährigen Bestehen der Concordiahütte Engers, in: Das Werk 1942, H. 1, S. 1–6.

Wulff, Fritz: Das untere und mittlere Lahngebiet, Strukturwandlungen seiner Industrie- und Bergwirtschaft seit dem Ausgang des Mittelalters, Diss. Bonn 1963.

Die Angaben des Kapitels „150 Jahre Concordiahütte" stützen sich auf Briefe und Akten aus dem Privatbesitz der Familie Lossen, auf Aufzeichnungen und Bildmaterial der Thyssen Guss AG Concordiahütte Bendorf und des Archivs der Thyssen AG, auf die von 1951 bis 1969 erschienene Werkzeitschrift „Concordia-Echo", die orts- und firmengeschichtliche Literatur sowie für die Gegenwart auf Mitteilungen der Werksleitung.

oben: Gesamtansicht der Concordiahütte von Osten um 1910 Lithographie der Kunstanstalt Hermann Rabitz, Solingen (TGC)

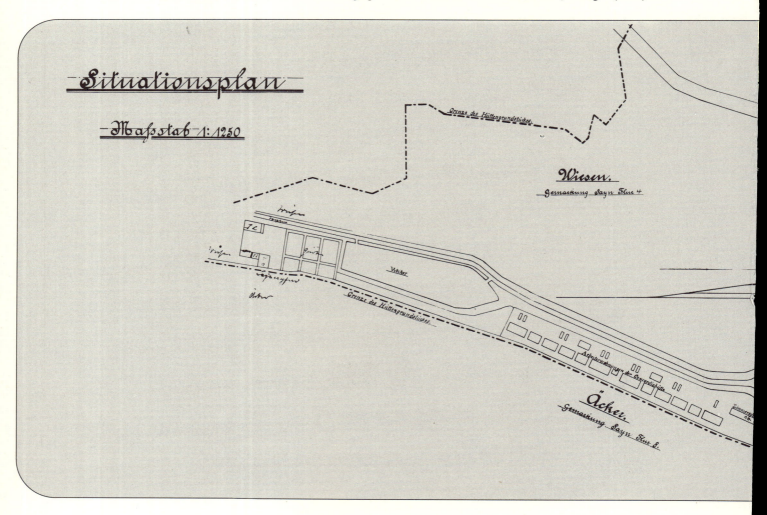